U0330255

大夏书系 ｜ 教师专业发展

师者之道

给教师的50个叮嘱

任勇 —————— 著

华东师范大学出版社

·上海·

图书在版编目（CIP）数据

师者之道：给教师的 50 个叮嘱 / 任勇著 .
— 上海：华东师范大学出版社，2023
ISBN 978-7-5760-3927-6

I.①师 ... II.①任 ... III.①中小学—教师—修养 IV.① G635.1

中国国家版本馆 CIP 数据核字（2023）第 102798 号

大夏书系 | 教师专业发展

师者之道——给教师的 50 个叮嘱

著　　者	任　勇
策划编辑	朱永通
责任编辑	张思扬
责任校对	杨　坤
装帧设计	奇文云海 · 设计顾问
出版发行	华东师范大学出版社
社　　址	上海市中山北路 3663 号　邮编 200062
网　　址	www.ecnupress.com.cn
电　　话	021-60821666　行政传真 021-62572105
客服电话	021-62865537
邮购电话	021-62869887
地　　址	上海市中山北路 3663 号华东师范大学校内先锋路口
网　　店	http://hdsdcbs.tmall.com/
印　刷　者	北京季蜂印刷有限公司
开　　本	700×1000　16 开
印　　张	18
字　　数	272 千字
版　　次	2023 年 7 月第一版
印　　次	2023 年 7 月第一次
印　　数	6 100
书　　号	ISBN 978-7-5760-3927-6
定　　价	65.00 元
出 版 人	王　焰

（如发现本版图书有印订质量问题，请寄回本社市场部调换或电话 021-62865537 联系）

目录

做有理性思辨的教育

中篇

师者之道——给教师的 50 个叮嘱

做有诗意追求的教育

| 下 | 篇 |

"道"本义为道路，由道的本义引申出抽象的方法、技艺、规律、学说、道义等意义。师者之道，指的是教师教育教学的方法、技艺、规律、主张和理念等。

为师有道，道在何处？

道在"教精其术"。

术，是方法、手段和技巧。"术"是让"道"成为现实的中介工具和必需途径。万物运行都有方法和规律可循，如果方法运用得当，则事半功倍，而运用失当，则功亏一篑，这便是"术"的重要性。"教精其术"是"正确地做事"，既然"术"如此重要，师者怎样才能找到合适的方法和手段，教好书、育好人呢？

书中之文《选题：策略、方法与经验》《被"逼"的阅读也精彩》《多媒体网络教学十问》《例析灯谜的教育功能》等，说的多为"术"。

道在"教明其道"。

道是道理、规律、理念等形而上的概念。古人理解事物，都力求追本溯源，以把握事物的根本，而贯穿理解事物整个过程的就是一个"道"字。今日教育之人，理应在"道"上做足文章，因为做教育就是一个明道、悟道、得道的过程。明即明白、懂得，道即规律、原则。"教明其道"，就是明教书育人之道，就是"做正确的事"。

书中之文《新高考呼唤"新教师"》《艺术教育的理性走向》《做步入新境的觉醒者》《师者育儿的辩证之道》等，说的多为"道"。

道在"教取其势"。

世间万物皆不出道术。道不正则术不明，术不明则道难行。今日之教育，过于追求"术"，把学科教学搞成了解题术——注重雕虫小技，而忘却了教育教学之根本。这个"根"，就是"道"。古语云："术合于道，相得益彰；道术相离，各见其害。"可见，道与术只有合而为一，才能产生更大的能量。师者，不仅要具备形于外的"术"，更要具备涵于内的"道"，做到"道术合一"。这个"度"的把握，就是"取势"。

书中之文《教师要学会"弹钢琴"》《时间管理的"经意"与"不经意"》《适度顿感是一种无痕境界》《常态课与公开课的理想样态》等，说的多为"势"。

道在"教有其思"。

"教有其思"，说的是教师要有自己的教学主张。教学主张是教师教学的独特视角，是教师形成教学风格和教学思想的基石。教学主张的最大价值在于它的寻求过程，在寻求教学主张的过程中，教师必然形成了主动学习、主动实践、主动反思内化的意识与能力，这会不断促使教师从教学经验走向教学理论、从教学思考走向教学思想。

书中之文《"设计"诚可贵，"实施"价亦高》《未来教师的当下使命》《让学生考老师》《研名师之征，悟优秀之道》等，说的多为"思"。

道在"教专其业"。

教师要不断涵养自己的专业底气。教师的专业底气有三个层次，仅仅停留在知识层面的，是教书匠；能够体现学科思维的，是智者；而能进行无形的学科文化熏陶的，则是大师。教师的专业底气，可以在向同行学习中得以提升，可以在向专业报刊学习中得以提升，可以在教学实践中得以提升，也可以进行有针对性的训练来快速提升。

书中之文《教师要有怎样的课程理解》《胸中有"标准"，进取无止境》《学科竞赛学习指导的若干原则》《"教学"诚可贵，"写作"价亦高》等，说的多为"业"。

其实，上述五个"道在"，仅仅是我的一点思考。师者之道，仁者见仁，智者见智。我就是把自己发表的文章梳理一遍，遴选出觉得可以给老师们学习、思考、借鉴、启发、反思的50篇文章，集成此书。文与文之间一些文字略有重复，全书编排基本尊重发表时的体例；有些文章改了标题，有些文章略有增删。

"道可道，非常道"的意思是：万事万物其真理是可以探索并道说得出来的，但这些真理并非永恒的。时代在发展，

"师者之道"也是随着时代发展而发展的。有道之师，当做有生命情怀的教育，当做有理性思辨的教育，当做有诗意追求的教育。

师道探索路漫漫，吾将上下而求索。

任　勇

2023 年 2 月 9 日

上 篇

做有生命情怀的教育

人生之路，是一个不断自我完善的过程。

人生之路，也是伴随着足与不足的过程。

我常感到知足，又喜欢在足中寻找不足；我也常感到不足，但会静下心来，在不足中去感受足。足，是进步，是收获，是成功，是令人快乐的；不足，是缺憾，是失去，是差距，时常会有几声叹息。事情往往就是这样，从一个角度看是不足的，而从另一个角度看已经很足了；但一味"知足常乐"，姑息缺点，宽恕懒惰，又往往会步入平庸。

足与不足，一切尽在认识自我、战胜自我中。

▎小时候：足，是学习的快乐；不足，是买不成一个篮球 ▎

记忆中，能回忆起的最早的事，是作为军人的父亲去部队时，把我扔进部队的小图书馆，他要我从小受到书的陶冶。没有多少文化的父亲，在我童年时，对我说了句令我终生难忘的话："路过书店不进去，就等于犯罪。"话中饱含着他们那辈人对知识的渴求和对后生所寄托的希望。

于是，小城的书店里常有我的身影。记得我买的第一本书是 0.42 元的高玉宝著的《我要读书》，这是一本厚厚的书，不是连环画，是我用少吃 14 根冰棍省下的钱买的。每逢出差，到一个城市讲学，其他地方我去不去关系不大，但至少要去一两家较大的书店，于是，我那不大的书屋里，已有一万余册藏书，我在书海中求知与探索，在知识的田野里耕耘与收获。朋友到我家，总爱在书屋里与我交谈；不少认识和不认识的家长，总喜欢带着他们的孩子到我的书屋里坐坐，就连我的女儿也喜欢在书屋的另一张办公桌上学习，说在这里学习效率特别高。

我读了三年的全寄宿制幼儿园，在农村小学读了五年（小学跳了一级），在城里中学读了五年。我们兄妹四人，我是长子，父亲对我有一个"严格"的要求，所有的作业必须在学校完成，回家必须干家务。所幸，那时的学习没有太大的压力。我便练就了一身"本领"，能抓紧时间快速地在学校里完成所有作业，回家后能有条不紊地干完所有家务。我当时的感觉就是学习是非常快乐的，干家务也是非常快乐的。读了十年书，除了寒暑假，我几乎没有在家做过作业。现在的中小学生，哪有我那时的快乐？

我从小就爱打篮球，有许多玩伴。因为兄妹多，母亲是临时工，家庭经济条件不好，自己没有篮球，所以每次打球，都要靠玩伴来叫。有时玩伴忘记叫我，径自去打了，我误了打球，一整天都不高兴；有时早早跑到球场，玩伴没来，我又没球打，更是伤心至极；有时玩伴输了球，就有意不让我打；遇到奇数个人，分组不平，我也要等哪个玩伴打累了才能打；更多的时候要讨好有球的人，比如帮提书包，帮占球场，才可能有更多的打球机会。

为什么会这样，不就是一个篮球吗？可我就是没有。从初一开始，我就想买一个篮球，一个篮球要 8 元钱啊，是父亲月收入的七分之一，父母亲都不让买。于是，我就省吃俭用攒钱，甚至收集牙膏皮、破铜烂铁之类的卖钱，一个铅制牙膏皮可卖 3 分钱，一个铝制牙膏皮可卖 1 分钱。好不容易攒了一些钱，又常常被一些插队的事给耽搁了，比如要买一本好书，比如要装一个简易的矿石收音机，比如冬天放学路上"饥寒交迫"，看见同学买了个包子，自己也忍不住……直到高中毕业，我都没能买成一个篮球！

我现在在学校里每周要打两次篮球，每次打两小时左右，老师们问我为什么这么爱打球，我开玩笑道："我要把小时候没打够的球补打回来！"

┃ 长大后：足，是考进了师专；不足，是没考进师大 ┃

1975 年，我高中毕业后，就响应号召下乡到福建省龙岩红坊公社农林场"知青点"，有 108 个知青，号称"108 将"。知青岁月是非常艰苦的。几乎所有的农活我都干过，农活中最累人的是开春的耙田，在结着薄冰的水田里，赤着脚，双手用暗劲将耙杆随时调整到合适的高度，左手还要带着套牛鼻的绳，口里吆喝着，连干好几天，一天下来能挣 9.5 工分，一人干一天能拿这个工分是知青点里最高的，一个工分在年景最好的时候值 0.48 元。因为知青多，因为推荐"工农兵"上大学和招工"上调"的人数少之又少，所以大家干活都特别起劲，都想表现好，都想争取上学或"上调"。那时，我们都才十七八岁，瘦弱的身体承受了太多太多。知青点有着说不完的故事，我的文笔不太好，否则我能写出诸如《蹉跎岁月》之类的知青文学作品来。

1977 年 11 月，从我那台简易的矿石收音机里传来一条令人振奋的消息：国家要恢复高考了。离高考只有一个多月的时间了，盼望能读书的我决定回城复习参加高考，但当时正值秋收冬种，很难请假。为了能请成假，我想了各种办法，最后，我如愿回了城，复习迎考，终于考上了师专。能考进师专，在我们那个知青点已经是很了不起的事了，我很知足。而两年九个月的知青生活，不仅丰富了我的人生阅历，更重要的是给了我一种精神，这种精神一直伴随着我，学习、工作和生活遇到的各种困难，与知青生活比算得了什么！这种精神将推动我的整个人生。

实话实说，在我填报的高考志愿中，没有一个志愿是师范类。那时没人指导，考虑自己曾当过化学课代表，且当知青"修地球"，所以第一志愿就填的"南京大学地球化学"，现在回想起来觉得很可笑，其他志愿也都是化学方面的。仓促复习，高考考出的成绩是可想而知的，我没有填师范类，却被录取到师专，我没有填数学，却被录取到数学系，我在不经意中当了数学教师。

那时能"上调"是很高兴的事，何况我还能当教师。因此我很珍惜这个不经意的机会，很用心地教书育人，尽量把自己所有的工作都做到最好，受到师生及家长的好评。然而，"师范专科"这个学历在重点中学是站不住脚的，也是我不满足的，于是就有了漫长的在职提升学历和提升素质之路：函授本科→研究生→骨干教师国家级培训。这条路走了很久，一走就是 22 年。

"求学"之路间接地使我形成了较强的自学能力，这种能力又整合成我的几种学习方式：向同行学习，向学生学习，向报刊学习，进修学习，课题学习，学术学习，追踪学习，阶段重点学习，网上学习，传播学习，参观学习。

讲了这么多学习，最重要的学习是什么？

毫无疑问，是终身学习理念下的学会学习。

在信息时代，终身学习将成为整个生活的重要内容和律令，成为人们的一种生活方式，而教师职业又注定在这方面的要求要高于一般人。不知老师们是否注意到一个名词的变化，即"师范教育"正逐步被"教师教育"取代，这等于告诉所有教师："学历社会"的终结，时代的发展要求从"学历社会"走向"学习社会"。

人们不仅要终身学习，还要在这种理念下学会学习。近来，有这样一句话被引用的频率颇高："未来唯一持久的竞争优势，就是你有能力比你的对手学习得更快。"是啊，无论是为迎接新世纪的挑战，是为肩负时代赋予的使命，还是为成为走向未来的名师，都需要我们学习，学习，再学习。

后来啊：足，是评上了特级教师；不足，是尚未成为高素质的新世纪育才者

教师要成才，就必须确定目标，并将实现目标的各种因素充分调动起来，且持之以恒地奋斗。高尔基认为："一个人追求的目标越高，他的才能就发展得越快，对社会就越有益。"试想，一个数学教师若只满足于当一个教书匠，而没有

远大的志向，是绝对不可能成为杰出的数学教育家的。虽然我们不一定都能成为数学教育家，但我们应当向这个方向迈进，必然会有丰硕的成果。

初为人师，我并没有很明确的目标。当时只有两个想法，一是用真诚的爱心来影响学生、感动学生、教育学生，二是不断提高自己的教学能力，高水平地培养学生。

晓江同学在我们班只待了一天，第二天就到省体工队去了。作为班主任的我，组织班上的学生为他召开了简短的欢送会，同学们说了许多激励的话，我也在其品德、学习、运动水平等方面提了些要求，接着是晚上家访，然后是长达三年的信件往来。为一个只待了一天的学生做了这么多的事，这就是我的育人观，这就是为每一个学生的健康成长负责。

育人，我充满爱心。"有爱便有一切"，这是我的育人观的一条最基本的原则。"爱就是教育，没有爱，就没有教育。"爱是打开学生感情大门的钥匙，当学生知道你是真诚地热爱他们时，他们的感情大门、智慧大门就向你打开。数学教育应该是建立在爱上的教育，教师对学生的热爱，对数学的热爱，对科学的崇尚，就会激发起学生对教师的尊敬，对数学的执着探索和对科学的追求。

我想，这就是师德。

当一名教师容易，当一名好教师不易。时代在呼唤师德的同时也在呼唤着师能，而且德能并重才能树立新世纪教师的形象，才能更好地完成高要求的教育教学任务。

"德能并重"，我希望我能做到，我也相信我能做到。

于是，我又有了不断提高师能的教育之旅。

什么是师能？

熟练的教育教学技能，是师能；娴熟的课堂驾驭能力，是师能；灵活机动的教育机智，是师能；人际关系的处理能力，是师能；更新知识学会学习，是师能；不断探索力求创新，是师能；懂微机、会电教、善科研，是师能；审美高雅、身心健康，是师能。

我探索，我努力。

会上必修课，是一个层次的师能；不仅会上必修课，还会上选修课、上活动课、开各种讲座，是高一个层次的师能。成为教学能手，是一个层次的师能；但要实现高层次的师能，教师还必须成为学者型的教师，即他必须是一个教育教学的研究者。

我继续探索，我继续努力。

比如，当了校长还一直坚持上数学课；"学习指导课"一上就是 15 年；至今还坚持上数学奥赛课。1991 年，我在哈尔滨参加一个学术会议，大会原定一位专家给哈尔滨市高二学生进行半天的语文学习指导讲座，可专家临时有要事来不了，会议主办方着急死了。有人推荐我去，改讲数学学习指导，我去了，虽然事先没准备，但也获得了成功。这就是平时"摸爬滚打"的结果，这就是"机遇总垂青于为它而准备的人"。

1994 年我评上了特级教师，是当时福建省最年轻的特级教师之一。

我很激动，但又深感不安，因为时代的发展对教师提出了更高的要求。时代发展到今天，"德能并重"还不够！你必须有师德、有师能、有师智、有师魂！

师智，就是教师的智慧。

由于教无定法，由于讲台虽小但含宇宙，由于我们面对着的是性格各异的学生，所以教学情景多样，所以教学难以预测，所以教学异彩纷呈。

面对瞬息万变的教育情境，准确迅速地作出判断，恰到好处地妥善处理，从而收到理想的教育效果，达到最佳的教育境界，这就是教师教育智慧。

现代社会，一位优秀教师的智慧必须是精与博的有效结合。在专业技能和理论水准方面，必须力求精深；在人文精神和科研理念方面，必须力求广博；在一般智力结构和特殊的思维品质方面，必须力求合理有效。应变性、直觉性、灵活性、巧妙性、幽默性是教师智慧的表现。

师魂，就是教师的灵魂。师魂是教师综合素质的体现，是教师的人格风范。"经师易找，人师难求"，这里的"人师"就是指教师的人格风范。为人师者，方可以德育德、以才培才、以学促学、以趣激趣、以情动情、以性养性、以意练意、以行导行。

师之魂，体现在教师的一言一行、一举一动、一点一滴中，既体现了自己的形象，又时时润入学生的心田。

教师是一个美好的职业，当师魂达到一定境界的时候，教师才将在对这种美好的理解和追求中，真切地体验并自然地表现出这种美好。

认识自我、发现自我是成为优秀教师的基础和根本；完善自我、战胜自我是成为优秀教师的关键；实现自我、超越自我是成为优秀教师的永不满足的目标。

而现在：足，是跃上了一个新的平台；不足，是……

我不经意当了教师，当时的想法就是把所教的学生教好，不断地跃上数学教育的新台阶。由于工作的需要，一步一步走来，我当了校长，工作层面就更宽了，跃上了一个新的发展平台。每一个新的岗位，对我来说，都是一次挑战和考验，只有迎上去，主动地接受挑战和考验，才能实现新的自我超越。

还有不足吗？

时代的发展，对教育提出了更高的要求，对校长也提出了更高的要求。

教育专家朱永新认为"理想的校长"应该是：一个能够清晰认识到自己的价值与使命，具有奉献精神和人文关怀的校长；一个珍惜学校的名誉胜过爱护自己眼睛和自己生命的校长；一个不断追求自己人生理想和办学理念，具有独特办学风格的校长；一个具有海纳百川的宽广胸怀，具有极强的感召力和凝聚力的校长；一个善于协调上下左右关系，能调动一切可以调动的力量以促进学校发展的校长；一个十分重视教育科学研究，并能成为学校教育科研工作出色的组织者和身体力行者的校长；一个能够给教师创造一个辉煌的舞台，善于让每一位教师走向成功的校长；一个能够使学校具有优美的自然环境和浓厚的文化氛围的校长。

我做到了几点？我能知足吗？

教育探索路漫漫，吾将上下而求索。

| 本文发表于《人民教育》2003 年第 23 期 |

书是什么？

书是阶梯，书是知识，书是智慧，书是老师，书是良药，书是忠告。

为师不可无书，为师不可一日不读书。

人生路漫漫，读书常相伴。

我与书有着不解之缘，先从买书谈起吧。

| 买书：乐颠颠 |

我爱买书。记忆中，买的第一本书是 0.42 元的高玉宝著的《我要读书》，这是一本厚厚的书，不是连环画，是我用少吃 14 根冰棍省下的钱买的。工作后，每到一个城市讲学，至少要去一两家较大的书店，于是，我那不大的书屋里，已有一万余册藏书。

经常有这种情形：某个星期天中午，与妻话别去沪出差，先在厦门机场"空港书屋"淘书，在飞机上就读从机场淘来的书。如果淘不到想要的书，也不要紧，我包里还有书可读。下飞机后又直奔书店。妻子午睡一觉醒来，她那边一个短信："到否？"我这边回复："在上海书城淘书多时，不知你醒否，不敢打扰。"妻惊讶道："天哪！"

到北京淘书，更是乐不可支。

2000 年，我有幸赴京学习，且时间较长，这真是一个大好的购书机会。稍有空闲，我便奔向书店，按计划、有层次、"多渠道"地购书。先去大型书店，如北京图书大厦、中关村图书大厦、王府井新华书店、海淀图书城等；然后去教育类书店，如北师大出版社读者服务部、春雨书店、桃李书店、不言书店、教育科学出版社读者服务部、人教社读者服务部、高等教育书店等；在细翻《21 世纪北京生活地图册》时，又发现了不少好书店，如科苑书城、新华书店图书总批销中心、科普书店等。

京城的书，颇为大气，品位确实高，观点确实新，信息量确实大，文笔确实好。

乐颠颠地淘书，还要美滋滋地读啊。

| 读书：美滋滋 |

小时候，父亲对我有一个"严格"的要求，所有的作业必须在学校完成，回家必须干家务。所幸，那时的学习没有太大的压力。我便练就了一身"本领"，能抓紧时间快速地在学校里读很多书并完成所有作业，回家后能有条不紊地干完所有家务。我当时的感觉就是读书是非常快乐的，干家务也是非常快乐的。

当了老师后，又该怎样读书呢？

人生有崖而学无涯，如果没有抓住重点进行学习就可能杂乱无章，形成不了体系。我摸索出一套自己的读书法。一是按系列学习。如，我教数学，数学竞赛是一个系列，数学建模又是一个系列，力争对上述问题有一个整体的认识。二是精于一地学习。如，我当副校长，觉得张楚廷所著的《校长学概论》很适合我读，我便精读它，读透它，然后再"博览群书"：《校长学》《校长素质论》《成功校长的实践与研究》《现代学校管理学》《给校长的 101 条建议》等。这样就等于打开了一个缺口，建立了一个根据地，然后再乘胜追击，逐步扩大"作战"领域。三是分层次学习。如"创新教育"专题，我是这样从高层往低层学习的：《创新教育》→《脱颖而出——创新教育论》→《创新能力与学科教学整体改革实验指导》→《教师创新行为案例与评议》→《创新教育百例·创新教育百忌》等。这样对"创新教育"就有一种"一览众山小"的感觉。

我在书海中获知与启智，在书海中探索与创新。

作为教师的读书更多的是为了教书。

| 教书：喜洋洋 |

我是很喜欢教书的。现在当了校长，经常找机会去上课。

我教书，一是有爱心，二是讲方法，三是有几招。

初为人师，我并没有很明确的目标。当时只有两个想法：一是用真诚的爱心来影响学生、感动学生、教育学生；二是不断提高自己的教学能力，高水平地培养学生。

比如，通过数学作业的批改与学生进行"信息交流"，这种"谈心"起初是单向的，就是我根据学生学习情况，或表扬肯定，或批评告诫。后来学生也会在做完作业后和我谈上几句，使谈心成为"双向"互动。这种"谈心"，可以克服其他谈心法的一些不足，如教师因忙于教学、教研活动，或学生参加活动找不到合适的时间进行谈心等。当时不少家长对我说："作业谈心，充满爱心，也是一种创新！"

在教学实践中，我们深深感到，一个学生要想取得优良的学习成绩，单靠教师教得好，教得得法是不行的，学生自身还必须学得好，学得得法。但遗憾的是，在教育理论与实践中，长期以来，教学多研究教，少研究学。实践证明，忽视了学，教也就失去了针对性，减弱了实效性。我十分重视对学生进行学习指导，从 1987 年起，坚持每年为高中（或初中）起始年级开设"学习指导课"，对学生进行系统的学法指导，积累了丰富的实践经验，同时，我还结合所教数学学科的特点，在教学过程中全方位、多层次、广渠道地进行学习指导渗透，让"学习指导"像无声细雨时时润入学生的心田。

在数学课堂教学中，我的招数是：一是精心设计教学内容、教学方法、教学顺序，安排好练习的分量和方式，努力做到课堂教学的紧节奏、多容量、精练习、高效率。二是注意指导学生学习数学的方法，培养学生良好的学习习惯，提高学习效率。三是引导学生积极主动地参与到数学学习的全过程中去，让学生在参与中获知，在参与中提高数学素质。四是充分运用多媒体等现代化教育手段，让数学更直观些、更具体些，充分揭示数学的本质属性，提高教学效率。五是注重"多解"训练和"变式"训练，在"多解"中培养学生思维的广阔性和灵活性，学会"优解"问题；在"变式"中培养学生思维的深刻性和独立性，学会"类化"问题。六是辩证施教，如"通法特法不可偏废，以通性通法为主""可以胡思乱想，但须小心论证""思维要活，格式要死""来自学生的解法往往比老师的解法高明"等。

| 写书：路漫漫 |

我从来没有想到自己会出书，也没想到在 30 岁的时候，因为写了本《初中生学习方法与能力培养》，此后一发不可收。其实，我写书，有别于作家，我写的书是研究与实践的结果。

深圳某重点中学在《中国教育报》刊登招聘优秀教师的启事，应聘的第二个条件是"能在研究状态下工作"。我在思考这个条件的含义时，悟出这样一个道理：教师不能仅仅停留在娴熟的教学基本功上，要实现最终的事业成熟，教师还必须是一个教育教学的研究者。

的确，每个学生都是你研究的对象，你的班级、学段、学校（甚至更大范围），都可以是你的"试验田"，可以在里面不断地耕耘、收获。学科教学、教育学、心理学、学习科学，这里有多少未探索的领域。自觉地将实践纳入科研的轨道，走"教、学、研"之路，必将成为"研究型"的教师，为探索未来教育、教学规律作出新的贡献。

2006年1月，我的第74本书《任勇与数学学习指导》由北京师范大学出版社出版。

2006年9月，我的第75本书《数学——趣在其中》（主编）由鹭江出版社出版。

2007年8月，我的第76本书《学生高考必备》由人民日报出版社出版。

也许是写书写上瘾了，我希望在有生之年写100本书。

买书，读书，教书，写书，一介书生的书底人生。

| 本文发表于《开放潮·福建教师》2008年第12期 |

魅力之师，往往为同仁所仰慕，为学生所欢迎，为社会所赞叹。

有魅力的教师，学生就喜欢多亲近，学生就能听其教诲。教师的魅力指数越大，对学生的影响力也越大。

研究魅力教师之征，品悟教师魅力之道，修炼师者魅力之能，既必要，又可行，既有现实意义，又影响深远。

| 一 | 研魅力之因 |

魅力教师，魅力何在？我觉得至少体现在学识、人格、教学、形象、语言等特征因素上。

1. 学识特征

魅力教师的学识特征，体现在魅力教师具有扎实的基础知识、宽厚的教育科学知识、精深的专业知识、广博的文化知识和能不断获取的新知识。

扎实的基础知识。基础知识包括哲学、语文、外语、数学、物理、化学、生物、历史、地理、音乐、美术和计算机等，魅力教师对这些知识往往能准确掌握、深刻理解、牢固记忆、灵活运用。

宽厚的教育科学知识。魅力教师对教育学、心理学等知识有较深刻的领会，能深刻理解和熟练运用教育科学理论，根据教育规律和受教育者的身心特征进行教育、教改和教育实验。

精深的专业知识。魅力教师对本专业知识了如指掌，并能熟练地运用本专业知识去分析问题和解决问题。魅力教师还往往通晓本学科发展史，了解本学科发展现状，预测本学科的发展趋势和作用，在教学中渗透学科最新成果。

广博的文化知识。未来科技发展的特点是高度分化和高度综合，其结果是新兴学科、交叉学科、边缘学科、中间学科等大量涌现。魅力教师深知，一个对新兴学科知识一无所知或知之甚少的教师，是很难适应时代对他的要求的。

能不断获取的新知识。如今，"一杯水、一桶水"已远远满足不了时代的要求，魅力教师深知，需要的是滔滔不绝的"长流水"。为师唯有筛滤旧有，活化新知，积淀学识，才能培养出善于终身学习的新一代。

2. 人格特征

魅力教师的人格特征，体现在魅力教师的为人师表、举止优雅、追求完美和律己宽人方面。

为人师表。魅力教师能加强自身修养，不断学习，提高思想认识和道德觉悟，平时严格要求自己，以为人师表的人格力量为学生良好思想道德的形成起着有力的促进作用。

举止优雅。魅力教师往往具有高雅、文明的言谈举止，注重修养，处处给学生作出表率。魅力教师言教辅以身教，身教胜于言教，其一颦一笑、一举手一投足都会产生意想不到的教育作用。

追求完美。从某种意义上说，魅力教师的成功之路，是一条追求完美之路。魅力教师常常在不断地自我认识、自我批评、自我校正、自我监督、自我修炼、自我突破中完善其人格形象和权威形象。

律己宽人。魅力教师律己，在律己中走向完美；魅力教师宽人，在宽人中达成信任。魅力教师的宽人，像一缕阳光，让学生感到温暖；像一丝春雨，让学生感到滋润；像一粒爱的种子，在学生心中萌芽。

3. 教学特征

魅力教师的教学特征，体现在魅力教师的教学具有情知交融、心灵相悦、动态生成和真实有效。

情知交融。在教学中，魅力教师十分注重知识的传授、能力的培养和方法的渗透，但魅力教师更注重对学生进行情感的熏陶，用情感浸润学生的心灵，让学生在情知交流的空间中汲取人生所需的养分。

心灵相悦。魅力教师课堂的魅力体现在教师与学生相互对话与分享，共同探究发现，共同面对疑难，共同快乐成长。课堂成为师生之间的精神家居、心灵依托的场所、生命成长的乐园。

动态生成。魅力教师的课堂是动态的，是多维、开放、灵活、生动的。动态的课堂建立在课前充分预设、精心设计的基础上。教学过程自然地生成，课堂焕发出生命的光彩，师生收获未曾预约的精彩。

真实有效。魅力教师的课堂，不是花架子的课堂，而是融"基础训练扎实、思维拓展丰实、教学活动真实、教学质量有效"为一体的课堂。名师课堂是参与度、亲和度、自由度、整合度、练习度、延展度有机结合的课堂。

4. 形象特征

魅力教师的形象特征，体现在魅力教师的内在形象和外在形象方面，而内在形象又是通过外在形象展现出来的。

有人认为，教师的形象魅力，表现为教师优雅的风度、脱俗的气质、优美的语言、整洁的衣着、端正的外表、和谐的动作与表情、工整潇洒的板书、活泼开朗的性格以及谦逊宽容的态度。

也有人认为，教师的形象魅力，表现为具有表情得体、目光自信、心态阳光的健康之容和干净、得体、美观的适宜之貌，表现为具有善良宽容、有爱心、有责任感、有正义感、机智幽默、极富号召力的性格之品，表现为举止文明、举止优雅、举止敬人、举止有度的行为之举。

还有人认为，教师的内在形象，表现为聪明、能干和智慧，礼貌、忍让、谦恭、优雅、友善和同情；教师的外在形象，表现为健康有活力、整洁不庸俗、语言很优美。

5. 语言特征

魅力教师的语言特征，体现在魅力教师的语言音质优美、语速适中、音量适度、停顿合理、语调丰富、语气生动、节奏鲜明，"听起来很美"。

有人说，魅力教师的语言是一种技术更是一种艺术，曼妙、细腻、唯美、豪迈；魅力教师的语言是一种知识更是一种思想，深邃、练达、智慧、仁爱；魅力教师的语言是一种功力更是一种品位，高雅、大气、意远、隽永。

魅力教师的语言是一种"美"：抑扬顿挫的节奏美，诙谐幽默的机智美，声情并茂的情感美，逻辑严密的理性美，启迪心灵的道德美。

魅力教师的语言，有的简约严谨，有的质朴平实，有的清丽鲜活，有的庄重典雅，有的繁丰疏放，有的委婉诙谐，有的雄浑刚健。

流畅、生动、清晰、准确是教师语言的基本要求，而以情激情的语言感染性、深入浅出的语言启发性、寓教于乐的语言趣味性、严谨准确的语言规范性和机智敏锐的语言灵活性，则是魅力教师语言的要求。

｜ 二 ｜ 悟魅力之道 ｜

魅力之道，"道"在何处？我以为，在于全面之中显特色，在于专业之外修"副业"，在于严谨之处有幽默。

1. 在素质全面中彰显特色

魅力教师，首先是素质全面的教师。育人上，循循善诱，教育有方；教学上，严谨治学，精心施教；科研上，联系实际，探索规律；竞赛上，深入浅出，效果凸显；课外活动上，引趣引深，方法得当。

魅力教师，不仅要素质全面，还要彰显特色。彰显特色在很大程度上就是形成自己的教学风格。

教学风格，是指教师根据各自的优势、特长，结合教学的具体情况，经常采用的以追求最佳的教学效果为目标的一整套个性化的独特教法。在教学中，形成独特的个体特征教学风格，是教师进入高层次教学境地的重要标志。它对学生学习态度的形成、个性特征的培养、学习氛围的创建、合作精神的养成等方面都有重要的作用。

教学风格是教师在创造性劳动中逐步建立起来的"独特教学模式"，在建立的过程中既能体现出教师的教学思想、教学意识、教学技巧等内在的东西，更表现出教学行为、教学形式、教学效果等外部特征。教师教学风格形成于长期的教学实践，发轫于艰苦的探索，是教学一般规律与个人教学实践相融合的产物，是教学内容与教师灵感的交融升华，是教师个人创造性思维的结晶，也是教师个人魅力的体现。

我在中学数学教学中进行研究和实践，总结了一些行之有效的经验，我称之为"土"经验。我的这些"土"经验，不敢说都是原创的，但多有原创思想和独到思考。《人民教育》杂志刊登了这篇文章，具体的"土"经验有：每课一趣，每堂一赞，每日一题，生考教师，学生命题，作业再生，学习指导，贴近生活，文化渗透，不唯教材，让生上课，成片开发，有意差错，高数弱化，作业谈心，统计到位，不为原序，可开"天窗"，限制解法，限时作业，序化有序，类化知类，活化会活，深化能深。

2. 在修炼专业中略修"副业"

所谓修炼专业，是指教师在整个专业生涯中，通过终身专业训练，习得教育专业知识技能，实施专业自主，表现专业道德，并逐步提高自身从教素质，成为一个良好的教育工作者的专业成长过程。

所谓略修"副业"，是指教师在其专业之外，还有自己的一些爱好，不受一种专论或一种思维的限制。爱好的广博，使教师品位高雅、教学富有情趣。

教师的专业修炼，有多条途径。比如，师生共建和谐学习环境——在师生互动中发展；教师参与课程开发与实践——在课程开发中发展；教师即研究者——在行动研究中发展；构建教师实践共同体——在教育实践中发展。但教师的专业发展要持续进行的话，我以为还应以学习为力量推动教师专业发展。

推动专业持续发展的教师学习，是怎样的一种学习呢？

教师的学习是基于案例的情境学习，教师的学习是基于问题的行动学习，教师的学习是基于群体的合作学习，教师的学习是基于个体的自主学习，教师的学习是基于原创的研究学习，教师的学习是基于经验的反思学习。

魅力教师不仅要精于专业，还要在专业发展中略修"副业"。学生对教师专业之外的"副业"往往充满好奇，教师的"副业"往往成为学生喜欢这位教师的理由。

当数学老师用诗歌来描述数学现象时，当语文老师以理性的视角来阐述某个科学之谜时，当体育老师随手画出生动有趣的漫画时，当英语老师用多种泳姿劈波斩浪时……带给学生的是什么？

3. 在严谨教学中不失幽默

因为教育是科学，科学的意义在于求真，所以教学必须追求严谨。

但教育还是艺术，艺术的意义在于创新。教学永远是不完美的艺术，但追求有魅力的教学，是所有教师的共同愿望。幽默艺术是一种教学艺术。

魅力教师往往是具有幽默感的教师，他们在严谨的教学中不失幽默，因为"幽默是一个好教师最优秀的品质之一"。教师的幽默，能拉近与学生心理的距离，能给学生以思维的启迪，能创设充满激情的课堂，能营造愉悦的课堂境界。

真正的幽默，是在丰富多彩的教学活动中表现出来的，是亦庄亦谐、内庄外谐、寓庄于谐的。"庄"，指幽默的严肃性、深刻性、抽象性、知识性、真理性、科学性；"谐"，指幽默的趣味性、感染性、机智性、含蓄性、艺术性、审美性、启发性。"庄""谐"之度，运用之妙，在乎一心。教师适时地"幽"它一"默"，课堂活色生香、气氛活跃、妙趣横生，学生心智开启、回味无穷、身心舒坦。

| 三 | 修魅力之能 |

魅力之能，如何修炼？在我看来，于教师，当"教无魅力誓不休"；于学校，当"营造氛围建平台"；于教育主管部门，当"研究期待给空间"。

1. 教师：教无魅力誓不休

杜甫的"语不惊人死不休"，表明诗人在诗歌创作中十分重视语言的选择和锤炼。他性好佳句，并认为要写出佳句，就必须有足以使人吃惊的语言。他执着地追求这种语言，不达目的，决不罢休。诗人对诗歌语言的刻意求工，对文学创作的严肃认真态度，是他成为伟大诗人的重要条件之一。

将这句诗套用到教师身上，我以为一位成长中的优秀教师理应有"教无魅力誓不休"的追求，让学生喜欢你。

美国"全美教师团队"年度评选标准是：优秀教师要有让学生喜欢上你的本领。做学生喜欢的教师，做受学生欢迎的教师，让学生乐于亲近你、喜欢你。倘若学生抗拒你，你又怎么可能成为优秀教师呢？

如何判断学生是否喜欢你，是否喜欢你的课？可以做个小实验：让班主任或别的老师通知学生，说你有事，你的课改为自习。你请老师观察，学生是"一声叹息"，还是"欢呼雀跃"？

如果学生"欢呼雀跃"，你的课堂还是学堂吗？你的"教学田园"还是乐园吗？

2. 学校：营造氛围建平台

在学校里，魅力教师并不一定都是优秀教师。有些魅力教师，不仅具有人格魅力和学识魅力，而且还工作得力，这样的魅力教师是比较理想的教师。但也有相当一部分魅力教师，怪才者有之，个性强者有之，爱给学校提意见者有之，偏激者亦有之，学校应为这些教师营造一种宽松、宽容的氛围，发现这些教师的魅力，欣赏这些教师的魅力，尽量让他们的"魅力"得到认可，尽量让他们"魅力"永葆。

学校可以在教师中开展每年一度的"我身边的魅力教师"活动，可以在学生中开展"让我喜欢的魅力教师"活动，可以在家长中开展"我们眼中的魅力教师"活动。

　　学校比较注意宣传优秀教师或师德高尚的教师，这是应该的，但也是不够的，还应开辟新平台，宣传让学生喜欢的"魅力教师"。优秀教师或师德高尚的教师，评选标准既有"全面"的要求又有"高度"的要求，还有名额的限制，而"魅力教师"评选标准相对宽泛、灵活，不求"全面"只求某个方面"突出"，一般也没有名额限制，这样就能让更多的教师"获此殊荣"，就能使更多的教师受到激励。这种来自同事、学生、家长发自内心的带有民间色彩的"口碑"，往往比来自上级的带有官方色彩的"奖杯"能给教师带来特殊的激励和特别的感受。

3. 教育主管部门：研究期待给空间

　　实话实说，教育主管部门研究魅力教师、发现魅力教师、欣赏魅力教师的工作做得很不够。我们经常见到某个区域"要培养××名特级教师，要培养××名省级名师，要培养××名省级学科带头人，要培养××名专家型教师"的提法，基本上看不到"要研究教师魅力，要发现教师魅力，要欣赏教师魅力"，"要为教师营造施展魅力的舞台，要期盼更多魅力教师的涌现"的提法。

　　教育发展到今天，在我看来，在一个区域里是应该着手研究"教师魅力"这个问题了，并应积极创设条件，发现一批魅力教师，推出一批魅力教师，给魅力教师更多的空间——"你有多大的魅力，我们就给你多大的舞台"。

　　只要动脑筋，方法还不少。比如，可以在区域的教育网站上，让教师自己晒一晒自己的"绝活"，让同事发现身边的特色教师，让各校的学生分别推出他们眼中的魅力教师。又如，可以在媒体上介绍魅力教师的魅力之处，可以让学生说说感动他们或吸引他们的魅力教师，努力营造"师者有魅力，大家赞赏之"的氛围。

　　时代呼唤魅力教师，愿天下师者皆有魅力。

│　本文发表于《福建教育》2011 年第 46 期　│

多听讲座，
智做明师

聆听大师讲座，可以开阔视野，可以拓展能力，可以学会治学，可以探索合作，可以给人知识、智慧和启迪。

我参加过许多学术会议，聆听过许多大师的讲座。在北师大的国家级骨干教师培训期间，我聆听过钟善基、顾明远、林崇德等教授的讲座；在华东师大参加教育部中学校长培训期间，我聆听过周之良、谢维和、孙维刚、张思明等专家学者的讲座；在北师大博士课程班学习时，我聆听过石中英、王定华、俞启定等教授、博士的讲座；在参加一些教育学术会议和课改会议的过程中，我聆听过袁振国、刘彭芝、魏书生等专家的讲座；等等。此外，我还利用各种机会聆听全国其他领域专家学者的报告，如国务院原副总理李岚清的报告《音乐·艺术·人生》、歌唱家刘欢的报告《西方音乐史》、著名记者水均益的报告《战地记者》等。

细细数来，我至少听了100场以上的讲座。每一场讲座，我都会认真聆听，细心感悟，深度思索。讲座听得多了，大脑敞开了，知识增多了，教育"智慧"了，"品位"提高了，也就有"文化"了。

一场精彩的讲座，往往内容丰富，给人以领悟和启迪。我担任厦门一中校长后，利用各种机会请大师到学校讲座，让教师们近距离接触大师，聆听大师的讲座，进一步提升一中团队的品位。我惊喜地发现，教师们的观念在悄悄发生变化，他们自觉学习的意识增强了，教育理念更趋于教育的本原，讲座带来的"文化育人"效应是我始料不及的。

近年来，我也曾应邀到高校为学生、到中小学为广大教师作讲座，讲座的题目有《走向卓越：为什么不》《为学有道》《新课改：课当如何备之》《研究让教育更精彩》等。讲座结束后，我经常会收到听过讲座的教师发来的邮件，大多鼓励我将讲稿整理成书，或对讲座给予评价。重庆市人和街小学老师听了我的《教师发展之道》后，主持人总结道：

短短两个多小时，我们零距离感受了真正的教育大家风范，享受了一场教育故事的盛宴。这一切都来自于任局长的不吝分享——不！我更愿意用"任老师"这个称呼。任老师不愧是数学特级教师，他的 0.618 情愫，他的灯谜与数学，他的数学小品文，他写的一本本关于数学教学的专业书籍，让我们对冷冰冰的数字有了全新的认识。原来，数学可以这样充满理趣和感性之美，这样有文化韵味，这样浪漫迷人。

让我们回答任老师之问："走向卓越：为什么不？"努力做到：去夯实教师发展之基——一点知识懂一切，去追求教师发展之核——由要我学变为我要学，去展望教师发展之最——实现教育人生的充分发展。

我认为，当教师就要当"明师"。"明师"者，顾名思义，就是"明白"之师，就是贤明之师——思想开明，明白事理，不固执，不迂腐，宽怀大度，理解人心，尊重人性，通晓教书育人之道，把学生"引"向或者"导"向成才的道路。同时我也认为，讲座听多了，就能为走向"明师"奠定基础。讲座像烛光，探索者不忘烛光；讲座像路石，奋进者感怀路石。当然，听讲后还要根据实际情况，理性借鉴，积极思考，先谋后动，在且行且思中走向教育的真谛。

我给年轻教师作讲座时，结束语常说："人是要有点精神的。未来是属于青年人的，因为你们年轻，所以你们拥有；但未来未必属于所有的青年人，它只属于那些有准备的、有进取精神的青年。"

丨　本文发表于《教育时报》2012 年 4 月 18 日　丨

论文或课题的选题，是一项思想性、科学性与实践性很强的复杂劳动，是进行教育教学研究、论文撰写或课题实验工作的重要环节。选题是否得当，直接影响到能否出成果以及成果的价值。选题的基本原则是科学性、实用性、创新性、可行性和优势性，这是中职教师首先要注意的问题，这方面不少文章已有论述。这里仅就选题策略、选题方法、选题经验展开论述。

| 一 | 选题之策 |

1. 教学与研究相结合的策略

教学与研究相结合就是把教育科研的课题与我们的教学工作结合起来，在理论和实践的结合点上进行探索。也可以在学习理论的基础上，联系实际进行探索。

如我撰写的文章《趣味数学与智力发展》，就是把教学中进行的趣味数学活动与智力研究结合起来，研究趣味数学对观察、记忆、想象、思维等智力因素的促进作用，成果发表于华东师范大学主办的《数学教学》。

2. 微观与宏观相结合的策略

微观与宏观相结合就是把一个较大的研究课题分为若干个小课题，从微观着手，逐个完成小课题，经过一段时间的研究成果的积累，形成宏观的较大的研究成果。

如我认为，中等职业教育提高质量问题涉及多个因素，只有当"中职提质"涉及的若干因素都处于最优状态时，"中职提质"才能成为最优的。而这些因素至少包括管理因素、体制因素、课程因素、师资因素、德育因素、教学因素、学习因素、评价因素等。我就从上述因素入手，分别研究了八个值得探究的领域，写成《"中职提质"的几个探域》一文，发表在《福建教育》（职成教育）上。

3. 边干与边学相结合的策略

边干边学就是"在游泳中学会游泳"，就是边研究课题边完善课题。实践证明，通过课题选择、计划制订和实施的过程，在实践中学习，对研究方法的理解才能更加深刻，才能真正掌握。

我比较正规的研究课题是"数学多维教育实验的理论与实践"，当时对什么叫课题研究也不是十分清楚，就连现在看到的课题名称，也是几经修正才定下的，然后怎么列计划，怎么实施，怎么收集数据，怎么分析数据，等等，都是边干边完善的，成果发表于《福建中学教学》。研究完这个课题，我觉得再研究其他课题就清楚研究的"路线图"了，也就更有信心进行新的课题研究了。

4. 扬长与补短相结合的策略

中职教师之长，在于有丰富的学科教学或技能教学经验，有一线教育实践经验，有大量的第一手资料，有可深入地、仔细地研究的实验对象，此"长"当"扬"，大可进行"行动研究"、个案研究和实验研究。中职教师之短，就是缺乏理论指导，研究方法较为粗糙，因而研究成果往往停留在就事论事的水平上，此"短"宜"补"，抓紧学习先进的教育理论和基本的教育科研方法。"短板补长"用之于教学实践，必能产生新的教育效应。

我研究"男女智力差异与数学学习"时，发现我对心理学知识掌握得不好，尤其是对男女差异的心理学分析也不是很清楚，于是我在一段时间内学习《智力心理学》《男女差异心理学》《性别心理学》《青年性别差异心理学》《男女智力差异与教育》《男女生的学习心理差异》《中小学数学能力心理学》等。此"短"一补，接下来的研究就十分顺利了，成果发表于山西教育学院主办的《教学与管理》。

| 二 | 选题之法 |

1. 在"文献"中选题

写论文，必然要查阅大量文献资料，也必然会评价、研究和借鉴文献资料，"文献"让我们站在"高人"肩上。在研究文献时，我们有时会发现一些研究成果中有矛盾的或空白的地方，这也是我们"可探之处"。我在研究"学校特色发展"这一问题时，查阅了大量的文献，大多数文章在探讨如何创建特色学校，有一篇《中小学不能一窝蜂搞特色学校》与其他文章观点矛盾，由此引发我写了一篇题为《学校特色创建应注意的几个关系》的文章，辨证论述"特色创建"。

2. 在"比较"中选题

"有比较才有鉴别"，在"比较"中确定事物同异关系，然后从中确定一些论题。比较，可以横向比较、纵向比较、定性比较和定量比较。当然，在比较时应注意教育问题或对象的可比性，注意比较对象的对等性和特殊性，既要比较现象又要比较本质。横向比较，如"企业文化与中职文化比较研究"；纵向比较，如"中职生技能发展研究"；定性比较，如研究"顶岗实习：一岗到底，还是多岗轮换"；定量比较，如"中职生课堂学习指导实验研究"，有实验班和对比班，就课堂学习指导实验进行教育统计分析。

3. 在"边缘"中选题

未来科技发展的特点是高度分化与高度综合，其结果是新兴学科、交叉学科、边缘学科、中间学科等大量涌现。科技发展如此，教育研究亦然。教育研究的高度分化与综合，也必然会产生大量的带有"边缘"色彩的选题。如心理教育与中职有关教育教学活动"交叉"，可得到诸如"中职生顶岗实习心理研究""中职生技能大赛赛前心理疏导""非智力因素与中职生学习"等选题；又如中职与高职贯通的"边缘"推进，可得到"基于中高职贯通的课程设置研究"等选题。

4. 在"热点"中选题

教育之事，热点问题不断，我们可以从这些教育改革的新鲜话题中去找课题。大而言之，我们可以研究"中等职业学校科学管理能力建设问题""中等职业学校校长能力提升问题"等；中而言之，我们可以研究"××专业教材创新问题""××新专业规范化建设问题"等；小而言之，我们可以研究"中职生××社团活动研究""改进××专业考试方法研究"等。在职业教育热点涌动、各种观点乱花纷呈的今天，我们一定要克服浮躁心态，以审慎、理性的眼光，科学审视热点，选好研究课题。

5. 在"难点"中选题

类似地，教育中的难点问题也不少。找教育难点，即从教育领域理论与实践研究未果的难题中去选择课题。比如，中职德育问题研究是难点，"德技并重，培养高素质的劳动者和技能型人才"，是中职教育永恒的课题。细化之后，又有"现代德育之探""德育渗透之探""理想德育之探"等，其中"现代德育之探"一展开，又有诸如"现代德育的走势研究""传统德育的现代转化研究""传统德育的现代借鉴研究"等。又如，中职创业能力研究也是个难点，我们不妨先从"创业者的心理准备研究""创业者的知识准备研究"和"创业者的能力准备研究"做起，突破"难点"。

6. 在"弱点"中选题

教育研究，永远都不能达到"最完美"的境地。找出教育研究的某个方面的"不完美"（甚至是"空白"）之处，都是一个可以进行探索的问题。我们要善于观察，辩证思维，多角度分析现有研究成果的不完备、不深入、不妥当之处，基于新视角审视下的原有成果的补充和完善，关注某些系列研究中尚待解决的问题等。我早年读过很多关于课堂导言设计的文章，忽然想到一堂课究竟怎样结尾好呢。翻阅文献发现当时这个问题极少有人研究，于是我为了"填补空白"写了《数学课结尾的教学设计》一文，一投就中。

7. 在"地方"中选题

"地方"的教育研究，是我国教育研究中不可或缺的一部分，而且是很重要的一部分。"地方"有地方的特色，只有各地形成自己的特色，才会有国家和民族的特色。不同地方有不同的区情，同一地方的不同学校也会表现出差异性，因此，同一教育理论的应用、同一教学方案的实施，就有可能产生不同的效果。这种包括校本特色在内的"地方特色"，为我们选题提供了不少领域，有了特色才有研究的现实意义和价值。如"农村、农业职业教育发展问题研究""闽台职业教育合作研究""区域产业的专业改革试点研究""民族地区职业教育的特点和对策研究"等。

8. 在"移用"中选题

"移用"的本意为"把用于某一方面的方法、物资等拿到别的方面使用"，用到科学研究上，可以理解为：把某一学科领域中的新方法、新观点、新概念等，移用到其他学科领域中，以利于解决其他学科中的疑难问题，提供启发和帮助，获得新的科学发现和技术发明。教育研究，完全可以参照"移用"思路，进行"移用选题"。如高职的研究选题移用到中职，普通高中的一些研究选题移用到中职，企业的一些研究选题移用到中职等。如此看来，中职教师，还不能都只读中职方面的书，唯有"博览群书"，方能"移用选题"。

9. 在"阶段"中选题

事物的发展是分阶段的，教育研究的发展也是如此。不同的发展阶段，人们对所研究对象认识的角度和深度不同，研究成果的水平也不同，因此我们可以根据各个阶段的不同特点来确定选题。如"新时期中职班级工作的新思路""基于网络信息平台的学生学习研究"等。"阶段选题"，有"初始阶段"的选题，如"构建中职学生成才发展的立交桥"是个新问题，我们就可以选个可研究的领域进行"初探"；有"稳定阶段"的选题，如中职课程改革，我们可以找个"警觉点"进行"再探"；有"成熟阶段"的选题，如教师队伍建设，我们可以找个"创新点"进行"试探"。

10. 在"偶然"中选题

有一些论文的选题是在偶然中发现的。我们在工作、学习、生活中，或在参加某些学术活动中，有时受到某些事件的启示茅塞顿开，找到新的研究方向，确定新的选题；有时在不经意间发现自己研究领域之外而自己又有可能完成的课题。只要我们不断积累知识、善于观察分析、培养创新意识，就能在偶然中找到选题。张奠宙教授曾谈到"要把数学教学做得大气一些"，我听后觉得数学教学不仅要"大气一些——有文化"，还要"才气一些——有智慧，朝气一些——有活力，秀气一些——有美感，和气一些——有互动，灵气一些——有方法，喜气一些——有趣味"，由此写了《期盼数学教学"气"象万千》一文，后发表于《数学通报》。

| 三 | 选题之经 |

1. 一个选题本

所谓一个选题本，其实就是一个笔记本，在笔记本的一个正反面上记录头脑中闪现或思考的选题，若在以后思考这个课题中又有新的发现，继续记录在该页上，积累多了，待"瓜熟蒂落"便可以进行研究和写作了。

2. 瞄准一个目标，长期积累、探索、思考

当数学教师时，我瞄准的目标多为数学教育或数学解题方面；当中学校长时，我瞄准的目标多为学校管理或课程改革方面。现在当教育局副局长，我瞄准的目标多为教育的宏观决策和某个领域的教育发展问题。比如，学校安全管理问

题，是我亟待研究并希望能见成效的问题，我几乎读遍这方面的书籍和文章，发现学校安全管理可以也必须走向学校安全文化，于是纵深的研究就以"学校安全文化"展开进行，实效研究就以"学校安全的有效预防"展开进行，取得了"双丰收"。

3. 把"教育"或"教学"改为"学习"

我发现，"学习科学"研究相对于"教育科学"研究，少很多。我还发现，如果把现有教育科学的许多问题中的"教育"或"教学"两字用"学习"两字替换，就是一个崭新的课题，就有一个崭新的研究前景。比如，《基于网络环境的技能教学》是一篇论文，《基于网络环境的技能学习》，何尝不是一个崭新的研究选题？

4. 目录联想法

看一本杂志的目录，或看一本书的目录，我常常不急于具体看内容，而是自己先联想一番：如果我自己写这篇文章或做这个课题研究，会怎样写或怎样进行研究？如果条件允许，可以把自己的想法提纲挈领地写下来。然后对照作者所写，看看是作者写得好还是自己的见解好。如果是作者写得好，对自己来说是一次提高；如果自己的见解比作者好，又何尝不是一个可以考虑的写作选题呢？

5. 思想氧吧

所谓思想氧吧，就是有一批相对固定的人，每周或两周约好一个相对固定的地方，有一个提前告知的话题，由一个主讲人先主讲，然后大家对这个话题"七嘴八舌"。这种类似于"头脑风暴"的思维碰撞，能激活参与者的思维，能点燃参与者创新的火花，能引发参与者的激情，能引导参与者保持大脑的活力，能找到许多可以进一步研究的选题。

Ⅰ 本文发表于《福建教育》2011 年第 48 期 Ⅰ

当今教师压力很大，压力来自方方面面。作为教师个体要挡住来自社会的压力，是不可能的；要改变来自学校的压力，也是难上加难的事；要回避来自家长的压力，你也回避不了；教师还会有来自家庭、亲友等方面的压力。

既然"扛不住"，作为教师，积极学会自我减压，也许是最好的方式。

教师自我减压，是教师个体自觉主动地调适，是教师完善自我、战胜自我的精神追求，也是教师实现自我、超越自我的人生境界。

教师如何进行自我减压？

| 一 |　教育情怀的高远追求　|

高远的教育情怀，将赋予教师无穷的力量，有了这种力量，教师就会变压力为动力，就会自觉做一名卓越而幸福的教师，就会不计辛劳，乐于奉献。

有教育情怀的教师，就会把自己备课、读书、反思、写作等当成一种育人的储备；把自己上课、批改、辅导、谈心等当成一种育人的过程；把学生考试、竞赛、评比、展示等当成一种育人的成果。育人之路，有欢笑，有困惑，有惊喜，有疑难……润物无声的平淡，孕育着新的生长。

有教育情怀的教师，就会把自己的生命从容不迫地融入课堂，融入学生的生命，无怨无悔；就会在学生无助时，尽心尽力地为学生的需求之路突围，任劳任怨；就会在学生迷茫时，带给学生敞亮和清明，乐此不疲。

有教育情怀的教师，就会主动为学有余力的学生补充新的"能量"，让他们"吃得饱"，激励他们"一路前行"；就会积极为"中等生"指导"会学之道"，让他们"吃得好"，砥砺他们"脱颖而出"；就会为"学困生"指点迷津，让他们"吃得了"，鼓励他们"摆脱困境"。

| 二 | 教学技能的娴熟练就 |

教学技能是教师必备的教育教学技巧，它对取得良好的教学效果，实现教学的创新，具有积极的作用。教师练就教学技能，还能提高教学效率，减轻教师教学负担和教学压力。这种技能，体现在教有主张、因材施教、有教无类，体现在自己的学识魅力让学生钦佩、自己的"绝活"让学生难忘。

课堂教学要求高标准、快节奏、有容量、快反馈，很重要的一条就是要着力提高课堂教学效率，途径有锤炼教学语言、加快动作速度、课前充分准备、课内善于调节、师生配合默契、合理运用媒体。

教师练就娴熟的教学技能，就能提高教学质量，其教学就能赢得学生欢迎、家长好评和同行点赞，给自己创造一个良好的人际环境，减少教师因教学技能低下而造成的各种压力。

| 三 | 教育智慧的创新实践 |

面对瞬息万变的教育情境，准确迅速地作出判断，恰到好处地妥善处理，从而收到理想的教育效果，这就是教师的教育智慧。教育智慧体现在教育的鲜活性和民主性，在交流、生成和碰撞中产生智慧的火光；教育智慧体现在教育的深刻性和自然性，在合作、体验和探究中品味智慧的甘甜。

做一名智慧型的教师，在教学设计上，既要"依标尊本"，又要"融入理念"，既要"总体谋划"，又要"精心备课"，既要"继承传统"，又要"创新实践"；在教学实施上，既要在课堂中科学合理有效地完成教学设计，又要根据课堂教学展开发生的情景，创新地实施教学；好的"设计"期盼更好的"实施"，善于发掘问题解决过程的价值，这"价值"可以是育人的、智力的、方法的、探索的、创新的、激趣的、审美的、人文的。

教育需要智慧，没有智慧，课堂可能是一潭死水，教学"劳而少获"；没有智慧，教育教学就可能是一种敷衍、应付和精神上的牵累；没有智慧，教育可能走的是一条"费时—低效—费时"的恶性循环之路，师生"疲于奔命"。

｜ 四 ｜ 时间管理的合理运筹 ｜

时间管理的核心，就是既要充分合理地利用时间，又要努力提高单位时间的工作效率。教师只有善于管理好时间，才能更好地在完成教学任务的同时享受生活的乐趣。

时间管理是一门大学问。一要合理地安排时间。有计划地使用时间的人，才可能干出出色的成绩。"可变时间"，要"巧安排"，即让可以同时进行的同时进行，可以交叉安排的交叉安排，把思考、操作、整理、休闲等不同特点的活动交叉地进行。这样既提高了工作效率，又把工作和生活搞得生动活泼。二要建立良好的工作秩序。平时要查阅的工具书、资料等，要用的电脑、优盘、笔、纸、计算器、剪刀等，应放在固定的位置，需要时随手可取，切不可不用时乱丢乱扔，要用时东找西寻，浪费宝贵时间。三要尽量把握住"今天"。"世间最可宝贵的就是'今'，最容易丧失的也是'今'。"四要充分利用零碎时间。利用零碎时间的"诀窍"，在于思想上要重视，行动上要坚持，策略上要有方。五要预见一些"可用之时"。稍微留意一下，我们往往可以"发现"在未来几天里的"可用之时"，充分考虑好这些时间的安排，会有意想不到的成效。

| 五 | 锻炼身体的习惯养成 |

事业的基础是健康的身体。身体好是工作好的基础，是学习好的前提，是每位优秀教师必须明白的人生道理。有着健康身体的教师，才可以给学生超越课堂之外的美的教育，也才有可能高效工作，抵抗压力。

健康是一个人最基本的财富，养成体育锻炼的习惯，坚持体育锻炼，注意心理调适，就是获得这种财富的有效途径。每位教师都应该牢固地树立"健康第一"的思想。每位教师都应该努力做到"每天锻炼一小时，健康工作五十年，幸福生活一辈子"。

教师是学生成长的"重要他人"，不是"铁人"，也不是神，教师当有自己的生命价值和需要。工作重要，健康更重要，不要因为工作而忽视了健康，也不要因为健康而忽视工作。为此，每一位教师必须摆正自己的心态，把工作和健康放在同等重要的地位，以重视工作的心态去关心自己的健康。只有这样，才能更好地工作，否则，即使有满腔的热情，也是鞭长莫及。

| 六 | 合理借力的主动作为 |

当你遇到困难时，大家共同来面对，你的心理压力就会减轻，你的困难往往会迎刃而解。

一借领导之力。教师首先要努力提高自身素质，敬业精业，做人以诚，做事以毅，争取领导对你产生好感；其次，要抓住机会，充分表现自己，赢得领导好评；三是处理好与领导的关系，维护领导形象，不随意评价领导，适时向领导汇报工作，与领导保持适当的距离，给领导提供具有参考价值的建议。

二借同事之力。同事之间在一起共事，是一种"缘分"，应该以诚相待，以和为贵，这样大家才能在良好的氛围中共同成长与进步。教师遇到问题，特别是重大问题时，请同事多谈自己的看法，大家一起商量，分享经验，分享智慧，化解难题。

三借朋友之力。新时代的教师，不要把自己禁锢在自我的小天地里，适度交好友，不仅能让你增长见识，活跃思想，激活思维，还能得到亲人、长者、领导和同事所不能给予的东西。教师不要错过交好友的机会，珍贵的友情也许是最"给力"的。

四借家长之力。家长的教育资源是丰富的，可以通过家长委员会，做好家校共育工作；可以请事业有成的家长，作励志报告，帮助学生树立远大志向，激发学生学习拼搏的豪情；更多的家长，可为学生提供参观、学习、实践等场所，让学生接触社会，开阔眼界。

五借学生之力。优秀教师，往往也是一个会"偷懒"的教师。教师之"懒"，大多是借学生之力，主动培养学生各方面的能力。其实，学生主持会议，并不会比教师主持的差；学生处理网络问题，常常超越教师；学生演讲，也许比教师讲得好。放手让学生管理班级，班级会有一种新景象。

通过以上几个方面的不断努力，教师的心理素质和抗压能力将得到不断提升，有助于缓解负担过重所导致的心理压力。当然，教师还可以通过读一些心理学书籍、听一些心理讲座来充实自己心理方面的知识，增加心理承受能力与抗挫性；学会采用"快乐预防法"和"肌肉快乐法"，多点幽默，调节紧张的心绪，适应繁重的工作；增强日常工作的计划性，把每天的工作进行分解，分阶段、有步骤地完成，减轻因工作量大而带来的心理负担。

境由心造，相由心生，物随心转，事由心变。"心"强大了，还有什么不可能？当然，对于减压，教师要辩证地看待，"减压"不是不要压力。教师要正确对待工作中出现的挫折和困惑，才能做到精神不倒、信心不败、奋斗不止。

为师减压时不我待，等别人帮我们减压，"漫漫远路"，积极自我减压，也许是一条当下最可行的"减压之路"。

┃ 本文发表于《福建教育》2019 年第 18 期 ┃

探索德育渗透之道，提高德育活动的实效性，是教育工作者经常思考的问题。向学生传授学习方法是当今我国教育改革的一大特征。我在长期的学习指导教育实践中，深深感到在学习指导中渗透德育，是一种可行的、易操作的、效果颇佳的德育渗透之道。

| 一 | 学习指导的内容与模式 |

1. 学习指导的内容

学习指导，是研究学习规律、学习原则、学习过程、学习心理、学习修养、学习环境和学习方法，指导学生在学习过程中掌握学习规律、遵循学习原则、发展学习心理、强化学习修养、创造学习环境和运用正确的学习方法的科学，范围宽泛而完整，结构系统而缜密，内容丰富而深邃。

学习指导的内容主要有以下四个方面：（1）激发学习动力的方法指导，包括学习动机的培养、学习兴趣的培养、学习意志的培养、学习情感的培养、学习习惯的培养。（2）开启智力潜能的方法指导，包括发展观察能力、发展记忆能力、发展想象能力、发展思维能力、发展自学能力、发展创造能力等。（3）优化学习环境的方法指导，包括课前预习的方法、课堂听课的方法、复习巩固的方法、作业练习的方法、应对考试的方法、课外学习的方法等。（4）加强学习管理的方法指导，包括学习时间的管理、学习环境的管理、学习时机的管理等。

2. 学习指导的模式

我国目前的学习指导可分为"四类十二式"。（1）讲授类：以宣讲、传授为一类的模式，其中包括课程式、专题讲座式。（2）交流类：以学生教育学生为一类的模式，其中包括介绍式、宣讲式。（3）辅导类：以帮助、支持学生掌握学习方法为一类的模式，其中包括渗透式、诊疗式、个别指导式、咨询式。（4）领悟类：以领会其精神为一类的模式，其中包括规程式、榜样式、自学式、熏陶式。

｜ 二 ｜ 学习指导与德育渗透 ｜

由前述可知，学习指导的内容与德育的许多内容是相通的，利用学习指导与德育的这种"相通性"，充分发挥学习指导固有的德育功能，是强化德育、改革德育的一个十分重要的方面。

1. 在激发学习动力的方法指导中渗透德育

学生的第一学习内动力是学习需要、学习动机、学习目标。要想使学习获得成功，必须端正学习方向，处理好学习动机、目标与社会需要的关系。而学习方向与政治方向有其共通性。进行学习方向教育，必然能够起到政治方向教育的作用。周恩来从小立志"为中华之崛起"而学习，这是个学习方向问题，也是个政治方向问题。学习指导中有专门一节介绍学习动机的培养，我们抓住这个机会向学生介绍动机及其分类、动机与学习、动机的激发与培养，帮助学生树立崇高的学习动机，让学生自觉地、主动地沿着"需要→动机→目标"来寻找自己前进的方向。

学生的第二学习内动力是学习兴趣、学习情感、学习意志、学习气质、学习性格、学习习惯。这实际上是学习品质的问题。学习品质是个性品质在学习活动中的表现，与道德品质有共通性。进行学习品质教育，必然能够起到思想品德教育的作用。优秀的学习品质，是促进学习成功的因素，也是人的一种美德。我们在学习指导中，要求学生着力提高自己的学习品质，维持最佳的心理状态，培养浓厚的学习兴趣、愉快的学习情感、顽强的学习意志、良好的学习习惯，以及由这些学习品质所反映出在学习上的勤奋、恒心、自信心、谦逊、诚实、求实、遵规、守纪等优良的学习心理。

2. 在开启智力潜能的方法中渗透德育

发展学生的智力水平，是学习指导的重要内容。人的智力活动和智力水平的发展，对一个人品德的形成和发展起着积极的影响作用。学生的智力水平的发展与学生精神文明的发展和科学观的发展是相通的。我们知道，精神文明建设的重要问题是全方位的智力开发。新技术革命的激烈竞争，对我国改革与建设，既是挑战又是机会。从我国现实出发，加强智力开发，才能迎接挑战，创造发展机会。学习指导中的"发展智力的方法"，正是让一代学子从小打下智力基础，为将来建设祖国作好准备。发展学生的智力水平，如培养学生敏锐的观察力、高超的记忆力、丰富的想象力、灵巧的思维力、良好的自学力、科学的创造力，都有助于学生正确科学观的形成，而正确的科学观又是德育的内容之一。革命家的感人事迹是德育的好教材，科学家在智力活动中的"选准目标，坚定不移；特殊勇敢，不顾一切；思路开阔，高度敏锐；主意实践，认真探索；富有幻想，大胆思考；坚韧顽强，勤奋努力；注意集中，不失机遇；兴趣广泛，好奇心强"等素质，也是德育的好教材。科学家的治学精神往往给学生留下深刻印象，永远激励他们奋发向上，使他们的思想得到净化。

3. 在优化学习环节的方法指导中渗透教育

学习指导十分强调学习环节的方法指导，学习方法与世界观、认识论有其共通性。进行科学的学习方法指导，实际上也是进行辩证唯物主义的教育、学习纪律性教育和学习教养性教育。我们知道，学需有法，学无定法；大法必依，小法必活。学习指导最重要的一点是理论联系实际，把学习方法的理论与学生的实际联系起来，让学生找到适合自己特色的学习方法。掌握科学的学习方法，还要辩证地处理好学习中的各种关系，如读书与使用、博览与精读、师授与自学、基础与高深、课内学习与课外学习、苦学与乐学、勤学与巧学、广泛兴趣与中心兴趣、模仿与创新等。在学习环节的方法指导中，还经常涉及学习纪律性和教养性教育，如遵守课堂纪律，作好课前准备，听课紧跟老师思路，养成课前预习课后复习的习惯，及时独立完成作业，考试不作弊，课外阅读要"正"不要"歪"（即选择内容健康、富有教育意义的书籍来阅读，不看格调低下、内容不健康甚至有害的书刊）。

4. 在加强学习管理的方法指导中渗透教育

学习管理包括时间、环境、时机的管理，这方面的学习指导与德育也有许多相通之处，是渗透教育的好时机。关于时间管理的指导，教育学生：如果一个人在青少年时期就懂得时间的价值，就知道抓紧时间，那么他一定能在事业上、工作上取得重大成就，为国家、为人民作出巨大贡献。关于环境管理的指导，包括社会环境、家庭环境和学校环境，教育学生：这些环境都是客观的，是我们无法选择的，但人可以充分发挥自己的主观能动性，去利用环境、改造环境、适应环境，使自己能在不同的环境中学习成长，使自己成为环境的主人。关于学习时机的指导，教育学生：作为中学生，应该把握住一切学习的机会，努力学习科学文化知识，全面提高自身素质，以适应未来激烈的竞争。时机可以创造，时机需要等待，时机更需要充分利用和及时把握。

| 三 | 在学习指导中渗透德育的艺术 |

在学习指导中渗透德育的效果如何，与教学艺术关系极大，在教学中我们要注意以下几点。

1. 综合运用各种学习指导模式渗透德育

学习指导模式是不断发展的，针对不同时期、不同对象、不同的学习内容、不同的德育渗透，要有一定的变化。在学习指导中渗透德育，只靠一种模式难以得到理想的效果。模式与模式之间应融合、配合、结合使用，才能发挥模式的整体效益，才能使整体效益大于部分之和。一般来说，起始年级（初一、高一）宜用课程式，过渡年级（初二、高二）宜用介绍式或宣传式，毕业年级（初三、高三）宜用专题讲座式，平时课堂学科教学宜用渗透式。

2. 用引趣的方法结合学习指导渗透德育

例如，我们讲"发展观察力"时，讲了化学家贝采利乌斯让学生尝手指头的故事，学生笑过之后，深深体会到科学观察的重要性。又如，我们在讲"学习时间的管理"时，让学生齐声朗读《昨日诗》《今日诗》《明日诗》，这种"诗教"，学生感到新鲜有趣，听起来很舒坦，教学效果也就较好。以情育情，以情促学，以学促用，学生在有趣的教学活动中掌握了学习方法，品德也得到了发展。

3. 让学生在参与中掌握学习方法发展品质

学习指导课不能由老师包办代替，从头讲到尾，应当尽量让学生参与。例如，在讲"作业、练习的方法"时，先让部分学生谈自己对作业、练习的认识，然后大家进行评议，最后师生共同分析，总结出科学的做作业、练习的方法。又如，在讲"发展记忆能力"时，给出几组公式，让学生探索记忆的方法，看谁的方案好，有的还可以冠以"××记忆法"，以激发学生的学习热情，完善学习品质。

4. 利用格言、警句的激励作用发展品德

学习指导课的每一课都可以找到相应的格言。一句精辟的格言，往往内容丰富，耐人寻味，发人深省，给人以领悟和启迪，甚至一语铭记在心，终身受用无穷。例如，毛泽东说："科学是老老实实的学问，任何一点调皮都是不行的"（严谨）；华罗庚说："勤能补拙是良训，一分辛劳一分才"（勤奋）；爱因斯坦说："人

只有献身社会，才能找出那实际上是短暂而有风险的生命的意义"（理想）；李白说："天生我材必有用"（信心）；高尔基说："一个人追求的目标越高，他的才力就发展得越快，对社会就越有益。我确信这也是一个真理"（目标）。

5. 利用故事的启迪作用发展品德

学习指导中要穿插一些小故事，以保持学生的听课兴趣，并在听故事的过程中，受到教育，得到启迪。例如，哥白尼为真理而献身，华罗庚自学成才，牛顿敏锐观察，司马迁写《史记》，女排姑娘奋力拼搏，海伦·凯勒逆境成才，本地、本校、本班优秀生勤奋学习，某些学困生掌握学习方法学有长进等故事。

6. 利用测评的反馈作用完善品德

通过学生自我智能测评、学习品质测评、自我心理测评、品德测评等，了解自己的智力、非智力水平和品德水平，从而逐步完善自己的学习品质和行为品德。以品德测评为例，我们可以利用《学生品德测评情况报告》（见肖鸣政《品德测评的理论与方法》），从五个方面（个人、小组、班主任、家长、老师）对学生的品德进行测评，以便帮助学生完善品德，促进学习进步。

综上所述，学习指导具有德育功能，德育与学习指导有其内在的联系，"学会学习"与"学会做人"往往是相互交叉、渗透的。围绕学习指导进行德育渗透，将学习指导与德育结合起来，往往比单纯的道德说教更具有实效性，能更有效地培养出更多的"品""学"兼优的学生，是强化德育、改革教育的一条行之有效的途径。

| 本文发表于《现代中小学教育》1997 年第 1 期 |

阅读让我看到了远方

1979 年，初为人师的我到龙岩一中教书，我们一群刚从师专毕业的青年教师没有实习就"上岗"了。那时，我们不知道有哪些教育方面的书可读，一位学长建议我们读苏霍姆林斯基的《给教师的一百条建议》。说出来不怕大家笑话，那时我们大多数人不知道苏霍姆林斯基是谁，不知道世间还有这样一本书。在后来的很长一段时间里，我们每周自发集中谈论书中的一个建议，并按照书上的说法去做。从某种意义上说，"一百条建议"是我教育人生的一块坚实的基石。

在一次龙岩地区的教研会上，数学教研员陈清森老师感觉我写的一篇教研论文颇有新意，是一个数学研究的"潜在新人"。他悄悄地对我说："你结合教学实践进行研究，不声张，现在许多老师还认识不到这一点，你先走一步，就领先一步。人们认识教育科研还有一个过程。"

于是，我在搞好教育、教学、竞赛的同时，悄悄进行教育科研。

要进行教育科研，就要学习；要学习，就要订许多报刊。我们在闽西山区，相对来说信息不灵，通过订阅报刊了解外面的世界、了解数学教育研究与实践的情况，是十分有效的方法。我和陈老师都订了很多数学杂志，当时收入很有限，拿出那么多钱订杂志，是要下很大的决心的。

杂志一到，我们各自先读，几乎是"读红"了，就是每页都读、都画，还写批语，同时做目录分解，以便日后好查询。有时，看完目录中的某个题目，自己就想"这个题目让我来写，我会怎样写"，然后把自己的写作框架拟出来，再进行对照，看是别人写得好还是我的框架妙。那段时间我们读了大量的数学教育文章，为日后研究奠定了深厚的基础。

如果我没记错的话，我订阅的数学杂志是 23 种，但订阅非数学类的杂志不多。一是经济受限，二是觉得非数学类杂志利用率不高。随着教育研究的深入，我在读《人民教育》《福建教育》时，发现有许多文章写得不错，可那时没有复印机，我只能抄写。我有好几个笔记本，是用来抄"教育佳作"的。后来感觉这两本杂志的好文章越来越多，尤其是《福建教育》，有好几页刊登"教育文摘"，抄要花太多时间，我干脆把这两本杂志也给订了。之后，又订了《教育研究》《课程·教材·教法》《教育文摘周报》等，这五份刊物一直持续订阅到今天。

我在读数学杂志时，发现许多老师尤其是大学教授，经常引用数学名著中的经典论述，我觉得不系统地读些数学名著，很难成为一名研究型的数学老师。

于是，我开始读数学教育经典著作，如荷兰数学家、数学教育家弗赖登塔尔的《作为教育任务的数学》《数学结构的教学现象学》，美籍匈牙利数学家、数学教育家波利亚的《怎样解题》《数学的发现》《数学与猜想》，瑞士心理学家皮亚杰的《发生认识论原理》《发生认识论》，美国数学教育家戴维斯的《建构主义观点下的数学教学》，美国心理学家、教育家布鲁纳的《教育过程》，美国心理学家、教育家布鲁姆的《教育评价》，美国匹兹堡大学教授贝尔的《中学数学教与学》，英国数学教育家豪森的《数学课程发展》，英国数学教育心理学家斯根普的《学习数学的心理学》，苏联心理学家克鲁捷茨基的《中小学生数学能力心理学》，德国数学家、数学史专家、数学教育家克莱因的《高观点下的初等数学》，等等。

我不仅学习国外的教育名著，还更多地学习我国教育家的著作，如读东北师范大学马忠林教授的著作，读北京师范大学曹才翰、丁尔陞、钟善基、严士健、钱佩玲教授的著作，读华东师范大学张奠宙、唐瑞芬、戴再平、李士錡教授的著作，读数学教育名家张孝达、顾泠沅、张士充、王全林、郭思乐、张乃达、马明、蔡上鹤、吕传汉、章建跃、任子朝、孙维刚、张思明、邱学华、张顺燕、欧阳维诚、单墫、罗增儒、郑毓信、张景中、张楚廷、谈祥柏等的著作。

读书，我既读数学教育理论的，也读数学教育实践的；既读高深数学的，也读数学普及的；既读高考数学的，也读竞赛数学的；既读老一辈数学教育专家的，也读数学教育新秀的。这样，对数学、对数学教育便有了相对全面的、系统的认识，为数学研究奠定了较好的基础。

我担任学校教研室主任后，"数学之读"没有停，读了大量的教育研究方面的书；我担任校长后，"数学之读""教研之读"没有停，读了大量的学校管理方面的书；我担任副局长后，数学的、教研的、学校管理的书仍在读，读了大量的区域教育管理的书。

我摸索出一套自己的读书法。一是按系列学习。如，读数学书，数学竞赛是一个系列，数学文化又是一个系列，力争对上述问题有一个整体的认识。二是精于一地学习。如，读理想课堂的书，我觉得干国祥所著的《理想课堂的三重境界》很适合我读，于是精读它，读透它，然后再"博览群书"：沈红旗的《理想课堂》，徐洁的《把课堂还给学生——如何构建理想课堂》，沈艳的《小学理想课堂的构建》，张玉彬的《理想课堂的构建与实施——一个教研员眼中的理想课堂》等。这样就等于打开了一个缺口，建立了一个根据地，然后再乘胜追击，逐步扩大"作战"领域。三是分层次学习。如"核心素养"专题，我是这样从高层往低层学习的：《核心素养研究》→《核心素养十讲》→《核心素养与教学改革》→《核心素养导向的课堂教学》→《中学数学核心素养培养方略》等。这样对"核心素养"就有一种"一览众山小"的感觉。

我在 40 岁之前，读中国古代教育思想的书多些，40 岁之后，读国外现代教育的书多些，这与近年来大量引进国外教育类书籍有关。

在中华民族文化的宝库中，蕴藏着丰富的教育思想。单就孔子的教育思想和教育方法，就够人学一辈子了，像《论语》《论语解读》等，我就细细读了好几遍。至于中国古代其他教育家，如老子、墨子、孟子、荀子、董仲舒、王充、韩愈、柳宗元、王安石、朱熹、王守仁、李贽、徐光启、王夫之……他们的教育思想，我是从《中国古代教育家思想解读》《中国古代学习思想史》这类书中获取的。

我们这代教师，前些年又在一批批专家的指导下，读了不少外国教育名著，如夸美纽斯的《大教学论》、洛克的《教育漫话》、杜威的《民主主义与教育》、蒙台梭利的《童年的秘密》、马卡连柯的《教育诗》、布鲁纳的《教育过程》、苏霍姆林斯基的《怎样培养真正的人》、布鲁姆的《教育评价》、小原国芳的《全人教育论》等书。近年来，我们又读了帕克·帕尔默的《教学勇气》、加德纳的《智能的结构》、雷夫的《第56号教室的奇迹》、佐藤学的《学校的挑战》《静悄悄的革命》《学习的快乐》等书。我们今天所形成的教育思想和教育理念，都是受到上述古今中外书籍观点浸润的综合结果。

记得有一位专家这样说："不读《论语》，不读杜威，不读苏霍姆林斯基，是成不了名师的。"阅读是为了借鉴，读着读着，我们就站在了巨人的肩上，让我们渐渐地看到了远方。

家里的书是越买越多，最近这几年，我更多的是为了著书或讲学而分类读书。我为了写《优秀教师悄悄在做的那些事儿》，几乎找全了家里所有的与教师成长和发展相关的书，算是把这类书读了一遍。我为了写《好学校之境》，几乎找全了家里所有的与校长成长和学校发展相关的书，也读了一遍。我为了《课改：挑战中的新抉择》这个讲座，涉及课程、教材、教法改革的书和刊物都要找来读。请大家试想下，我为了讲《基础教育改革与发展的新视野》，要读什么书？我为了给家长讲《牵着孩子向何方？》，又要读什么书？

早年我读教育类的报纸，会把好文章剪下，然后分类贴好，以便查找和再读。信息化时代，这项工作做起来就十分便捷了。每天早上9点以后，我就可以读到当天的《中国教育报》电子版，这报我是每天必读的。58岁的我虽然目前还可以不戴眼镜看报，但看久了就会有些模糊，而读电子版可以放大一些，读起来很舒适。当然，读电子版的最大好处是，读到好文章可以下载，放到相应的文件夹里，将来查找、再读和利用，都很方便。《中国教师报》、中国知网里的文章等，都可以用类似的方法读。

除了读教育经典书籍，我还特别关注教育新著尤其是一些教育大师的新著，感觉满意的就及时购买，抓紧读。如朱永新教授、李希贵校长、肖川教授的新著，我基本上是买齐了，也及时读了。为了防止漏掉好书，我现在每个月都会在网上按"出版时间"浏览新书，绝大多数"教育好书"都能网购到。这不，我手头这本刚读完的佐藤学的新著《教师花传书：专家型教师的成长》，就是前不久网购的。而同批购得的常生龙所著的《给教师的 5 把钥匙》，正在读。

| 本文发表于《福建教育》2017 年第 13 期 |

许多认识我的或不认识我但知道我的人，都认为我是一个勤奋自觉的阅读人，这种"认为"其实只对了一半。阅读的最高境界是"无为而读"，我还达不到这种境界，因为我的"勤奋"阅读多是被"逼"出来的。

| 一 | 为"职业"而"被逼"阅读 |

作为数学教师的我，自然要读数学专业书，是为了更好地教书；作为班主任的我，为了带好班，就要读德育方面尤其是班级管理方面的书；作为教研室主任的我，读了很多中小学教育科研方面的书；作为教务处主任的我，读了教学管理和教研组管理方面的一些书；作为校长的我，读了大量的学校管理和校长学之类的书；作为教育局领导，我除了读区域教育方面的书外，还就我所分管的处室和部门，读了相关的书，我曾分管职成处、体卫处、保卫处、规划处、教科院、信息中心，为此读了不少职业教育、体育卫生艺术、学校安全、教育规划、教研科研管理、教育信息化等方面的书。在工作中学习，在学习中工作，已成了我的阅读习惯。

| 二 | 为"讲学"而"被逼"阅读 |

要讲学（包括讲课和讲座），就要就所讲之题进行系统钻研、深入实践，这样才有深度，才有新意，对自己的阅读与提高很有帮助。讲学，是要公开讲述自己的学术理论和实践探索，这些理论与实践的成果，可以说都是建立在阅读研究基础上的成果。所讲之题，若是我相对熟悉的，为了讲好学，是需要再阅读、再研究的；若是不熟悉的，我更要查阅各种资料，收集与所讲之题相关的书籍集中研读。

初为人师的我，学校让我讲《新科技的发展现状与趋势》，对我这个数学教师来说，是极大的挑战。我读遍了家中所藏的科技书，到学校图书馆找了许多科技书来读，又钻进县里的图书馆读科技书，到了这个程度还是不敢讲。后来发现有个学生家长是个科技专家，就上门请教并借来新近出版的许多杂志书籍参考，这才整理出一个讲稿，才敢上台讲。

| 三 | 为"论文"而"被逼"阅读 |

读专业杂志中的论文，你会发现文末多有"参考文献"。百度一下"参考文献"："参考文献是在学术研究过程中，对某一著作或论文的借鉴。"为了"参考"，需要读好多书。眼前一本《课程·教材·教法》（2015年第3期）中的《西方快乐教育思想之传统》的"参考文献"就列了34本著作，这些著作，作者能不读吗？其实，为了写论文，要读的书远不止这些，还有许多与论文选题有关的书也要读，只是这些书对所写论文参考价值不大而未列入。我的《研究民族学习思想，深入进行学法改革》发表在《教育家》杂志上，大家可以想象一下，我为了写好这篇论文，要读多少书？

| 四 | 为"著书"而"被逼"阅读 |

写论文要读不少书,"著书"就要读更多的书。总体说来,为"著书"而阅读是一种研读。只有建立在研读基础上的"参考",才有借鉴的意义和价值。我最近为写论文在读《精神分析发展心理学》(福建教育出版社 2009 年版),书末所列的参考文献多达 250 本,大家可以想象下作者的研读境界。

我写的《好学校之境》(华东师范大学出版社 2016 年版)一书,上篇写"校长成长'步入新境'",中篇写"教师生长'引入高境'",下篇写"学校发展'渐入佳境'",写书之前我要读很多关于校长成长、教师生长和学校发展方面的书(尤其是这方面的新书),否则我写不出那个"境"。

| 五 | 为"课题"而"被逼"阅读 |

从事一项课题的研究,从课题的选题、论证入手,进行文献综述,阅读他人的文章著作,进行课题计划,进行课题实施,还要进行数据的收集、资料的整理、课题结题等,总之,要经历课题研究和实验的全过程。在完成课题的过程中学习了许多知识,也培养了科研能力。

我为了完成教育部特级教师课题"中学数学学习指导的研究与实践",阅读了许多数学教育经典著作,国外的阅读了荷兰数学教育家弗赖登塔尔的《作为教育任务的数学》、德国数学教育家克莱因的《高观点下的初等数学》等著作,国内的阅读了丁尔陞、严士健、章建跃、张思明等数学教育专家的著作。

| 六 | 为"发言"而"被逼"阅读 |

别以为发言很容易,我无论是当校长还是当副局长,发言稿大多是自己写。自己写,发言时很自然、很流畅,也容易脱稿讲。

面对不同的发言场景，要讲得到位、讲得生动，我就要阅读些相关的书。我在厦门一中开学仪式上要讲学校文化，就得阅读《学校文化管理》之类的书；我在运动会开幕式上发言，就得阅读学校体育方面的书；我参加"教育国际化"论坛，作了发言《教育国际化：我们期待什么？》，为了这15分钟的发言，我至少读了《中国教育报》近三年这方面的文章，发言后，记者纷纷向我要这篇发言稿。

| 七 | 为"指导"而"被逼"阅读 |

我作为福建省名师名校长培养工程的专家，每年都要带一些名师名校长培养对象，这些未来的名师名校长都很有思想，要指导他们我能不读书吗？

我指导的老师要凝练教学主张，我总不能连教学主张、教学风格等都不懂吧？要懂就要找书、找刊物来读啊！我指导的校长要写一本《核心素养悄然落地》的书，我就要抓紧阅读关于"核心素养"的书刊。

| 八 | 为"考察"而"被逼"阅读 |

"走出去"看外面的世界，外面的世界很精彩，会给我们提供有益的启示，但"走出去"要先"备足课"，初步了解要考察之处的基本情况，带着问题和困惑去学习。

我参加教育部赴法国教育考察，行前我读了法国教育的诸多书籍，对法国教育有一个大致的了解。我参加厦门市赴深圳市考察学习型城市建设，行前读了《学习型组织新思维》《学习型城市概论》《学习型学校论》等书籍。

| 九 | 为"培训"而"被逼"阅读 |

参加培训，培训部门往往会发给我们许多书，读了这些书，才能提高受训的质量。

我参加骨干教师国家级培训，就被要求读许多北师大教授的书。记得我读裴娣娜教授的《教育研究方法导论》一书，学术味浓，当时感觉这本书是中国最高水平的教育科研。肖川教授的《教育的理想与信念》，我不知读了多少遍，那注重人文性的激扬文字，那发自肺腑的真言实语，给人以反思和启迪。

参加党校学习，要读一些马列著作，这些书我平时读得不多，便利用培训机会多读些，读了之后受益匪浅，对一些问题有了更深、更新的理解。

| 十 | 为"育儿"而"被逼"阅读 |

培养自己的孩子，也要读很多书。初为人父的我，就读了《育儿宝典》这类书，按照书上的说法育儿教子。

为了给孩子打下良好的数学基础，我这个中学数学教师读了小学奥数 1—6 年级全套书籍 18 本，每个年级有奥数教程、学习手册和奥数测试各 3 本，这样我对小学奥数就有了一个全面的认识。为了帮助孩子高考填报志愿，我就读了《中国大学报考指南》《走进大学——怎样选择最适合你的专业》等书。

家教之书我至少读了 50 本以上，如"忠告"类的书，就读了《周弘老师给父母们的 50 个忠告》《犹太人给子女的忠告》等。

| 十一 | 为"交流"而"被逼"阅读 |

由于工作的需要，我经常要接待外地来厦门的交流活动的团组，也经常要带老师或校长外出交流。为了达到良好的交流效果，我就要事先对交流主题进行学习。

台湾地区的专家来厦门交流，主题是"课程美学"，虽然我对"课程美学"有一点了解，但要面对专家进行交流，我原有的那点"货"是绝对不够的，必须抓紧做"功课"，在知网上把"课程美学"方面的文章阅读了一遍，摘要出一些前沿观点。交流后，台湾地区的专家说我的发言很有水平，我心知肚明——"交流能得好评价，为有之前阅读来"。

我曾带厦门市教科院教研员一行去上海市教科院交流，去之前我读了大量上海教育方面的书，如上海教育专家写的《一流城市　一流教育》和《教育：塑造未来奇迹的创造者》等书，我还读了《向上海学习》等书。交流时，上海的老师们听了我的发言后，说这些书他们都还没读。

| 十二 | 为"旅行"而"被逼"阅读 |

凡去旅行，我必读介绍旅行之地的书，如去美国参加孩子的毕业典礼，就读《美国之旅》；带学生去德国参加中德青少年足球赛，就读《德国之旅》；去新疆慰问援疆教师，就读《新疆之旅》。这样对所去之地有个大致了解，到了当地往往感受比他人更深刻一些。我读了《厦门之旅》后，才发现厦门还有好多地方可去一游，没读之前我还真不知道。

| 十三 | 为"评价"而"被逼"阅读 |

我经常要参加一些"评价"活动，如对老师听课的评价，对课题的评价，对教研活动的评价，对学校办学的评价等。

听课若是非数学科的，我一定会在听课前读些该学科最新的教学理念、学术动态之类的书刊，或向这个学科的教研员请教一些问题；参加课题论证会，来的专家多，我更是不敢懈怠，肯定是要研究一下与课题相关的问题，要研究能不阅读吗？参加教研活动，是课改的就找课改最新进展的材料来读，是教研员专业发展的，就可以读《教研学》之类的书；评价学校办学，涉及可读的书就更多了，平时要多读，临时再读些，评价就更精准、更有价值。

| 十四 | 为"显能"而"被逼"阅读 |

绝大多数人，都想在人前"显能"，就是显示一下自己在某些方面的专长，毕竟"术业有专攻"嘛。某些"术业"要"专攻"到一定境界，就要在阅读的基础上进行研究，比如，我为了与朋友们在玩"80分"时显示自己之"能"，就读了《80分游戏技巧》《扑克游戏指导——拖拉机、炒地皮实战技巧》《纵横四海：全国冠军教你赢扑克牌双升》《扑克双升竞技实务》《扑克牌双升实战技巧》《智慧"升级"：扑克"双升"思路析解》。有了这些书垫底，"能"就自然显出了，"战友"也时时惊叹。

其实，"被逼"之阅读，并不是都没有"自觉"。一个人要把"被逼"之事做得更好，就要在"被逼"的情况下，自觉地阅读，许多时候还要步入研学之境。

| 本文发表于《新教师》2017年第11期 |

10

"设计"诚可贵，"实施"价亦高

无论是面对未来教育的不确定性、教育信息化的新浪潮，还是课程改革的深入、学生学习方式的变化和指向核心素养的教育教学，都聚焦于课堂，变革于课堂，突围于课堂。课堂永远是教育改革与发展的"前沿阵地"。要达成"步入新境"的课堂教学，有两个关键要素：一是教学设计，二是实施能力。

新时代对教育提出了新的要求，说到底是对教师提出了新的要求。有好的教师，才有好的教育。教师的教学设计及实施能力，决定了课堂教学的高度。

| 一 | "设计"诚可贵，师当有新"能" |

"教学设计"有多种界定，关键要素有：以获得优化的教学过程为目的；以系统理论、传播理论、学习理论和教育理论为基础；运用系统方法分析教学问题；确定教学目标；建立解决问题的策略方案；试行解决方案；评价试行结果；对方案进行修改。

这是教学设计的一般要求，而理想的教学设计，至少要有如下三个"既要"和"又要"。

既要"依标尊本"，又要"融入理念"。"依标"，就是依据新的课程标准。"新课标"是国家对基础教育课程的基本规范和质量要求，体现了时代性、文化性和育人性，"依标"是教学设计的"底线"。"尊本"，就是尊重教材对教学的指引功能。教材毕竟是由专家学者编的，是集体智慧的结晶。但不唯教材，要在把握、吃透教材的基础上，活用教材、改组教材、拓展教材。教材需要教师进行"深度开发"。

好的教学设计，还必须在"依标尊本"的基础上"融入理念"，把教师自己的教学主张融入教学设计中。理念的融入，是对一般教学设计的一种超越。我教数学，期盼学生在情智交融中灵性生长。这"情"就是"引趣"，就是"数学好玩"；这"智"就是"引深"，就是"玩好数学"。于是，教学设计中就有了"每课一趣"，给学生一个"深入浅出"的情境，也有了"题根引深"设计考量，给学生一个"浅入深出"的新境。"好玩"是让所有学生都能感受到，"玩好"就不能要求所有学生一定都达到。"好玩"是一种境界，"玩好"是略高一层的境界，而在"好玩"与"玩好"之间把握好"度"，就是一种理想的境界。

既要"总体谋划"，又要"精心备课"。"核心素养"怎么落地，就需要有一个总体的"谋划"。我的策略是，既要强调素养意识，更要自然和谐融入；既要学科独立践行，更要跨科多维整合；既要突出必修课程，更要用好其他课程；不能强求一个学科就能覆盖"全素养"；不要指望在某一学段能深度培育"全素养"；不要认为在一节课中，核心素养培育越多越好，培育核心素养要"因课而异"；不能要求一个学生"全素养"俱佳，核心素养也应是"各具特色"的，即学生的核心素养应是基本达成＋特色素养；要把"知识为本"的教学转变为"核心素养为本"的教学，必须大力推进学习方式和教学模式的改变；等等。这样一来，我就可以在一个学年或更长的学段里，系统而有序地"设计"要"落地"的核心素养。

有了"总体谋划"，接下来就要"精心备课"了。备好教材，用教材教，用智慧教；备好学生，心中有每一个学生，有每一个不同的学生；备好教法，教需有法，教无定法，大法必依，小法必活；备好开头，创设情境，引人入胜；备好结尾，留有悬念，引发探索；备好学案，渗透学法，教学生"学"；备多用寡，每天备课多一点，才能在教学中"左右逢源"；备出意境，力争达到"空谷传神"之效；备好重点，重点内容重点备、反复备、联系备、渗透备、集体备、创新备；备好难点，以旧引新寻突破，巧妙板书寻突破，强化感知寻突破，媒体演示寻突破，多样练习寻突破；等等。

既要"继承传统"，又要"创新实践"。传统教案与现代教学设计是不同的，但不能一说"现代"就放弃"传统"。传统教案中的一招一式，诸如教学目标与要求、教学重点、教学难点、教具准备、课时安排、教案正文、教后感想等，教师还是要掌握的，新教师更要练就传统教案中的这些"基本功"，只是不要步入"现代八股文"，该简约的要简约，该细化的要细化，该充实的要充实。近年来，传统教案也"与时俱进"了，融进了创设情境、学法渗透、问题引导、媒体使用等内容，"三维目标"也多有体现。

现代教学设计必须在继承中创新。继承，让创新有其"源"，有文脉，很"自然"；创新，让教学设计有活力，体现"自觉"，体现教师教学的价值引领。从"双基"到"三维目标"再到"核心素养"，就是继承中的创新。教师要根据新的教育理念，重新认识教学过程，掌握新的教学方法，营造新型的师生关系，为创新教学设计奠定基础。在此基础上的教学设计，强调师生、生生之间的平等对话，强调体验与共鸣，强调理解与共识，强调自主与合作，强调探究与发现，期盼充满智慧、文化和生命含量的课堂"好雨"，能悄然润入学生的"心田"。

| 二 | "实施"价亦高，师当求新"境" |

教学实施，在我看来，一方面是在课堂中科学、合理、有效地完成教学设计；另一方面，是根据课堂教学展开发生的情景，创新地实施教学。教学设计是课前对教学活动的规划、假设和安排，忠实地实施体现了对"设计"的尊重，创新地实施体现了对"人本"的尊重，两者缺一不可。

教学实施，我以为有三重境界：教精其术，教明其道，教取其势。

"教精其术"，一境也。 术，是方法、手段和技巧。"术"是让"道"成为现实的中介工具和必需途径。万物运行都有方法和规律可循，如果方法运用得当，则事半功倍；运用失当，则功亏一篑，这便是"术"的重要性。

数学教学设计中，有个"糖水不等式"，怎么引导学生证明呢？你若能用分析法、综合法、求差比较法、求商比较法、反证法进行证明，很好；你若还能用放缩法、构造函数法、增量法进行证明，太好了；你若能进一步研究，用定比分点法、斜率法、三角法、几何模型法进行证明，厉害了，我的老师！你若再努力一下，苦寻证法，得到用正弦定理法、相似三角形法、换元法、双换元法、定义域及值域法进行证明，那你太有才了！你还能再开动脑筋、挖掘潜能，探寻到用椭圆离心率法、双曲线离心率法、函数图象法、两直线位置关系法、矩形面积法、定积分法进行证明吗？

我并不是说，每位数学教师都一定要掌握所有的证法，事实上也是"所有"不完的，因为还会有新的证法。我是想说，作为数学教师，要尽可能地"透视"问题，这样在教学中才能左右逢源、得心应手。数学教师并不是要把所有的证明都教给学生，但要给学生"一杯水"，你没有"一桶水""一条河"能行吗？

"教明其道"，二境也。 道，是道理、规律等形而上的概念。老子《道德经》有云："道生一，一生二，二生三，三生万物。"古人理解事物，都力求追本溯源，以把握事物的根本，而贯穿理解事物整个过程的就是一个"道"字。今日教育之人，理应在"道"上做足文章，因为做教育就是一个明道、悟道、得道的过程。

我们来探索一下教学实施之"道"。我们的学生不善"问"，是不争的事实，那么我们就要鼓励学生"问"，"从生答到生问"就是实施之"道"；我们的学生"学会"的多，"会学"的少，"从学会到会学"也是实施之"道"；"题海无边，题根是岸"，题根是题之族、题之群、题之系，"从题海到题根"还是实施之"道"。当下中小学课堂教学，总的来说"大气不足"，期盼教学大气一些，期盼教师能气度不凡、不落俗套，自觉成为有"文化"的教育者，"从小气到大气"难道不是实施之"道"吗？

类比开来，至少还有"从无疑到生疑""从教会到教慧""从学科到跨科""从随意到诗意"等实施之"道"。

"教取其势"，三境也。世间万物皆不出道术，道不正则术不明，术不明则道难行。当下教育，过于追求"术"，把学科教学变成了解题术——注重雕虫小技，而忘却了教育教学之根本。这个"根"，就是"道"。古语云："术合于道，相得益彰；道术相离，各见其害。"可见，道与术只有合而为一，才能产生更大的能量。师者，不仅要具备形于外的"术"，更要具备涵于内的"道"，做到"道术合一"。这个"度"的把握，在我看来就是"取势"。

教育之"度"，就是教育行为的恰如其分。教师只有尊重教育规律，在工作中做到心中有"度"，行在"度"中，才可能使自己的教育合理、有效。"教育之道，在于'度'术。"

教学实施中的示强与示弱、引趣与引深、深入与浅出、纠错与融错、讲透与留白、师讲与生讲、动脑与动手、旧媒与新媒、标内与标外、考生与考师、生编与师编、预设与生成、纵向与横向、课内与课外、热议与静思、传统与现代、知识与能力、智力与非智、大法与小法、通法与特法、规范与创新、导言与结语、理性与感性、教学与教"学"、"科内"与"科际"、科学与人文、理论与实践、教书与育人等，该如何把握好"度"？

| 三 | 好的"设计"期盼更好的"实施" |

教学设计与教学实施是课堂教学的两翼，缺一不可。没有精心的教学设计，就没有精彩的教学实施。教学设计使课堂教学有章可循，教学实施使课堂充满活力，精彩纷呈。教学设计是教师面对文本的有备而来，精心谋划；教学实施是面对学生灵感的突现和智慧火花的绽放，师者的顺势而导。

好的"设计"期盼更好的"实施"，从"有效"到"高效"好，从"高效"到"卓越"更好。

"设计"的有效"实施"，体现师之"能"。超越传统教案的现代教学设计，是新时期对教师教学的基本要求，有了一个好的教学设计，还需要教师有效地实施。

同样一个情景创设的素材，有的老师能创造出让学生产生愤悱之境，有的老师却让学生感到索然无味甚至不知所云，这就是师之"能"。

同样一个教学设计的实施，有的老师讲得比较沉闷，学生听得无精打采；有的老师心中没有学生，只顾自己讲，为了完成教学任务而上课，不和学生交流，没有师生互动；有的老师驾驭不了课堂，整个班级乱哄哄的；有的老师面对学生挑战性的提问或回答，无所适从；能力强的老师，既善于"统"，也善于"放"，基本上能做到"统放有度""活而不乱"。

"设计"的高效"实施"，体现师之"智"。课堂因好的教学设计和高效的教学实施而精彩，高效实施是对教学设计的丰富、拓展和延伸。

学生在课堂上总会出现一些差错，有的老师感到影响了教学进度；有的老师则会把学生的错误当作难得的教学资源，借"错"发挥，因"错"导学，达到新的教学效应，这就是师之"智"。

对一个问题分析、探索、解决，有的老师就题论题，讲完这个问题后就紧接着讲"下一个问题"，这样往往是"浅层次地解决了一个问题"；有教育智慧的老师，善于发掘问题解决过程的价值，这个"价值"可以是育人的、智力的、方法的、探索的、创新的、激趣的、审美的、人文的……这样就能"深层次地洞见一个问题"。

"设计"的卓越"实施"，体现师之"魂"。卓越的本质是"超越"，教学设计的卓越实施，是融入教育思想、精神、态度的教学，是追求理想课堂价值的教学，是有人性、有意义、有境界、有品质、有内涵、有个性的教学，是教师综合素养在课堂教学中的呈现。

精彩的教学设计，导向更多的卓越实施。换句话说，卓越的"实施"源于高质量的"设计"。教学中出现"教学设计"之外的情形，教师要表现出惊喜的状态，让学生在教师惊喜中得到"智力满足"，师生共情，师生共探。

当教师在课堂教学中出现偏离"设计"时，当教师在课堂上遇到挑战性问题时，教师不能漠视，不能将学生的思维强行拉回到"设计"的轨道，而要对"设计"进行及时的调整或改变，发掘自身潜能，努力创造出超越"设计"的精彩课堂。这样的课堂，是动态的，是多维、开放、灵活、生动的，这才是"一个可以称之为课堂的地方"。

新时代呼唤新教育、呼唤新课堂，也呼唤教师教学设计和实施的新能力。

为新时代的新教育"赋能"，师者，时不我待。

Ｉ　本文发表于《人民教育》2018 年第 13—14 期　Ｉ

11

新高考呼唤
『新教师』

"新高考"来了，老师们，你们准备好了吗？

新高考呼唤"新教师"，这"新教师"不是指新进学校的教师，而是教育理念能适应新高考、教学能力能适应新高考、自身素养能适应新高考的教师。

"新教师"，是熟知新高考之征的教师；"新教师"，是深悟新课程之态的教师；"新教师"，是知道应具备什么的教师。

| 一 | 新高考之征 |

新高考，有许多"新"。就教师而言，至少要研究高考命题新的立意，研究新高考的评价体系，研究涉及高中教学的新的修订和新的要求。

1. 新的立意

高考命题立意，对教师科学合理有序指导学生迎考是至关重要的。高考命题立意，1977 年至 1990 年，是"以知识立意为主"阶段，相对强调对记忆能力的考查；1991 年至 2006 年，是"以知识与技能立意"阶段，相对强调对记忆和通过训练而达成的技巧的考查；2007 年至 2016 年，是"以技能与能力立意"阶段，相对强调学科思想、方法的考查；从 2017 年起，是"以能力与核心素养立意"阶段，相对强调对"学科核心素养"的考查。

"新教师"就要先研究"知识、技能和能力的关系及考查方法"，在此基础上研究"核心素养立意下的学科教学"。唯有知高考命题之"道"，才能明学科教学之"策"。

2. 新的考评

国家考试中心发布"一体四层四翼"的高考评价体系，从顶层设计上回答了新高考的三个问题。"一体"，即高考评价体系，通过确立"立德树人、服务选拔、导向教学"这一高考核心立场，回答了"为什么考"的问题；"四层"，即通过明确"必备知识、关键能力、学科素养、核心价值"四层考查目标，回答了高考"考什么"的问题；"四翼"，即通过明确"基础性、综合性、应用性、创新性"四个方面的考查要求，回答了"怎么考"的问题。

"新教师"，就要明晰"一体"是总体框架，"四层"与"四翼"是"一体"的有机组成部分，它们共同构成了实现高考评价功能的理论体系，是考试内容改革的基础性支撑。积极探寻"新考评"与自己所教的学科的具体融合，宏观上把握教育方向，中观上谋划教学策略，微观上落到每节课上。

3. 新的修订

教育部在"新时代"出台了好几项"修订"，比如，今年初教育部印发了普通高中课程方案和相关学科的课程标准，落实立德树人根本任务。新的课程方案和课程标准，体现了鲜明的育人导向，具有思想性、科学性、时代性和整体性，明确指出修订的意义之一就是"推进与高考综合改革相衔接的需要"。又如，从《中国学生发展核心素养》研究成果的发布，到《普通高中各学科核心素养》的公布，强调核心知识、核心能力和核心品质，体现价值引领、思维启迪和品格塑造，提出"基于核心素养的学生发展指导"是新高考改革的"刚需"。

"新教师"面对"修订"，就要积极研究新内容、新内涵、新变革、新要求和新评价，并将这些"新"融入到教育教学中，做教育"新境"的践行者，在且行且思中悟出"新道"，逼近教育的真谛。

| 二 | 新课改之态 |

新高考的一个重要目的，就是推进高考改革与高中课改良性互动和深度融合。就教师而言，至少要研究课改新探域，研究课堂新观念，研究课改新课型。

1. 课改"新探域"

课改在取得阶段性成果后，进入了新的探索时期。课改的纵深发展，至少有四个"深度"：一是深度探索培养人的实质性问题，以德树人，以培养"全面发展的人"为核心，课改要"求效"，更要"追魂"；二是深度开发国家课程，推进国家课程的最优化实施，要"用教材教"，更要"用智慧教"；三是深度建设具有内涵意蕴的学校课程，做到品质求"高"、内容求"丰"、体系求"佳"、运行求"活"、整合求"统"；四是深度变革课堂教学，聚焦于课堂，突围于课堂，让课堂充满活力，让学生真正成为学习的主人。

教师，如何深度开发学科教学的育人价值？如何实施指向核心素养的学科教学？如何进行国家课程的二次开发，智慧地教学？如何开发或参与开发实现学生个性发展的特色课程？如何构建自己的魅力课堂？如何让自己成为学生学习的"助学者"？在一定程度上回应这些"如何"，你才能成为"新教师"。

2. 课堂"新观念"

课堂永远是教育改革与发展的"前沿阵地"，课堂是什么？郑金洲教授认为：课堂不是教师表演的场所，而是师生之间交往、互动的场所；课堂不是对学生进行训练的场所，而是引导学生发展的场所；课堂不只是传授知识的场所，更应该是探究知识的场所；课堂不是教师教学行为模式化运作的场所，而是教师教育智慧充分展现的场所。理想课堂的价值追求是什么？头脑风暴一番，是否可以这样说，理想课堂应实现传递知识的价值、探究创新的价值、具有人文精神的价值、交流合作的价值、个性发展的价值、适应未来发展的价值。

课堂新观念，对教师提出了新的挑战。课堂新观念，融入你的课堂了吗？不能要求在一节课里实现那么多的"理想课堂价值"，但教师在一个单元的教学中，我们期盼充满智慧、文化和生命含量的理想课堂价值之"好雨"，能悄然润入学生的"心田"。

3. 课型"新样态"

课改一路走来，取得了许多成果。在教学方式方面，人们更加重视自主、合作、探究等的教学，与之相呼应，前些年就应运而生了一些课改新课型，有以探究为主导的、以合作为主导的、以自主为主导的、以对话为主导的、以体验为主导的、以生成为主导的、以问题为主导的，等等。应该说，这些新课型破除了原有课堂存在的教条化、模式化、单一化、静态化的弊端。但不少教师在具体实施时出现了一些偏差，比如"以探究为主导的课型"几乎都让学生在探究。教师若没有某个方面的主导，很难形成自己的"教学主张"，但仅有一个方面的主导，又可能步入新的教条化、模式化、单一化。

"新教师"应在凝练自己的主导课型的同时，融入其他课型的优点，形成"一主导多融入"的课型。"一主导"体现自己的主张和风格，"多融入"体现教学的智慧和灵活。在课堂上，以"主导"（如"探究"）为主线，面对不同情境，该对话时对话之，该体验时体验之，该生成时生成之，以课型"新样态"满足学生成长的最佳需求。

| 三 | "新教师"之道 |

新高考之征、新课改之态为教师提出了新的要求，教师应该积极内化新高考理念、彻悟新课改意蕴、调整教学思维、凝练教学内容、丰富教学方式，做好自身专业素养和技能素养的提升。换言之，新高考，倒逼教师能力升级。

1. "新教师"当步入新境

为师有三境。"教精其术",一境也。术,是方法、手段和技巧。万物运行都有方法和规律可循,如果方法运用得当,则事半功倍;运用失当,则功亏一篑,这便是"术"的重要性。例如,数学教学中,有个"糖水不等式",教师若能用分析法、综合法、求差比较法、求商比较法、反证法进行证明,很好;若还能用放缩法、构造函数法、增量法进行证明,太好了;若能进一步研究,用定比分点法、斜率法、三角法、几何模型法进行证明,厉害了,我的老师!若能再努力一下,苦寻证法,用正弦定理法、相似三角形法、换元法、双换元法、定义域及值域法进行证明,那就太有才了!若还能再开动脑筋、挖掘潜能,探寻到别的方法,如用椭圆离心率法、双曲线离心率法、函数图象法、两直线位置关系法、矩形面积法、定积分法等进行证明,就更完美了。

"教明其道",二境也。道,是道理、规律等形而上的概念。古人理解事物,都力求追本溯源,以把握事物的根本,而贯穿理解事物整个过程的就是一个"道"字。今日教育之人,理应在"道"上做足文章,因为做教育就是一个明道、悟道、得道的过程。我们的学生不善"问",那么教师就要鼓励学生"问","从生答到生问"就是"道";我们的学生"学会"的多,"会学"的少,"从学会到会学"也是"道";"题海无边,题根是岸",题根是题之族、题之群、题之系,"从题海到题根"还是"道"。当下中小学课堂教学,总的说来"大气不足",期盼教学大气一些,期盼教师能气度不凡、不落俗套,自觉成为有"文化"的教育者,"从小气到大气"也是"道"。

"教取其势",三境也。当下教育,过于追求"术",把学科教学变成了解题术——注重雕虫小技,而忘却了教育教学之根本。这个"根",就是"道"。古语云:"术合于道,相得益彰;道术相离,各见其害。"可见,道与术只有合而为一,才能产生更大的能量。师者,不仅要具备形于外的"术",更要具备涵于内的"道",做到"道术合一"。道术间的"度"的把握,就是"取势"。教育之"度",就是教育行为的恰如其分。教学实施中的示强与示弱、引趣与引深、深入与浅出、纠错与融错、讲透与留白、师讲与生讲、动脑与动手、旧媒与新媒、标内与标外、考生与考师、生编与师编、预设与生成、纵向与横向、课内与课外、热议与静思、传统与现代、知识与能力、智力与非智、大法与小法、通法与特法、规范与创新、导言与结语、理性与感性、教学与教"学"、"科内"与"科际"、科学与人文、理论与实践、教书与育人等，教师该如何把握好"度"？

2."新教师"当学、思、研、行、著

教师，绝大多数是爱学习的，但仅仅学是不够的，还要在学的基础上，走向思、研、行、著的更高境界。"新教师"之路包括学、思、研、行、著。

学什么？学科深学，这是教师的"看家本领"，教师在中学本学科内应该"懂一切"，那应是你的"精专"；教育恒学，教育人一定要持之以恒坚持学，这样才能保持一定高度的学术敏感，才有最具前沿的教育专业视域；文化广学，教师是文化人，人类的一切优秀文化应该"懂一点"，那应是你的"广博"。

怎么思？学而我思，"我思故我在"，教育潮流多，"不做别人思想的跑马场"，不能照搬照抄；学而善思，用"活性的大脑"以思考的视角去学习，就能看到问题，更能对问题有独到的见解；学而深思，思考得越深，消化吸收得就越多，能力提高就越快，"深度反思价更高"。

研什么？学科之研，教什么学科，你就要研究这门学科，"研"的境界要高于"思"，学科的学问"深得很"；教学之研，教学是一门科学，也是一门艺术，"以研促教"多指"研究促进教学"；教育之研，我们就能以全新的眼光审视教育问题，以独特的视角透视教育现象，以理性的探索践行教育工作。

怎么行？行有理念，教师的行动要有符合教育本真本原的理想与信念，要有自己的"诗和远方"；行有主张，主张包含教师个体的价值、信念、热情，是名师"教育自觉"的关键性标志；行有魅力，有魅力的教师，学生就喜欢多亲近，学生就能听其教诲，教师的魅力指数越大，对学生的影响力也越大。

为何著？著有动力，著述的背后，是积极、坚持、勤奋、努力、奋斗，写作不止，动力永存；著为立言，有收获、有想法、有创新，就写下来，形成自己的教育观点，立一家之言；著成学者，要做一名"学者型"教师，既要"教"，又要"研"，还要"著"。

3."新教师"当发掘价值

学科教育的价值远未被发掘出来，教师要有持续发掘学科价值的能力。应试教育观下的学科教育，发掘价值是很有限的。追求学科教育的真谛，就要不断发掘价值。发掘价值，就是超越"双基"，就是升华"三维"，更是走向"素养"。

发掘价值，发掘什么？发掘育人价值、智力（观察、记忆、想象、思维）价值、方法价值、探索价值、激趣价值、审美价值、文化价值等。发掘价值的过程，也就是核心素养落地的过程。"新教师"要在发掘学科教育的价值中专业而幸福地成长。

发掘价值，师者何为？

一是内心觉醒。唯有内心觉醒，才会竭力而为地去研究学科价值、感悟学科价值。唯有内心觉醒，才会全力以赴地提升自己的能力，自觉地、智慧地、创新地将学科价值悄然无声地融入到学科教学之中。心态一变，整个世界也随之而变。内心觉醒，"新教师"就会从无为状态走向有为状态、从认识自我走向超越自我、从心境自然走向心境成熟。

二是深度研究。深度研究，就是比别人多前行了一点点，走好学科教学的"最后一公里"；深度研究，就是比别人多探索了一点点，高考之事，"广、难、杂、变"，既给我们带来诸多挑战，同时也给我们带来无限的"探索空间"；深度研究，就是比别人多思辨了一点点，带着思辨去研究，才能有自己对新高考诸多问题的理性判断。

三是诗意教学。随意的课堂教学，是缺乏意境的教学，而诗意的课堂教学，则是教学意境的一种呈现形式。怎样让课堂教学步入"诗意"境界，是每个"新教师"着力追求的教学艺术。在我看来，"诗意"教学是灵性的——诗意之魂，是有趣的——诗意之基，是很美的——诗意之境，是有用的——诗意之需，是惊喜的——诗意之法。

四是思行而悟。教师是新高考的践行者，"新教师"是新高考的成功践行者。当新高考来临时，任何彷徨、困惑、叹息都是没用的，唯有以教育者的勇气、执着和智慧去积极面对，先谋后动，精心实施，坚持思而后行、行而后思、思中有行、行中有思，在"且思且行"中"悟道"，不断优化迎考之策，去逼近新高考的真谛。

新高考呼唤"新教师"。师者，为新高考"赋能"，为新高考而"新"，时不我待。

｜ 本文发表于《福建教育》2018 年第 28 期 ｜

近年来，校园暴力屡见不鲜，学生行为粗鄙也时有所见，如何让学生"优雅"起来，是教育者面临的一个新的颇具挑战的课题。百度一下"优雅"，会发现更多的是与"女性"有关的话题，学生是成长中的人，学生所追求的"优雅"，肯定是与之不全相同的"成长中的优雅"。伊莎贝拉说过："美丽的相貌和优雅的风度是一封长效的推荐信。"我们如何让学生在中小学阶段就开始着手"书写"这封推荐信呢？

| 一 | 坚持阅读，优雅之基 |

培根曾说："读史使人明智，读诗使人灵秀，数学使人周密，科学使人深刻，伦理学使人庄重，逻辑修辞使人善辩，凡有所学，皆成性格。"中小学生正处在学习知识、形成品德的重要时期，阅读不止，滋润优雅气质的涓涓细流不止。当然，中小学生不是什么书都宜读，教师要为学生提供适合他们阅读的书籍，引导学生终生爱上阅读。阅读，"腹有诗书气自华"，是形成一个人优雅气质的最基本的也是必备的条件。

厦门实验小学的一位班主任以读书为切入点,将父母、孩子、教师集合起来,搭建分享、互助、实践、成长的阅读平台,带领家长和学生一起共读经典书籍,全面提高儿童的阅读素养、人文素养。一批批具有优雅气质的学生就这样悄悄地"涌现了"。

| 二 | 仁礼存心,优雅之品 |

"仁礼存心",说的是:君子内心所怀的念头是仁,是礼。仁爱的人爱别人,礼让的人尊敬别人。爱别人的人,别人也经常爱他;尊敬别人的人,别人也经常尊敬他。有"仁爱之心"的人,就不会欺凌同学,就不会成为校园暴力的发起者,就不会"一身匪气",而会有爱心、悲慈心和同情心。孔子认为,仁爱是做人的根本,人只要能做到恭、宽、信、敏、惠这五点,就可以称之为志士仁人。教师就可以抓住这五点,对学生进行"仁爱教育"。

礼让,是守礼仪、懂谦让。其反义词至少有:霸道、蛮横、强横、专横、跋扈。礼让是什么?老师完全可以在班级组织一场讨论会,让学生"头脑风暴"一番,想必学生会有这样的结论:礼让是一种美德;礼让让生活变得温馨;礼让常常是举手之劳却温暖人心;礼让不仅是一种品格,更是一种做人的基本守则;善行须从礼让始;行车"礼让三先"——先慢、先让、先停;融四岁,能让梨……讨论的过程不就是一次很好的"礼让教育"吗?

| 三 | 全而有特,优雅之核 |

全面发展,是指学生自身所蕴含的全部潜能的多方面的发展。教育之道,就是要培养全面发展的学生。因此,教师要从引导学生全面发展的角度培育学生的优雅气质。"文明其精神"可培育优雅气质,"野蛮其体魄"又何尝不是一种优雅之道?教师在培育学生优雅气质时,千万不要扼杀青少年的个性特长。学生至少可以在丰富多彩、种类多样的学生社团中培养特长。学生因"全"而厚实,因

"特"而精彩。

我在龙岩一中当老师时，作为数学教师，我是让所有学生都能感受到"数学好玩"，在此基础上引导学生"玩好数学"，好玩在引趣，玩好看功力。在多数学生"玩好数学"的前提下，我又悉心指导部分学生"玩转数学"，无论是学校考试还是各级奥赛，我班学生往往"优雅"地胜出。

作为班主任，我在班会课上，在课余时间里，和学生或说道论德，或智力游戏，或艺术表演，或体育比赛，或动手制作，或科技探索，或田间劳动……今天看来感觉还真有培养"全面发展的人"的那种境界。在学校和市里的许多活动和赛事中，都有我班学生"优雅"的身影。

| 四 | 高远志向，优雅之要 |

"我今方少年，志当存高远。"青少年应该在成长的过程中，逐步确立长远目标，逐步树立远大理想。高尔基说："一个人追求的目标越高，他的才力就发展得越快，对社会就越有益，我确信这也是一个真理。"诗人流沙河这样说："理想是石，敲出星星之火；理想是火，点燃熄灭的灯；理想是灯，照亮夜行的路；理想是路，引你走到黎明。"

具有高远志向的人，从某个角度说，就是有目标、有理想的人。师者当激励学生："目标正前方，成功正前方！""人生因理想远大而辉煌，未来因理想远大而精彩。"具有高远志向的学生，必有"天将降大任于斯人也"之愿，进而"静坐、喝茶、思过、锻炼、读书、弹琴、练字、明智、开悟、精进"，"优雅"地成长。

| 五 | 敬畏之心，优雅之需 |

朱熹说："君子之心，常怀敬畏。"人要有敬畏之心，敬畏什么？作为学生，至少要敬畏科学，敬畏法规制度，敬畏传统文化，敬畏道德，敬畏生命，敬畏自然。心有敬畏，行有戒尺，掌握好分寸，把握好自己，社会才会秩序良好，校园才能和谐美好。人一旦没有敬畏之心，往往就会变得肆无忌惮、为所欲为，想怎么来就怎么来，最终吞下自酿的苦果。没有敬畏，谈何优雅？

教师要传播这样的做人原则：有所"戒"才能有所"成"，有所"畏"才能有所"为"。心中有"戒"，心中有"畏"，这是做人之本，也是为学之道。有所"畏"，才能慎独慎微，才能"恶小而不为，善小而常为"。学养越深厚的人，越懂得敬畏。敬畏不是怯懦，更不是软弱，而是一种谦逊，一种胸怀，一种境界。

｜ 六 ｜ 仪表得体，优雅之境 ｜

仪表包括精神面貌、仪容和言行举止三个方面。精神面貌，是学生形象的灵魂，也是学生言行规范的心理基础。没有它，就算有再端庄的仪容，再斯文和谐的举止，也不可能成为仪表优秀的学生。仪容，就是人的仪容风貌，即人的外貌和服饰方面的修饰。学生的仪容要"像学生"，要掌握一个恰当的分寸、尺度，做到衣着大方、得体。

一个学生的形象，不仅表现在他的容貌、衣着上，还表现在他的举止、谈吐、表情、态度上。这些能反映出一个学生的思想情操、意志、品德、人格、学识等，也是学生步入优雅之境的标志。教师，要在上述方面指导学生"仪表得体"，还要自身作出表率，愿男教师帅气潇洒，女教师清丽优雅，因为"榜样的力量是巨大的"。

值得一提的是，成长中的学生偶有一些"不优雅"之举，教师不宜过于敏感而"及时"上报、严肃批评，此时"适度钝感""私下批评"也许更好。有统计表明，多数成功人士读书时期"成绩不好都及格，调皮捣蛋不出格"。现代社会，仗义女性哪里去了？血性男儿哪里去了？其实，学生可以调皮一点。

｜ 本文发表于《福建教育》2017 年第 4、9 期 ｜

13

教师要有怎样的课程理解

有些教师对课程的理解不全面，认为课程就是学校教务处给的课表上要上的课；具有课程自觉的教师就更少了，认为课程价值、目标、内容是上级的事，与自己关系不大；至于课程主体，也是学校的事，教师能把课程实施做好就不错了。造成上述情况的因素很多，这与学校教育评价、理念传播、课程文化、教学管理等有关，也与教师教学观念、知识积累、能力水平、文化素养等有关。

教师的课程观，对学校教育发展、对学生全面而有特色地生长、对教师自身成长都有益处。这里以数学学科为例，谈谈教师要有怎样的课程理解。

一 要有"全课程"的课程理解

"全课程"，就是把一切有利于学生成长的资源都当作课程资源来开发和使用，更好地服务于学生的成长。而"全课程教育"，就是把教育教学的每项活动都视为课程，并像对待学科类课程一样去对待其他课程。

全课程教育体系，一是构建必修课程、选修课程、活动课程、微型课程、潜在课程的体系，使数学核心素养落地有了"载体"；二是在五类课程中，按数学核心素养的目标和要求实施，使数学核心素养落地有了"路径"。

1. 必修课程

数学必修课程，是在教师严密组织和具体指导下，以学习、掌握系统的数学基础知识和基本技能，发展数学能力为主要内容的教育课程。

必修课程有着独特的教育功能，与其他课程相比，优势有两点：一是能使学生有效而经济地继承人类文化遗产、深刻地认识主观世界，并在一定程度上促进学生的个性发展；二是能帮助学生掌握生活技能和社会行为规范，加速人的社会化和现代化。

数学必修课程具有目标的明确性、内容的确定性、教学组织形式的稳定性和成绩评定的定时定量性等特征。在数学全课程体系中，必修课程居于基础地位。这主要表现在基础知识、技能和能力方面为其他课程奠定了一般的知识基础。

必修课程是实施数学核心素养的主渠道，脱离了这一主渠道，数学核心素养教育就会落空。

随着课程改革的不断深入，必修课程中将有部分课程发展为综合课程。课程综合化，有助于保证课程结构的优化，有助于课程的现代化，有助于培养学生的整体认识能力和适应能力。我国中学数学将来可能作为某些综合课程（如自然科学概论、高中理科、科学之美等）的主要内容，也可能作为某些综合课程（如海的世界、垃圾分类、模拟联合国等）的辅助内容。

2. 选修课程

必修课程是一种最古老、应用最广泛的课程类型，并在课程中起着重要的作用。但必修课程也有明显的缺点和局限性，这可由其他课程来弥补，选修课程便是其中之一。

选修课程有进一步巩固文化基础和拓宽学科视野等作用，是教育的重要支柱，也是个性化教育的必要条件。

选修课程分必选课和任选课两类。必选课指同一年级学生必须选择学习的课程，如数学学习方法、数学问题解决等。任选课是学生可在教师的指导下，按照自己的兴趣、爱好决定选择修习与否的课，如数学哲学、文学中的数学等。

从内容上看，数学选修课可分为三大类：一是高深类选修课，是为了提高或加深相应的必修课而开设的，目的在于让学生的相应必修课的基础知识更深厚、更扎实，如集合论初步、方程论初步等；二是拓宽类选修课，是为了介绍新的数学知识，提高数学研究水平，丰富学生视野而开设的选修课，如矩阵初步、拓扑数学等；三是趣味类选修课，是为了满足不同学生的不同兴趣爱好，以发展某一特长和才能而开设的选修课，如数学博弈、自然对数等。

3. 活动课程

活动课程的主要作用是适应学生个体的不同水平和发展的不同需要，培养学生动脑、动手能力，发展学生兴趣爱好和个性特长，全面提高学生的素质。

活动课程指学校为实现培养目标，根据学生的年龄特点和身心发展规律，有目的、有计划、有组织地通过一定的活动项目和活动方式，让学生在参与活动中，培养动手和动脑能力，发展兴趣和特长，全面提高素质的课程。

活动课程作为全课程中的重要组成部分，既能促进学生的全面发展，又能适应个性差异，培养特长学生，还能促进学校形成特色，它在整个教育教学活动中发挥着重要的作用。

活动课程的内容，由于不太受课程标准和教学计划的限制，和必修课程相比有较大的伸缩性和开放性，涉及面广，丰富多彩。活动课程具有方式的实践性、内容的广域性、选择的自主性、形式的灵活性、过程的创造性等特点。因此，活动课程是完善培育数学核心素养的重要渠道。

数学活动课程可分为：竞赛类，为参加各类数学竞赛而组织的活动小组；趣味类，为培养学生数学兴趣而组织的活动小组（内容有数学课外阅读、数学游戏、数学故事会、数学墙报、数学制作与实践、数学游艺会等）；写作类，为培养学生写作能力和提高学生研究水平而组织的活动小组，主要进行数学小论文或数学小品文的写作；合格类，为弥补部分学生数学知识缺漏而组织的活动小组。

4. 微型课程

微型课程亦称组件课程、单题课程，是现代课程中的一种新形态，它与人们常说的"讲座"或"系列讲座"有相似之处。

微型课程的最大特点是及时性，它以讲座的形式出现，有助于营造校园的文化和学术氛围，是培育核心素养的辅助渠道。

微型课程应纳入到学校教学管理之中，采用计划性与临时性相结合的方式进行，应因时、因事开设。因时方面，如开学初开设"数学学习方法"，考试前夕开设"数学考试方法与技巧"讲座等；因事方面，如结合艺术节，开设"名画中的数学密码"讲座等。

微型课程应注意知识性、科学性、实用性、教育性，如开设"漫话数学猜想""运动中的数学""生活中的数学""数坛英豪"讲座等。

学校应充分利用各种条件开设数学微型课程，可请本地某些专家开设讲座，如"从现代数学看中学数学"讲座；可请知名校友开设讲座，如请数学专家开设"我是怎样走上成功之路的"讲座，请企业家开设"数学与工业现代化"讲座；也可请来本地开学术会议的专家开设讲座，如请环保专家开设"环保中的数学问题"讲座，请数学教育专家开设"数学的启智功能"讲座等。

5. 潜在课程

潜在课程，是指学校通过教育环境（包括物质的、文化的和社会关系结构的）有意或无意地传递给学生的非公开性教育经验，对学生发挥着有意或无意的影响。

潜在课程与其他课程不同，它的构成因素十分复杂、多变。数学潜在课程主要是教师在教学中隐含的价值观、态度、理想、信念、道德观念、世界观等意识形态内容，以及在数学其他课程实施过程中所产生的偶然的、无意识的文化影响。

潜在课程与学校及教室的数学布置，图书馆数学书籍的数量、质量和出借率，学校的数学学习氛围，学校的数学研究气氛，数学教师的精神风貌，学校数学教育管理等有关。

潜在课程对学生的教育不是强迫灌输的，而是通过学校环境中的物质和精神文化的教育作用，潜移默化地熏陶、感化学生，从而产生一种"随风潜入夜，润物细无声"的教育效果，大大提高学校教育的质量。

一个走向优秀的数学教师，一方面要充分发掘学校潜在的数学教育资源，另一方面其自身必须是一个潜在的"数学场"、一个潜在的"教育场"，也应当充分发掘。这种发掘要从"自然"走向"自觉"，谓之"教育使命"；而在具体实施时，又要"自然"发生，谓之"教育无痕"。

| 二 | 要有"主课程"的课程理解 |

课改的深意，在于授予学校和教师更大的课程自主权。课改的主要任务是推进国家课程的最优化实施，而国家课程最优化实施的唯一途径就是国家课程校本化。

校本课程的开发，是实施素质教育对学校提出的必然要求，是学校充分发展办学优势和特色的举措，其根本目的是促进学生发展。

我们所说的学校课程或本校课程，指的是校本化的国家课程、校本化的地方课程和体现学校独特育人价值的校本课程。

1. 国家课程

国家课程是主课程，数学教师就要心有"主色"，积极推进国家数学课程的最优化实施。

数学教材是数学课程标准的具体化，是数学课程的物化构成部分，是联系课程设计与课程实施的重要载体。数学教师可以从"活用教材"入手，结合"校本"深度开发国家课程。

一是把握教材。只有把握了教材的特色，教师才能与教材进行真正意义上的对话，准确理解编写者的意图，进入教材的内在天地。在把握教材特色的同时，教师还应了解整套教材的基本内容和基本结构，把握教科书的知识体系。如，确切了解整套教材在各个年级教学内容的分布情况，统观全局，明确各部分内容的地位、作用及相互联系；在章节与章节之间的瞻前顾后，从单元序列中看教学内容的连续性，把握教材编排的纵向联系；在章节的内部左顾右盼，把握教材在知识与技能、过程与方法及情感态度与价值观培养等方面有哪些程度上的差别。

二是吃透教材。首先，要把教材看作一个范本，努力做到入乎其内，吃透教材，把握重点、难点；同时又把教材看成是一个例子，不唯教材，力图出乎其外，举一反三，触类旁通。其次，要与作者形成对话，感悟文本的内在意韵。教材的背后是编者，是"人"，我们要尝试着与文本对话，与编者对话，努力吃透他们的思路与编写意图。

三是激活教材。教师在备课时应在对教材合理的挖掘过程中寻找其促进人性发展的因素，通过创造性的劳动，"打开"课本，寻找"亮点"，将死教材变成活的知识，可以同时引用其他同样题材的教材，触类旁通，使学科与学科之间成为一个"互联网"。教材上的知识是静态的，当教材在没有进入教学过程前，它只是处于知识的储备状态，为知识的传递提供了可能。

四是改组教材。教材不仅是学习的资源，也是进行学习和探索的工具。如果长期从第一篇、第一段开始，依次教学、按部就班，那么在失去时效性的同时更失去了针对性。"不变"容易导致"僵化"，教师必须保持自己处理教材的独立性和创造性，这样的教学才会勃发生机。

五是拓展教材。教师在备课中必须充分研究教材中可拓展的地方，引导学生将学习的范畴由教材向外延伸。"在课程改革实践中，教材是成套化的系列，绝不仅仅限于教科书。"我们要发挥教科书作为教材之母港的作用，以教科书为依据进一步开发教材资源。在新课程的指引下备教材，可以在尊重教材的基础上超越教材，从教材所呈现的知识、能力、情意等系统引发出去，向其他学科、其他时空开放和延伸，拓展学生的学习领域，突破传统教学的有限空间。

2. 地方课程

作为数学教师，在做好"主课程"的基础上，如有机会，应积极为地方课程作贡献。

地方课程，是指地方各级教育主管部门根据国家课程政策，以国家课程标准为基础，在一定的教育思想和课程观念的指导下，根据地方经济、政治、文化的发展水平及其对人才的特殊要求，充分利用地方课程资源而开发、设计、实施的课程。

地方课程，服务于地方，立足于地方，归属于地方；具有地域性特征、民族性特征、文化性特征、针对性特征、适切性特征、灵活性特征、探究性特征、开放性特征等。

地方课程，上可以和国家课程整合，下可以和校本课程对接，具有承上启下之功能。这个"地方"，可以是"省""地级市"或"区县"，"地方"的力量总是比学校的力量大，在课程专家指导下，用好地方资源，开发地方课程，应该是可行的。

就目前情况看，在地方课程建设上，各地不平衡。上海市在 2004 年就提出学校课程由基础型课程、拓展型课程和研究型课程构成；南京市玄武区提出"三色"课程，即底色课程、主色课程、亮色课程；广东省东莞市提出拓展型课程：一手钢笔好字、一些文雅气质、一种探究习惯、一门兴趣爱好、一项健身技能。

上述地方课程，多为一种观念上的建构，具体到课程载体——课程大纲和地方课程教材的不多，这就造成地方课程没做而交给"校本"来做的现象，"地方"只是给出一个课程目标。

作为一名数学教师，我觉得我们可以呼吁有关部门，加强地方课程建设，积极建设省级和地市级的地方课程。可以先从调研校本课程现状做起，绝大多数学校开设的校本课程，如"中小学数学学习方法""中小学数学文化""数学奇观"等，组织力量编写省级地方课程教材，供全省学校选用；在一个地级市内比较多的学校开设的校本课程，如"动手玩的数学益智游戏""中小学数学实验""数学名人趣题妙解"等，就可以组织力量编写地市级地方课程教材，供区域学校使用。

3. 校本课程

数学教师在编写校本课程时，要立足于国家课程，结合所在学校的校情、教情、学情，考虑数学校本课程的价值、目标、内容，整体构建分步实施，分出层次循序渐进。校本课程要突出国家课程价值，突出国家课程价值指导下的学校课程价值，突出学生的个体差异与个性发展等。

数学校本课程要体现发展至上，也就是说课程的开设是指向发展学生数学素养，而不是单纯强调效率至上。诸如应试考量下的"数学思维训练""数学单元闯关""数学高考创新题探索"等校本课程，很明显是为数学高考中考服务的，是基于效率至上的，我们期盼有更多的类似"数学无处不在""数学发现的艺术""现代世界中的数学""女数学家传奇"等校本课程，传播数学之趣、数学之史、数学之美、数学之思、数学之用、数学之奇、数学之语、数学之探……

我在厦门一中担任校长时，就和数学老师们共同努力，编写了高中数学校本课程教材，课程名称有：超限数算数、分形的科学、奇异的莫比乌斯带、矩阵与变换、初等整数简介、信息安全与密码通讯、开关电路与命题代数、有趣的图论、统筹方法导引、科学的实验方法、拓扑趣谈、漫步混沌世界、三等分角与数域扩张、浅谈对称与群、不动点初探、对策论基础、数列与差分、球面上的几何学、不模糊的模糊数学、风险与决策、漫话组合数学、算法概要等。

在我的数学教学生涯中，就开设了感受数学文化的意蕴、趣味数学与智力发展、怎样撰写数学小论文、"变"的魅力、数学·力量·美、算 24 点、形形色色的数学猜想、铺砌问题、数独游戏、神奇的数学幻方、数学古算、数学能力培养纵横谈、数学眼光看生活、费尔马和费尔马猜想、智力因素与数学学习、非智力因素与数学学习、学数学就这几招、扑克牌中的数学游戏、数学思维是可以玩出来的、品玩数学等课程。这些课程，有些列入了选修课程，多数是活动课程，还有些是微型课程。

| 三 | 要有"新课程"的课程理解 |

对数学课程要有"新"的诠释，总的观念是数学课程不等于数学。其一，"作为课程的数学"和"作为科学的数学"是不同的；其二，"教育数学"和"科学数学"是不同的；其三，数学知识的"教育形态"和"学术形态"是不同的。有了"新的诠释"，对课程理解就要有"新"的观点。

1. "学生为本"的新数学课程观

"以学生为本"是数学教学的根本原则。学生的发展首先是为了他们能够成为幸福生活的创造者，进而成为美好社会的建设者。教育的要求是基于学生的需要，高于学生已有水平并且通过努力可以达到的。教育必须着眼于学生潜能的唤醒、开掘与提升，促进学生的自主发展。

数学课程要促进每位学生发展，表现在满足、促进学生发展成为数学课程设计与组织的本体性依据，并作为数学课程的首要目标，以学生的发展作为数学课程的出发点和归宿点。学生的发展有赖于课程的指引，课程的设计也须符合学生发展的规律和水平。

2. "动态发展"的新数学课程观

任何课程都是动态发展的，既有继承性又有发展性。数学知识只是绝对真理长河中的相对真理，具有发展性、开放性和不完备性。我们应该以更加包容的目光审视数学课程的建设。一些国家的数学课程在新一轮课程改革中出现了一些相近的趋势，如荷兰的数学课程的具体目标，把现代信息技术操作技能列入数学的基本技能之一，英国国家数学课程标准也要求给学生提供适当的机会来发展应用信息技术学习数学的能力等。

课程的变革总是由一定的动因引起，社会进步、数学进展、学生发展是促使数学课程"动态发展"的三大动因。社会进步对数学课程提出新的要求，数学课程应主动适应并促进社会的发展，社会总要进步，课程不可不改；数学进展给数学课程注入新的活力，数学课程与数学教育要紧跟数学进展的步伐，数学总要进展，课程不可不改；数学课程受学生身心发展规律的制约，数学课程要促进每位学生发展，学生总要发展，课程不可不改。

3. "自我生长"的新数学课程观

数学课程不是僵化的、静态的一堆数学符号、概念、命题的集合，它应该是富有活力的、具有自我生长力的"有机体"。数学课程的自我生长性常常不是预设和既定的，而是在数学课程实施的动态过程中随机产生的。课程实施的过程就是师生共同构建教育经验并且共同成长的过程，也是师生共同创造和开发课程的过程。

迎接奥运会的日子，自然生成一个"体育与数学"课程；疫情来了，就可以开设一门"医学统计学"课程；新年来了，学校挂出微型课程"岁首漫话年份题"的海报；高考考了"维纳斯身高问题"，引出一门"从黄金分割数到斐波那契数列"课程；学生对诺贝尔奖中没有数学奖存疑，教师就可以开设"国际数学最高奖"讲座……

4. "系统开放"的新数学课程观

数学课程应当是一个拓展的、开放的系统，既表现在数学内部的拓展性上，也表现在数学外部的适应性上。就数学课程自身的教学实施和设计而言，它的课程目标、课程内容、课程资源开发、数学思维和教学活动等，都是拓展开放的，它的适度不确定性也为数学课程的可持续发展留下了创新的空间。就数学外部而言，数学课程也应适应不同地区、不同学习需求的学生，给他们的发展提供足够的"弹性"。

未来数学课程的方方面面，可能是"师生订制"和"私人订制"。我们要积极谋划好如何实现"互联网＋"背景下的"开放教育"，构建品质求"高"、内容求"丰"、体系求"佳"、运行求"活"、整合求"统"的数学课程体系，把学校打开、把教室打开、把课堂打开，做真正意义上的开放的教育。

| 四 | 要有"我课程"的课程理解 |

课程实施既是课程理解的重要内容，更是课程落地和课程效益的重要推手。对多数数学老师而言，在"课程"方面更多的是"实施"。唯有对所开设的课程深度理解，把握课程的真正内涵，才能有高水平的课程实施。

同样的课程，有的老师上得生动有趣，有的老师上得索然寡味；有的老师巧妙设计、精心施教，每届学生都非常喜爱这位老师的这门课程；有的老师照本宣科、随便应付，造成这门课程难以为继。

所谓"我课程"，是指教师基于课程理解基础上的具有个性的教学实施，特别指"我"这个教师的"教学主张"。优秀的数学教师，应当有自己的教学主张。教学主张最大的价值在于它的寻求过程，在寻求教学主张的过程中，教师必然会形成主动学习、主动实践、主动反思的意识和能力，也是不断完善优化课程理解的过程。

我的数学教学主张是"品玩数学"，其具体表达可用数学等式呈现：品玩数学＝数学好玩 × 玩好数学 × 玩转数学 × 玩味数学。

1. 数学好玩

不论上什么样的数学课程，我都会在"好玩"上充分备课，会让学生感受到"好玩的数学世界"，就连抽象的"模糊数学"和单调的"连分数"，我也能上出"好玩"来，能让学生感受到数学的魅力和神奇。

"好玩"就是"引趣"。让学生感到学习十分有趣，这是学习的原动力。"数学好玩"就是保持一颗童心，就是保持一份纯真、一份坦诚，就是把数学学习恢复到最单纯的目的——在玩中学习，在玩中陶冶性情，在玩中享受数学的乐趣。

数学课可以上得很有趣，可以很"好玩"，但现今的数学课能够达到充分"引趣"境界的还不多。"引趣"要有智慧和艺术，"引趣"贵在用心挖掘，贵在浑然天成。

当学生对数学的兴趣被点燃之后，我就会引领学生步入"玩好数学"之境。数学课程实施，不能只停留在"好玩"或是"不好玩"的层次上，更为重要的是要"玩好数学"。"玩好数学"实属不易，玩好数学需要学生耐得住寂寞，需要付出超常的毅力，只有真正"玩好数学"的学生才会最终体会出"数学好玩"。

2. 玩好数学

没有"好玩"是不行的，但仅有"好玩"是不够的，还要"玩好数学"——玩出深刻，让学生的思考步入"深水区"，让学生在玩中创新，在玩中读点数学史。"好玩"多融入情感，"玩好"多融入智慧；"好玩"可以将一个深层的问题浅层次、趣味化地呈现出来，"玩好"可以对一个浅显的问题进行深层次、一般化的探索。

当数学教师很不容易，"数学好玩"要求教师"深入浅出"，而"玩好数学"要求教师"浅入深出"。从"数学好玩"到"玩好数学"，需要数学教师坚持研修，把握好数学的横向联系和纵向深入，把握好数学的趣味性和拓展性，结合学生实际，将数学的"好玩"和"玩好"像知时节的"好雨"适时润入学生的心田。

"玩好"不容易，需要"玩家"玩出游戏或问题背后的数学原理；"玩转"更不容易，需要"玩家"玩出游戏或问题背后的数学情感。"玩好"可能需要更多的技巧，"玩转"可能需要更多的智慧。"玩好"玩出数学之奇，"玩转"玩出数学之美。

3. 玩转数学

我认为，数学不仅是一门科学，也是一种真正的艺术和游戏。数学史上经常出现这种情况，思考一个像游戏似的有趣问题，往往会产生新的思维模式。有许多游戏的例子能够说明探索数学、游戏或智力问题所需要的思维过程的相似性。一本很好的数学游戏选辑能使任何水平的学生都从最佳的观察点面对每一个问题，这样的好处很多：有益、直观、动力、兴趣、热情、乐趣……另外，数学与游戏的结构相似性允许我们在开始进行游戏时，可以使用在数学情境中十分有用的同样的工具和同样的思维。

每位教师都要自己先会玩，感受"好玩"。自己都不会玩，怎么让学生玩？再学会"玩好"，再努力"玩转"，再修炼"玩味"。教一届学生，至少玩 100 个课例，你的教育就有点意境了。

玩转，就是在某个领域或方面有很大的兴趣，并非常了解，知道如何操作，玩得很好；玩味，就是细心体会其中意味。玩转，就是玩得起，转得快，操作起来游刃有余，想怎么玩就怎么玩；玩味，就是细细地品，品出深刻内涵，品出"与众不同"。

4. 玩味数学

数学思维是可以玩出来的！做一个"玩味十足"的教师，做一个从骨子里帅出来的教师，数学教师要玩出数学味！再玩下去，就算得上是"玩味"了——玩出价值，玩着玩着就走向了数学文化，玩着玩着学生就玩出了素养，玩着玩着学生就步入数学探索的"诗和远方"。

我先是把教学主张凝练成"品玩数学：数学好玩→玩好数学→玩转数学→玩味数学"，后来我觉得凝练成等式"品玩数学 = 数学好玩 × 玩好数学 × 玩转数学 × 玩味数学"更好。这一变化意味着这个"玩"并不都是递进的，而是"水乳交融"的。

"玩"的初心没忘，且一直被超越，这是"玩之初"始料不及的，玩着玩着就"玩"入新境了。

数学教师要有怎样的课程理解？除了前面说的之外，从理想的角度说，还要走向课程领导。数学教师课程领导的角色扮演，可以是什么样的角色呢？可以这样说，是理念式的追寻及实践者、课程的生成及开发者、成员的融入及引领者、创意的提出及推动者、资源的整合及利用者、成效的回馈及监督者。

要成为这几"者"，实属不易！我们共同努力。

| 本文发表于《福建教育》2020 年第 41 期 |

14

未来教师的
当下使命

未来已来，已经悄悄来了；将至已至，已经渐渐至了。不管你信不信，面对新一轮教育信息化的浪潮和新的教育理念的影响，一场教育变革正在上演，我们准备好了吗？

走向未来的教育在于每天的"微变革"，这种"变革"是基于未来前瞻的"变革"，"洞见"未来的"变革"，方能路径清晰。走向未来的教师也在于每天的"微行动"，这种"行动"是基于未来视野的"行动"，唯有对未来教育发展趋势的预判，才能让教师今天的"行动"成就未来教育所呼唤的理想的教师。

| 一 | 未来教育的可能趋势 |

智能化趋势。 科技发展，让"人工智能"呼啸而来。教育信息化背景，网络学习空间，智慧校园建设，必将营创出教学设计智能化、课堂教学智能化、学生学习智能化、教育评价智能化、学校管理智能化。因"智能"而生的未来教室、未来课堂、教育资源共享云平台……不断涌现。

科学化趋势。 建立在教育大数据基础上的未来教育，必将在教育和教学方面强化"科学"背景，教材编写科学化，教学设计科学化，教学实施科学化，学习方法科学化，教学评价科学化；更加注重教育科学研究，加强具有教育实验的教育课题研究；更加科学的教师培训、家庭教育等，也呼之而出。

人文化趋势。李政道先生曾说："科学和人文是一个硬币的两面，而这个硬币就是文化。"当科技发展日新月异时，人们发现没有人文的融合是不行的。未来教育，不能不关心人类，不能不关心社会，不能不关心未来。培养学生的科学创新精神和人文关怀精神，缺一不可。

综合化趋势。未来教育，既高度分化又高度综合。教育体制机制可以综合（如普教职教融通），教育内容可以综合（如综合课程的设置），教育方法可以综合（如基于学情、教情的教育方法的有效配合、组合和融合，达成最佳教育），学校教育、家庭教育和社区教育可以综合。

心理化趋势。未来学生是诸多矛盾的统一体，未来教育就要关注学生内心世界，特别是针对学生充满困惑和矛盾的心理特征，寻求"破解之策"。远离"育心"的教育，我们会觉得"工作茫然"；深入"育心"的世界，我们会觉得许多难题"迎刃而解"。

国际化趋势。站在世界的高度看教育，将中国教育融入世界大教育之中，也让国际教育进入中国教育视野；要学习、引进和吸纳国际优秀教育理念，使之与中国的教育融合起来，也要向世界宣传中国教育，让中国教育走向世界；要培养学生具有"世界眼光"，更要培养学生的"中国心灵"。

个性化趋势。"共性"的教育是必要的，但"个性"是教育的灵魂。学生的个性就像"世上没有完全相同的两片树叶"一样，这既给教育工作提出挑战，也为教育创新提供了广阔的探索空间。让学生"各造其极"，发现和发展学生的独特性，应是未来教育十分关注的一个领域。

开放化趋势。这是一个开放的时代，开放的社会呼唤开放的教育。"圈养"是不利于学生成长的，让学生接触社会、了解社会、认识社会，进而立志改造社会，促进社会发展，才能"让世界更美好"。未来，以开阔的视野、开放的胸襟、开明的思维"把学校打开"，必成趋势。

趣味化趋势。新媒体的快速崛起，不断将学习内容做成"动画"或"游戏"或"仿真"的形式，比如 AR/VR 技术等，这些"新境"的趣味性、故事性和游戏的互动性，对学生具有极大的吸引力。趣味教育与教育趣味，在新时代被赋予新的内涵和更大的创新空间。

民主化趋势。课改一路走来，大方向应该肯定。改革背后的深意，就在于授予人们更大的课程自主权，也就是"课程民主"。类比开来，民主化趋势将在未来教育中更多地呈现：要求教育处理好公平与效率的关系，培养师生的民主意识与民主精神，更多地让师生参与学校管理等。

| 二 | 未来教育的可能样态 |

从生答走向生问。学习就是掌握"学问"的一个途径，有"学"就必须有"问"。"疑"是"问"的前提，"问"是"疑"的必然。"千学万学在一问"，有"疑"就有"问"，有"问"才有"学"。杨振宁教授指出："中国学生成绩很突出，但最大的缺憾就是不会提问，缺乏创新能力。"未来教育，就会在"让学生会问"上做足文章。

从学会走向会学。"学会"，只是说在学习过程中掌握了某种知识和技能；"会学"，则是指在学习的过程中掌握了学习方法，形成了学习能力。一个学生要想取得优良的学习效果，单靠教师教得好、教得得法是不行的，他自身还必须学得好、学得得法。教师"教学"，不仅包含教师的"教"，还应包含教师教学生"学"。

从教会走向教慧。教师教学生学会课本上的知识、记忆这些知识，力争考出一个好的成绩，也就是我们常说的"教会学生"，这无疑是需要的。但未来教师将从"教会学生"走向"教慧学生"，因为就"知识"教"知识"培养出来的学生，难以更好地适应未来，只有让学生在获取知识的学习过程中充满素养培育、充满智慧灵动，才能更好地迎接未来的挑战。

从学科走向跨科。科学知识的综合化趋势，分科课程带来的弊端，人的全面发展的教育目的，以及各种各样的理论问题和实际问题的解决，都要求未来教育从学科走向跨科、走向综合。课程综合化，就是让课程结构优化，让课程更加现代化，培养学生的整体认识能力和适应能力。

从本本走向超本。"本本"这里指教材，"超本"这里指超越教材。未来教育，要求教师是用好教材又超越教材的能手。教学中，要有教材，要信教材，又不唯教材，活用教材。教材毕竟是由专家学者编的，是集体智慧的结晶，要充分用好；同时要创造性地使用教材，稳定性和通用性的教材必须与时效性和个性化相结合，才能产生新的整体效应。

从教学走向促学。走向未来的教育，教师的角色不断被赋予新的内涵：由知识的传授者转化为学习的促进者；由学生的管理者转化为学生的引导者；由被动的学习者转化为主动的研究者；由学习资源的传播者转化为学习资源的创造者；由信息资源的占有者转化为信息资源的共享者。师者，从教学走向促学，将成为常态。

从一致走向差异。学生是发展中的人，学生的差异也不是一成不变的，学生在发展中会出现差异，未来教育一定会更关注"差异"，因"差异"而施教。"没有差生，只有差异，让差异成为资源。"因为差异，所以教育丰富多彩；因为差异，课堂才会有赞赏、争辩、分享和互助；因为差异，学生价值取向多元、学习方式多元、兴趣爱好多元。

从发话走向对话。未来，更开放的社会、更开放的学校，呼唤"对话"。教育新理念呼唤"对话"，"以学生为主体"思想呼唤"对话"，培养学生的创新能力呼唤"对话"，"让学生灵性生长"也呼唤"对话"。师生"对话"，多给学生一些民主、一些自主、一些激励，体现教育平等，体现班级开放，体现师生互动，体现辨争创生。

从讲台走向平台。随着时代的发展，师生交流除了"讲台"，还有新的路径，比如网络、微信等。教育正悄悄发生一场革命，这场"革命"来自教育信息化的浪潮，"互联网＋教育"要求教师充分利用好"互联网"这个平台，达成新的育人境界。讲台往往是"单向"的，而平台往往是"多向"的，平台视界何其宽！

| 三 | 未来教师的当下使命 |

既要"做好当下"，又要"谋好未来"。我们在努力按当下的教育理念做好教育工作的同时，不能"埋头拉车不看路"，应该积极探究未来教育可能发生的许多改变，这样就可以在一定程度上逼近"指向未来"的路。今日之教师，就要积极培养"未来前瞻"意识，提升自身的持续学习力，在"聚焦当下"中去超越，超越教室，超越学科，超越教材。

既要"继承传统"，又要"现代起来"。优良的教育传统不能丢，比如爱生如子、有教无类等。现代教师要在"与时俱进"中走向未来，就是要有现代的教育理念、现代教学方法、现代教学手段，就是要有现代生活方式、学会使用现代技术产品、能接受新的信息等。同时要对新出现的负面的东西给予批判，尽力杜绝。

既要"面向未来"，又要"回望来处"。信息化、智能化给未来教育带来机遇与挑战，教育面向未来，就是抓住机遇、直面挑战，让教育拥抱"互联网"。但教育更是传承历史，教育没有传承就可能要从头再来。教育要有现代感，更要有历史感。教师在日新月异的变革时代，既要在"新浪潮"中逐浪前行，又要坚守教育的本原和初心。

既要"修炼技术"，又要"融入情感"。新媒体要素（如文本、视图、音像、网页、微信等）要和情感要素（如教师的人格魅力、富有情趣的讲解、师生的密切合作等）有机结合，才能产生新的整体的特殊效应。先进的教学手段不应完全取代传统教学，师生的情感交流，可能是教师的一个手势、一次微笑、一句赞语，可能是颇有特色的板书、直观的模型展示、具体的实物演示。

既要"线下教好"，又要"线上导好"。网络为学习者提供了更多的学习互动的平台。在线学习、学习论坛、聊天室等，都可以进行人际互动，师生之间、生生之间可以进行即时的信息交流。教师既要把"线下"的课堂教到理想之境，又要指导学生合理地利用"线上"这个"空中课堂"的多样课程和丰富资源，自主

师者之道——给教师的 50 个叮嘱

而灵活地学习。

既要"科学设计"，又要"最佳实施"。好的教学设计，要"依标尊本"又要"融入理念"，要"总体谋划"又要"精备每课"，要"继承传统"又要"创新实践"。忠实地实施体现了对"文本"的尊重，创新地实施体现了对"人本"的尊重，两者缺一不可。好的"设计"期盼更好的"实施"，从"有效"到"高效"好，从"高效"到"卓越"更好。

既要"追赶潮流"，又要"引领潮流"。未来教育，新的教育理念、新的教育方法渐渐形成了新的潮流。教师就要在理性分析的基础上，追赶正确之潮。要"追潮"，就是要跟上时代的步伐，就是要前沿追踪，就是要与时俱进。开拓型的教师，不仅"追潮"，还能在一定程度上"引领潮流"。"引领潮流"体现敢为人先，体现探寻变革，体现价值传播。

既要"前沿关注"，又要"大胆尝试"。现代教师，要有"前沿关注"意识。可以从高层会议、重要文件里的新的提法中获取信息；可以关注教育新闻网、教育情报网、知网等，获取前沿信息；可以从教育刊物、学科教学刊物中了解前沿探域。教师仅仅关注还不够，有了新想法就要适时践行，大胆尝试。"听其言观其行，坐而言不如起而行"。

既要"全面发展"，又要"特色凸显"。教师的"全面发展"，既有在德智体美劳等方面的"全面"，又有教育教学教研的一定水平，这是一个优秀教师教书育人的基础。未来教师，还要"特色凸显"，有与众不同的"绝活"。这"绝活"可以是教师"主业"的某项专长，如数学教师中的"几何大王"、体育教师中的"武打高手"，也可以是教师"副业"的亮色，如数学教师中的"灯谜专家"、生物教师中的"剪纸艺人"。

既要"教学有方"，又要"教有主张"。未来教师，仅仅"教学有方"是不够的，还要凝练自己的"教学主张"。说到具体的教学主张，我会想到李吉林的情境教学、王崧舟的诗意语文、邱学华的尝试教学、孙双金的情智教学等。数学学科还有"简约数学""灵性数学"等；语文学科还有"童韵语文""真语文"等。余文森教授说，教学主张——教师打开专业成长的"天眼"。愿有更多的教师，及时打开这个专业成长的"天眼"，成为有教学主张的教师，成为有教育思想的名师。

"谋好未来"先要"做好当下"，具有"预见未来"的教师的"当下行动"，"道路"正确，其行必远。

丨 本文发表于《福建基础教育研究》2019 年第 3 期 丨

15

『研』途风光

回想我的成长之路，虽说没有我们上辈人的风雨坎坷，但也经历了"文化大革命"的动荡、上山下乡、艰苦求学，经历了教育教学的多学校、多岗位锻炼，经历了人生和事业的挑战、抉择与坚守，遵循"感性做人，理性做事"的原则，在"足与不足"中，不断去逼近人生和事业的最大值。

如果有人问我"你是怎样由一名下乡知青成为一名教育名家的？"，我可能会这样回答："原因很多，但最重要的一条是进行了教育研究。"

一路走来，我在研究状态下工作，取得不少成果。因为研究，班级管理上了台阶，数学教学成绩显著，数学竞赛获奖颇多，我得到了许多奖励；因为研究，学校发展步入人文化、科学化、智能化之境，实现学校现代优质转型；因为研究，我到了教育局后，能迅速掌握所分管工作的规律和要求，不断占领分管领域的制高点，不断跃上教育发展的新平台；因为研究，我退休后，仍"研"无止境……

| 研之初：长风破浪会有时 |

年少的我，并没有什么理想，更没有人告诉我生涯设计。我最大的理想是去当兵，其次就是当工人，那时读书似乎没有什么好的前景。想当兵、当工人没那么容易，高中毕业后就得下乡当知青。

知青生活是我一生的财富。

我无法想象，如果没有那三年知青生活经历，我这些年能靠什么力量去面对一个个困难，去克服一个个困难。

1977年高考恢复，我匆忙复习，幸运地考上了师专。能考进师专，在我们那个知青点已经是很了不起的事了，我很知足。毕业后我被分配到龙岩一中，我是在不经意中当了中学数学教师。

初为人师的我，当一个班的班主任，教初一两个班的数学。当时学校没有具体指定让哪个老师带我，班主任要干的活，由年段长布置，教学方面的事，由备课组长交代。

由于没有太多的条条框框，我的班主任工作干得"疯疯癫癫"。我会高效率地布置完学校交代的任务，然后组织学生开展各种活动；经常举办猜谜活动、科技活动、文艺活动，寓教育于娱乐之中，增知识于谈笑之间，长智慧于课堂之外，这些活动对学生的成长大有益处。

我的数学教学也"与众不同"，最大的不同就是每节课的思维量很大，几乎每节课都有数学游戏活动，课堂十分活跃，学生学习数学的积极性颇高。

总的说来，我的课充满趣味，充满方法，充满变化，充满数学思维，充满师生互动。我的学生几乎每节课都期盼我的到来，因为我来了，就意味着数学场来了，思维来了，灯谜来了，美感来了，激情来了，诗意来了。

就这样，愉快的三年过去了，我们班中考取得优异成绩，成绩的背后更多的是他们三年来形成的良好的品德和被激活了的智慧的大脑。

1984年初，我撰写了一篇经验文章，在一次地区级的学术会议上交流。当时的省教研室主任看我那么年轻，又写了那样一篇充满激情的文章，笑着对我说："年轻人，你写得很有特色，从现在开始进行教育科研，将来一定大有出息。"说者可能无意，但我却听了进去。

于是，我一边学习教育科学理论，一边在学校里搞起教育科研来。我首先根据心理学对智力的阐述开展对趣味数学与智力发展的研究，在班级里进行实验后，撰写了《趣味数学与智力发展》一文，很快被《数学教学》刊用，这是我的处女作，我兴奋、激动，感受到了自己的力量。

研之辛：吹尽狂沙始到金

有了第一篇论文带来的激励和信心，我又运用教育心理学的规律，在教学中注意激发学生学习数学的兴趣。浓厚的学习兴趣是学好数学的前提，学生有了兴趣，他们的智慧就会迸发出光芒，在此基础上引导学生去探索新知识，让学生自觉去获取知识、发展能力。我把这些实践活动总结成一篇论文——《培养初中生学习数学兴趣的几点做法》，投寄给湖北大学主办的《中学数学》，很快就发表了。1984年10月，我带着这篇论文参加了全国数学教学研究会学术年会，作为会议中最年轻的代表，我第一次受到数学教育界的注意。

两篇论文的发表和全国会议的参加，给了我极大的教育研究和教育写作的动力。曾有一段时间，我以为教育科研与教育写作就那么回事，也多少有点自满起来。

随后我以每两周一篇稿子的速度向报刊投稿，然而大量的退稿信也随之而来。无情的现实使我冷静下来，让我陷入深深的思考中。我逐渐悟出了这样一个道理：科研需要默默地探索，长期积累，偶然得之。教育理论如果没有实践的基础，便会失去它的价值；教育实践如果没有理论作指导，便会导致盲目的实践。必须走理论与实践相结合之路！论文不是"写"出来的，而是不断实践、不断研究、不断探索出来的。

走出迷惘，天地一新。于是，我一方面埋头于各类教育理论书籍之中，努力提高自己的教育理论水平；另一方面，置身于课堂和学生之中，不断获得鲜活的第一手材料。丰富的理论与生动的实践有机结合这一教育科研之真谛的获得，使我的教育科研之路越走越宽，研究范围越来越广。

偶然的机会，并非都有必然的结果；而必然结果的产生，是需要探索者抓住机遇、锲而不舍、锐意进取、不断超越才能实现的。

参加一次全国性的"学习科学"会议后，在返回的列车上，我一直在想，怎样才能为学习科学作点贡献呢？列车快到终点站时，忽然一个念头闪过我的脑海：我想写一些可供开设学习方法课的讲座稿。我在向老校长汇报会议盛况时，顺便谈了自己的想法。老校长说："你干脆写本书吧，写出来我给你印。"

于是，我送走妻儿，一边学习有关理论著作，一边整理自己给初中生做的关于学法指导方面的讲座稿，接着便没日没夜地埋头写起书来。

那时家庭条件很差：没有空调，只有微风扇；没有大书桌，掀起草席，床板当书桌；没有复印机，在方格纸上，用复写纸一次写 4 张，生怕书稿投寄出去不退稿，好有底稿。就这样，穿短裤，打赤膊，坐矮凳，精心写，用力抄。

一个月后，当我把一摞整齐的书稿放到老校长面前时，老校长惊呆了，他说："我随便说的一句话，你真的把书给写出来了，《初中学习方法与能力培养》，好，真了不起！"

1988 年 3 月，西北工业大学出版社出版了这本书，这是我的第一本书。

| 研之悟：梅花香自苦寒来 |

我热爱闽西，热爱龙岩，热爱那里的山、那里的水，更热爱那里的人！我在龙岩一中工作了 17 年，1996 年我开始提出要调往厦门工作。

到厦门后，我才发现，厦门的教育与我想象的有很大的差距。最感头疼的是厦门的学生不好教！闽西的学生，你给他一份练习，他设法做两份；厦门的学生，你给他一份练习，他要打折扣。

我是新来的特级教师，各方关注的人很多。我一来就在厦门双十中学教高三，我不敢多补课，不敢多布置练习，不能拖课，还担任备课组长，还要带青年教师，还经常有人来听课，还要回龙岩上奥数课，这"钢琴"怎么弹？

必须真情奉献，全身投入；必须激活课堂，提高效率；必须渗透学法，精讲精练。当学生知道你是真诚地热爱他们时，他们的情感大门、智慧大门就会向你打开了。学生的学习状态被我的真情所改变，学生的智慧被我的激情所激活，大家齐心协力，互帮互学，讲究方法，科学迎考，最终取得高考的好成绩。

1997 年，我回到高一带学生，因为是起始年级，我就在所教班级做实验，将数学学习指导渗透到学生学习计划、课前预习、课堂学习、课后复习、独立作业、学习总结、课外学习环节中。我强调"全程渗透"，旨在强化教师在教学过程中全方位、多层次、广渠道地进行学习指导渗透，让"学习指导"像无声的细雨时时润入学生的心田。

可想而知，这届学生高考又创历史新高！我的这项实验成果发表在《数学通报》上，北师大出版社出版的"教育家成长丛书"之一《任勇与数学学习指导》一书，详尽介绍了这项实验。

研究让我尝到了甜头，至少我能站在"巨人"肩上做好教学工作和学校管理工作。我还发现，对自己所从事的教育工作进行研究，就会有自己的思想，就不会人云亦云。因为教育工作复杂多变，涉及因素多，没有自己的思想，是很难有所创新的。

在双十中学，作为数学教师，我研究并践行了"数学多维教育"等实验；作为教研室负责人，全校进行"全课程"（必修、选修、活动、微型、潜在和社会课程）实验研究；作为分管教学副校长，我们在"绿色迎考"获"省三连冠"的基础上，写成了《激活高考——高考管理的理性探索和科学实践》一书。

探索者不忘烛光，奋进者感怀路石。

特区，为一个探索者照亮了前行的方向；特区，为一个奋进者铺设了发展的平台。

｜ 研之道：绝知此事要躬行 ｜

正当省里准备让我推广"绿色高考"经验时，组织上让我到厦门一中担任校长。

厦门一中是一所著名的近百年的老校，培养了一代又一代优秀人才。历史与光荣，是每一任校领导科学的治校方略打造的；历史与光荣，是每一位一中的师生创造的。

我深知，当老一辈将接力棒传递给我们，我接过的是亮闪闪的荣耀和沉甸甸的责任。

面对一中的老师们，我激动地说：厦门一中有着光辉灿烂的过去，厦门一中理应有更加美好的未来。面向未来，一中人有太多的梦想和企盼；面向未来，一中人有更多的执着和自信。我坚信，在各级领导的支持下，在老前辈的帮助下，在新班子的强有力的配合下，在全体教职工的合作下，我们将梦想成真，继续去创造更多的"第一"事业。

就这样，我融入了厦门一中。就这样，"教育科研"也伴随着我融入了厦门一中。

"学校不能建立在废墟上！"学校必须在继承中创新，在创新中提升，使新的办学理念自然"融合生成"。基于这一思路，我首先要感受一中文化，进而发扬一中传统，最终目的是要再创一中辉煌。"为发展而教育"，就是在这样的调研、研讨和充分论证后产生的。

坚持教育研究，我有了一定的理论积累，经过综合辩证分析，引领团队积极认同，请教专家科学论证，于是，一个符合厦门一中历史发展特点的、既有传承又有创新的教育理念产生了：构建学习型、创新型、信息型校园，促进学生发展、教师发展、学校发展和社会发展，为发展而教育。

我所著的"中国当代教育家丛书"之一《为发展而教育》，全方位地反映了厦门一中这项全校性的教育实验。

在厦门一中任职期间，无论是学校的教育科研境界，还是我的研究水平，都有了质的飞跃。从《走向卓越：为什么不？》这本书的三位专家的评价中，可略知一二。

顾明远教授在书中的序言里说："任勇老师应该算得上是一名教育家，他当过老师、校长、教育局长，在长期的教育实践中，不仅积累了丰富的经验，而且领悟到教师成长的规律，提出了自己的教育理念。"

魏书生老师说："任勇老师是一位不断超越自我追求卓越的学者型教师。他的经历与著作，多年来一直给我以激励与启示。读了他的新作《走向卓越：为什么不？》，感悟良多，他捧着一颗真诚的、善良的心，一遍又一遍地劝说：'优秀教师啊，你不能安于现状，要努力走向卓越。'他还毫无保留地讲解如何确定卓越的方向，选择卓越的途径，甚至包括走向卓越的台阶细节。盼望越来越多的青年教师，在这本书的引领下，超越自我，踏上奔向卓越的旅程，将'？'变为'！'。"

肖川教授说："任勇先生对于教育的热忱、探索和智慧在他的这本书中得到了卓越的体现。他的成长足迹告诉我们：作为教师，重要的是要有一颗开放的、细腻的和敏感的心，善于去捕捉教育生活中那些有意味的现象和事实，并用心品味。这样，我们就能够不断成长，不断发现生活与工作的乐趣和意义，从而拥有一种高贵生命形态。因为，'优于别人，并不高贵。真正的高贵应该是优于过去的自己'。"

▎ 研之情：莫向光阴惰寸功 ▎

"计划"不如变化快，历史有时会惊人地相似。当一个为了百年校庆的出差任务被取消后，我被任命为厦门市教育局副局长。

不想当老师的我，当了老师；走着走着，当了主任；走着走着，当了校长；走着走着，到了教育局，当了副局长。

这就是我的 40 年——从知青到副局长；这就是改革开放的 40 年，人生如歌，岁月如诗。

记得我到市里进行任前谈话时，市领导对我们说："我知道你们名校校长来当局长，会有一些想法，不是很想，对吧？这很正常，但今天不是谈想法问题，而是如何面对一个更为广阔的教育平台，用你们的教育经历和教育智慧，去推动厦门教育的新一轮发展。"

是啊，一个更大的教育平台。目标正前方，奋斗正前方。

我一下子进入了教育行政管理领域，同时我的"研究"视角也开始进入这个领域。

唯有确立正确的教育价值观、发展观和政绩观，才能用勇气和智慧办人民满意的教育，做到"胸中有均衡，发展有侧重"，促进教育跨越式发展，推动区域教育优质均衡发展。

我分管多个处，常规的、创新的、特色的工作，就不说了，这里说说我退休时同事对我的评价："任局到哪个处，哪个处就出科研成果。"

是的，在职成处我们编写了"现代中职生丛书"，由厦门大学出版社出版，其中一本《现代中职生成才导向》，全书共十章，教师像大朋友与中职生促膝畅谈——谈入学适应、谈品行修炼、谈课堂学习、谈能力培养、谈个性发展、谈人际交往、谈心理素养、谈文体活动、谈积蓄待发、谈实践实习，涉及中职生学习与生活的方方面面。全书编排活泼，内容新颖，具有很强的可读性。

在学生安全处，我们结合实践写了《学校安全工作的有效预防和基本走向》《学生安全：家长可以做什么？》，分别在《人民教育》《平安校园》上发表。我们还为中学生写了《中学生安全教育读本》，谈了涉及学校安全的"22防"；为小学生写了《保护我自己——少儿安全自助36计》，用四格漫画"描述"了涉及小学生安全的36个方面的问题。

在体卫艺处，我写了《学校体育门外杂谈》和《中小学体育竞赛指导的若干原则》，在全国学术会议上获奖。艺术教育是很值得研究的，我把研究成果写成《艺术教育的理性走向》一文，在教育部体卫艺司会议上演讲。我们狠抓健康教育，编写了《学生健康教育读本》。我们积极抓好校医队伍建设，为此，我在校医会上提出校医的八个"走向"：从职业走向事业，从德能走向智魂，从规范走向创新，从自然走向自觉，从"重点"走向"全面"，"独管"走向"群管"，从"称职"走向"优秀"，从制度走向文化。

厦门市教科院主抓"教研、科研、培训"。在教研上，我们每年资助十多本著作出版，我放弃资助名额，出版了《任勇的中学数学教学主张》等书；在科研上，我们对各类课题给予资助并帮助提升，我出版了《任勇：研究让教育更精彩》等书；在培训上，全方位、多层次、多样化进行，我出版了《年轻教师必听的讲座》《优秀教师悄悄在做的那些事儿》等书。整个厦门教育生态相对良好，各级领导说："厦门教科院，功不可没！"

中国教育学会副会长郭振有认为："一个好领导，就是一方好教育。"

我铭记之，我践行之，我探索之，我研究之，我心向往之。

研之境：少壮工夫老始成

朋友们常问我，退休后做什么？我感觉退休后，研究的东西还不少，多年的实践、沉思和积累，似乎在这一刻要"爆发"出来。

猜谜，寓教育于娱乐之中，增知识于谈笑之间，长智慧于课堂之外。我爱猜灯谜，退休后到一所学校去推广"每日一谜"，师生都非常喜爱，效果奇好，"逼"着我写成了《灵性生长的课程力：校园益智灯谜》一书。

《优秀教师悄悄在做的那些事儿》一书，十分畅销，加印了 15 次，出版社让我写一部校长的，于是《优秀校长悄悄在做的那些事儿》出版了。这下好了，出版社说，三本书才能算小丛书，再写一本父母的，读者想必知道书名了吧？

我几乎每年都要给不同层次的教师培训，我把讲稿分为好教师教书之新境、好教师育人之新境、好教师学习之新境和好教师育己之新境，写成了《觉者为师——好教师成长之新境》一书。

我沉迷于数学益智器具研发，前段时间沉下心来，一下子研发出从幼儿园到高中的 300 多个数学益智器具，目前正在课题学校实验。前段时间培训，做了个《动手玩的数学益智游戏》的报告，好评如潮，出版社即刻找我希望能出版此书。

数学教学是我的老本行，这些书也是计划要写的：《数学教育的辩证之道》《发掘价值的数学教育》《数学教育的灵性追求》《品玩数学：好玩·玩好·玩转·玩味》《放倒家长的简单数学题》，看看三年内能不能完成。

其实，要研究的还很多，比如，面向未来教育，似可研究"走向未来的基础教育"；比如，学校要走向高品质，似可研究"学校品牌发展的六个维度"；比如，课改走向"深水区"，似可研究"益智课程和灵性课堂"……

用什么力量来推动事业的发展？各有各的"推力"。有人用权力之力来推，有人用行政之力来推，有人用人格魅力来推，有人用制度之力来推，有人用文化之力来推。我因为已经养成了在研究状态下工作的习惯，所以我是以研究之力来推动事业的发展。

"研"无止境，心向往之，行必能至。

Ｉ 本文发表于《人民教育》2020 年第 10 期 Ｉ

国运兴衰，系于教育；教育大计，教师为本。

教育，是永远朝气蓬勃的事业，教师，是永远充满时代活力的职业；而教师发展又是推动教育发展的一个永恒的源动力。

教师是教育的支柱，是教育改革的关键，教师发展的水平决定着教育发展的水平。

教师发展是指教师生命潜能和价值有目的、有方向、有策略地延伸和扩展。教师发展目标的实现需要多种因素的协调发展，主要包括全面发展、自主发展、充分发展、持续发展、专业发展、特色发展、跨越发展、和谐发展。

| 一 | 教师发展之"基"——全面发展 |

所谓全面发展，是指每一个人自身所蕴含的全部潜能的多方面发展。政治思想上——为了民族的复兴，为了学生的发展；道德人格上——师德高尚，行为世范；智慧能力上——聪明颖悟，敏锐机智；文化知识上——科学与人文并重，广博与精深相融；身心素质上——体格健壮，开朗乐观。

全面发展不是平衡发展，也不排斥个性发展。

教师要全面发展，师德是基本条件，德能并重是稍高的要求，新课改呼唤教师智慧，教育文化促使教师要走向师魂的境界。

师德，就是教师的职业道德。师德是一个古老而崭新的话题，也是人类文明的永恒主题。有人说，崇高师德，就是要求教师在燃烧别人的时候，首先要燃烧自己。所谓燃烧自己，就是学高为师，就是行为世范，就是人格感召，就是魅力熏陶。有人说，崇高师德不仅是教育事业对教师的要求和新形势对教师的呼唤，而且是教师自我需求和自我创新的本源。

师能，就是教师的职业能力。教师教学能力的高低，直接关系教师的教学效果和育人水平，是教师一项十分重要的职业修养。当一名教师容易，当一名好教师不易。时代在呼唤师德的同时也在呼唤着师能，而且德能并重才能树立新世纪教师的形象，才能更好地完成高要求的教育教学任务。熟练的教育教学技能，是师能；娴熟的课堂驾驭能力，是师能；灵活机动的教育机智，是师能；人际关系的处理能力，是师能。更新知识学会学习，是师能；不断探索力求创新，是师能；会微机、能电教、善科研，是师能；审美高雅、身心健康，是师能。会上必修课，是一个层次的师能；不仅会上必修课，还会上选修课、上活动课、开各种讲座，是高一个层次的师能。成为教学能手，是一个层次的师能；但要实现高层次的师能，教师还必须成为学者型的教师，即他必须是一个教育教学的研究者。

师智，就是教师的智慧。由于教无定法，由于讲台虽小但含宇宙，由于我们面对的是性格各异的学生，所以教学情景多样，所以教学难以预测，所以教学异彩纷呈。面对瞬息万变的教育情境，准确迅速地作出判断，恰到好处地妥善处理，从而收到理想的教育效果，达到最佳的教育境界，这就是教师的教育智慧。现代社会，一位优秀教师的智慧必须是精与博的有效结合。在专业技能和理论水准方面，必须力求精深；在人文精神和科研理念方面，必须力求广博；在一般智力结构和特殊的思维品质方面，必须力求合理有效。应变性、直觉性、灵活性、巧妙性、幽默性是教师智慧的表现。

师魂，就是教师的灵魂。师魂是教师综合素质的体现，是教师的人格风范。

"经师易找，人师难求"，这里的"人师"就是指教师的人格风范。为人师者，方可以德育德、以才培才、以学促学、以趣激趣、以情动情、以性养性、以意练意、以行导行。师之魂，体现在教师的一言一行、一举一动、一点一滴中，既体现了自己的形象，又时时润入学生的心田。师魂，是一种境界，更是一种职业的操守。

| 二 | 教师发展之"核"——自主发展 |

所谓自主发展，是指发展不是外部的追求，而是主题内部呈现出的自发的、主动的运动状态。"育人"是教师的天职，但必须以教师的"育己"为基础和前提。所谓"育己"，其核心就是教师的自主发展。教师自主发展是教师个体自觉主动地追求作为教师职业人的人生意义与价值的自我超越方式。自主发展，是我要发展，不是要我发展。要自主发展，一靠自觉，二靠科学。

阿尔伯特·哈伯德所著的《自动自发》，全球畅销。封面上有这样一段话：什么是自动自发？自动自发就是没有人要求、强迫你，自觉而且出色地做好自己的事情。

我们知道，与自主发展相对的是"他主发展"。"他主"是外因，"自主"是内因。外因是发展的必要条件，内因是教师能够实现发展的重要依据，而推动教师不断实现新的发展的动力机制就是"他主"与"自主"的良性互动。换言之，就是辩证处理好"要我发展"和"我要发展"的关系。

自动自发，是教师发展的一个过程，尤其是一个自主发展、自我完善的过程。自动自发，使教师在发展的弹性空间中达到相对理想的状态。自动自发，是教师发展的动力机制。

如果说，自动自发是教师发展的自觉，那么建立在自觉基础上的科学发展，就显得尤其重要。

科学发展，是指教师在了解自己的角色定位、职责特点和个性特长的前提下，选择切实可行的正向发展目标。它要求教师树立全新的发展观念和发展理想，掌握科学的发展方式和发展策略，避免片面发展、反向发展、异化发展或自然发展。

事实上，教师的科学发展是时代的客观要求，也是教育快速发展的要求。因为知识更新速度加快，要求教师必须科学发展。如果教师的发展速度跟不上知识的更新，则无法适应时代发展的要求。没有一大批适应教育要求的教师，谈提高教学质量、教学改革等问题就是一句空话。教师科学发展还是教师自我发展的需要，主要包括其工作是否有成就，决策和提案是否被采纳，工作兴趣和个人特长及创造力是否充分发挥，自我发展的机会和自由的程度有多大等。此外，教师科学发展是促进学生全面发展的前提。如果教师不能科学发展，不能掌握现代教育理论和教育技术，自身素质不高，则难以有效实施素质教育，促进学生的全面发展。

｜ 三 ｜ 教师发展之"最"——充分发展 ｜

所谓充分发展，是指最大限度地利用主客观条件，使自身的各个方面潜能得到最大程度的开发。把握、利用好自己的兴趣、特长，扬长避短，使自己优势方面的发展达到可能达到的高度，成为自己的专长。注意彼此协调，形成合力，不能顾此失彼，扬此抑彼，以便使自己的潜能和生命价值得到最充分的展现。

任何一个智力发展正常的人，都具有一定的潜在能量，但这种潜能必须在研究中和外部作用的合力下才能得到开发和升华。因此承认和开发教育者自身的潜在能量在教育事业发展中尤为重要，切不可忽视。每个教育者都客观存在一定的潜能，只有当这种潜能被开发并释放于教育的客体对象上，教育者的能动发挥及创造力才可能趋于最大，教育事业的发展也才会步入快速、持续、协调的轨道。

源头无水，何以润禾？我认为挖掘源头之水，开发教师之潜能才是发展教育治本之策。

教师潜能开发以人的潜能的存在为基础，以教育教学为背景，以学校发展为目标，以教师自我价值实现为归宿；学校采取多种途径使教师在教育行为和活动中，认识自身内在具备的适应教育教学环境、实现学校教育目的的各种自身条件和能力；通过教师自主教育行为、经验反思、群体影响，对教师教育行为的评价和激励，发展和优化教师个体和教师群体的教育教学条件和能力；使教师的教育自信心、积极性、自主创造力、自我更新力得到提高和增强，学校的凝聚力、向心力得到提升。

| 四 | 教师发展之"要"——持续发展 |

所谓持续发展，是指教师的成长、进步与发展是一个前后衔接、彼此连续的终身的过程，而不是一时的或阶段性的发展。教师要根据主客观条件审慎地选择和确定自己终身的发展目标。为实现目标，教师要不断学习，不断积累，补充能量，使自己具有不断发展、持续发展、终身发展的不竭动力。

人类进入了终身学习时代，终身学习时代的到来意味着每个人都面临着如何持续发展、终身发展问题。

人有时是会吃老本的，比如评上骨干教师、学科带头人、优秀教师、高级教师、特级教师等。但我以为，一时的满足是无可厚非的，而长久的满足就要"后果自负"了。

要立新功，就是教师要持续发展。教师的持续发展要求教师尊重教育的发展规律，树立着眼未来的战略思维，努力实现自身素质持续、整体、协调发展。

要立新功，要求教师学会学习。

学会学习，首先要有获取知识的渴望心理。试想，一个不思进取、固步自封、信息闭塞、知识陈旧、孤陋寡闻的教师，如何担当得起现代教育的重任?! 知识的储备越丰厚，可供调用的信息就越多，运用起来就越灵活，产生新思想的可能性就越大，创造力就越强。学会学习，还要善于学习获取知识的方法和认知策略，善于在更新知识中开发学习潜能，自我调控学习过程。学会学习，更要注重借助现代教育技术的功能。现代教育技术，尤其是多媒体技术、人工智能技术和网络技术的发展，给教学带来了前所未有的重大变革，不仅能够克服描述生命现象时宏观、微观、时间、空间的限制，将生命世界化动为静、化大为小、化快为慢、化远为近、化实为虚，反之亦然，而且能够使学习者积极思考、自由选择、主动记忆、适时交互、修正反馈。

要立新功，要求教师学会创新。

教师的教育创新，在思维方式上，既善于将教育现象进行因素分析，又善于整合，有着系统思维的习惯；在创新策略上，既有改进教学现状的欲望和思想，又讲究方法技巧；在创新过程上，既合理继承、广泛吸取同行的成功经验，又敏于发现问题，不盲从，不唯上，不唯书，自创新路，有独到的见解；在创新程序上，既敢想人所未想，对已有的结论提出质疑，又敢做人所未做，善于教授能反映思维教学特征的新程式；在创新关系上，既坚信个人的创造潜能和坚持力，又注重与他人协作；在创新结果上，既考虑解决问题的求异性、新颖性和高效性，又考虑创造的长远成果。

要立新功，要求教师学会反思。

美国学者波斯纳认为，教师的成长 = 经验 + 反思。反思能力是指教师在职业活动中，把自我和教学活动本身作为意识对象，不断地对自我及教学进行积极主动的设计、检查、评价、反馈、控制和调节的能力。它既受教师的知识、观念、动机、情绪、情感等个人因素的影响，也受客观环境的影响。在教师生涯中，随着教龄的增长和发展水平的差异，要经历新手期、适应期和成熟期。在教师成长的不同阶段，反思指向也存在不同。新手期的教师可以将对自身教学技能的反思作为切入点；适应期的教师反思的重点应是自身的教学策略；成熟期的教师反思的焦点可以指向自身的教学理念。

| 五 | 教师发展之"本"——专业发展 |

所谓专业发展，是指教师在整个专业生涯中，通过终身专业训练，习得教育专业知识技能，实施专业自主，表现专业道德，并逐步提高自身从教素质，成为一个良好的教育工作者的成长过程。教育部中学校长培训中心主任、华东师范大学陈玉琨教授给教师专业发展提了五条建议：坚持教学相长，在师生交往中发展自己；反思教学实践，在总结经验中提升自己；学习教育理论，在理性认识中丰富自己；投身教学研究，在把握规律中端正自己；尊重同行教师，在借鉴他人中完善自己。

近年来关于教师专业发展的书籍不少，关于教师专业发展的文章也很多，归纳起来大致可以从以下四个方面来考虑教师专业发展。

一是基于校本研究的专业发展。

校本研究实质上是将学校实践活动与教育研究密切地结合在一起，使教师成为校本研究的主体，最终使教师成为研究者。一项校本研究，会带动一批教师素质的提高，促进教师专业发展。教师素质的提高，又促使下一轮校本研究的深化，也就反过来要求教师必须提高自身的研究水平。教师研究水平的提高，又会在更高层次上促进教师专业发展。

二是基于教学实践的专业发展。

教师实践性知识，是经验的，也是智慧的，教师实践性知识对教师专业发展有着不可替代的作用。教师实践性知识的发展，可通过多方面的交流和传承、多方位的思考和感悟、多层次的合作研究、多角度的教育叙事、多领域的社会实践来实现。行动研究可以说是为了解决理论与实践相分离的弊端而建立起来的，其对促进教师专业发展有现实意义。

三是基于教学反思的专业发展。

《面对恐慌，授予锦囊》是郑金洲先生为"教师成长锦囊丛书"作的总序，说本领恐慌有素质恐慌、职业生存方式恐慌、角色恐慌和成长恐慌，而如何克服本领恐慌是每位教师都要回答的问题，故授予锦囊之一《教师反思的方法》，可见反思对教师职业发展何其重要！因为反思是教师专业发展的必要条件和有效途径，反思为教师专业发展提供可能和内在动力，反思有助于教师提升教学经验并将其升华为实践智慧。

四是基于信息化环境的专业发展。

教育信息化的功能特征包括：增强教育系统的活力、创设适合每一个学生学习的环境、提高学生适应信息社会的能力、提升教师的持续性专业发展水平、改善学校与社会之间的互动。教育信息化促使教师教育理念的现代化，教育信息化加速教师角色转变，教育信息化促使教师素质的现代化，教育信息化促使教师教学方法的现代化。

| 六 | 教师发展之"能"——特色发展 |

所谓特色发展，就是在发展过程中，要逐步形成自己的相对稳定的、行之有效的风格，形成自己的教育教学特色。

我们知道，创新决定发展力，特色决定竞争力，细节决定执行力，和谐决定稳定力。

名师成长，在很大程度上是名师的特色发展。我专门研究过名师的特征，作为数学教师，我的研究结论是：名师的特征＝动力特征＋学识特征＋人格特征＋教学特征。

名师的动力特征＝人生观＋教育观＋成就感＋进取心。

名师的学识特征＝扎实的基础知识＋宽厚的教育科学知识＋精深的专业知识＋广博的文化知识＋能不断获取的新知识。

名师的人格特征＝为人师表＋举止优雅＋追求完美＋律己宽人。

为人师表：名师都能加强自身修养，不断学习，提高思想认识和道德觉悟，平时严格要求自己，以为人师表的人格力量为学生良好思想道德的形成起着有力的促进作用。举止优雅：名师往往具有高雅、文明的言谈举止，注重修养，处处给学生作出表率。名师言教辅以身教，身教胜于言教，其一举手一投足都会产生意想不到的教育作用。追求完美：从某种意义上说，名师的成功之路，是一条追求完美之路。名师常常在不断地自我认识、自我批评、自我校正、自我监督、自我修炼、自我突破中完善其人格形象和权威形象。律己宽人：名师律己，在律己中走向完美；名师宽人，在宽人中达成信任。名师的宽人，像一缕阳光，让学生感到温暖；像一丝春雨，让学生感到滋润；像一粒爱的种子，在学生心中萌芽。

名师的教学特征＝情知交融＋心灵相悦＋动态生成＋真实有效。

情知交融：在教学中，名师十分注重知识的传授、能力的培养和方法的渗透，但名师更注重对学生进行情感的熏陶，用情感浸润学生的心灵，让学生在情知交流的空间中汲取人生所需的养分。心灵相悦：名师课堂的魅力体现在教师与学生相互对话与分享，共同探究发现，共同面对疑难，共同快乐成长。课堂成为师生之间的精神家居，心灵依托的场所，生命成长的乐园。动态生成：名师的课堂是动态的，是多维、开放、灵活、生动的。动态的课堂建立在课前充分预设、精心设计的基础上。教学过程自然地生成，课堂焕发出生命的光彩，师生收获未曾预约的精彩。真实有效：名师的课堂，不是花架子的课堂，而是融"基础训练扎实、思维拓展丰实、教学活动真实、教学质量有效"为一体的课堂。名师课堂是参与度、亲和度、自由度、整合度、练习度、延展度有机结合的课堂。

| 七 | 教师发展之"机"——跨越发展 |

所谓跨越发展，是指超越常规发展的一种快速高效的发展。新手型、适应型、熟练型、骨干型、专家型的发展之路，是传统发展观，当然也是一种可行的发展观。但时代为教师的跨越发展创造了条件，广大教师尤其是广大青年教师，要树立高远的志向和目标，脚踏实地又讲求实效，努力争取实现自身的跨越发展。

人是要有点精神的。未来属于青年人，因为年轻，所以拥有；但未来未必属于所有的青年人，它只属于那些有准备的、有进取精神的青年。

生逢其时，更要奋斗其时！

事实上，近年来，从教十多年的教师成为有相当实力的大学教授，30多岁的年轻教师评上特级教师，教师跨越发展已成为现实。这就是"年轻"而奋斗其时的"拥有"。

从环境看，社会大环境，呼唤人才辈出，希望早出人才，希望快出人才；学校小环境，绝大多数学校都为青年教师创设了发展平台，鼓励青年教师脱颖而出。从条件看，主观上，课程改革背景下的青年教师，绝大多数具有与时代相适应的新观念、新知识、新理论、新的思维方式和高效的学习、研究方法，基础好，起点高；客观上，信息密集，媒体发达，实践天地广阔，学习机会增多，研究领域拓宽，技术手段先进。无论是大环境还是小环境，无论是主观上还是客观上，都对青年教师跨越发展十分有利。

| 八 | 教师发展之"境"——和谐发展 |

和谐，是主客观的统一，是多样性、多方面的统一。和谐发展是科学发展观的体现。

所谓和谐发展，一是指个体内部发展的各个方面彼此协调，互相支持；二是指个体发展与客观环境保持高度一致性，而不是互相排斥。与自身和谐，就要求人格魅力与学识魅力相统一，自身内心和谐；与时代和谐，就是与政治多极化、经济全球化、信息网络化、文化多元化、人生学习化的时代特征相和谐；与自然和谐，就是生态文明与政治文明和谐，物质文明与精神文明和谐；与他人和谐，就是妥善处理好合作与竞争、师爱与师严、个体与集体等关系；与发展和谐，就是身心、事业、家庭的和谐，教育、教学、教研、竞赛、课外活动的和谐，拼搏、进取、休闲、娱乐的和谐。

国家处于转型时期，广大教师作为特殊的群体，正在承受着多方的压力，面临着巨大的考验。教育体制的改革与创新、教育岗位的竞争、聘任制、量化管理、课改挑战等，无一不使教师在知识经验、教学能力和心理素质等方面不断透支。教师工作量大，教育琐碎事务多，造成教师心力交瘁，出现教师职业倦怠。

教师一旦陷入职业倦怠的泥潭，将会对教学工作、日常生活产生严重冲击，有损身心健康，进而影响自己和周围人的工作、学习和生活。

要改变社会大环境对教师的压力，我们很难做到。但我们可以试图改善学校小环境，努力营造促进教师和谐发展的学校文化。

面对如此繁重的教育、教学、教研等任务，学会"弹钢琴"是教师必须掌握的"师者智慧"。要弹好教育与教学之琴，弹好教育、学习、研究之琴，弹好人格与学识之琴，弹好合作与竞争之琴，弹好工作与健康之琴，弹好事业与家庭之琴。

| 本文发表于《福建职业与成人教育》2008 年第 3 期 |

中篇

做有理性思辨的教育

17

教师要学会『弹钢琴』

国家处于转型时期，广大教师作为特殊的群体，承受着多方的压力，面临着巨大的考验。教育体制的改革与创新、教育岗位的竞争、聘任制、量化管理、课改挑战等，无一不使教师在知识经验、教学能力和心理素质等方面不断透支。教师工作量大，教育琐碎事务多，造成教师心力交瘁，出现教师职业倦怠。

教师一旦陷入职业倦怠的泥潭，将会对教学工作、日常生活产生严重冲击，有损身心健康，进而影响自己和周围人的工作、学习和生活。

要改变社会大环境对教师的压力，我们很难做到。但我们可以试图改善学校小环境，努力营造促进教师和谐发展的学校文化。

面对如此繁重的教育、教学、教研等任务，学会"弹钢琴"是教师必须掌握的"师者智慧"。

| 一 | 弹好教育与教学之"琴" |

教育，这里狭义指学生的思想品德教育。教师做班主任或担任年级主任，就要抓学生的理想教育、常规教育、心理教育、班风学风等，带好一个班或一个年级。教学，就是学科教学活动，包括必修课、选修课、活动课等。如果担任班主任，就要充分利用班主任的优势促进学科教学，当然当班主任会耗去不少时间和精力，这就需要力争做到抓班级和抓教学"两手都要硬"；如果暂时没当班主任，就要抓住时机及时在教学上冒尖，成为教学专家，一旦需要你当班主任，你就能以娴熟的教学技能赢得学生信任，助你当好班主任。

| 二 | 弹好教育、学习、研究之"琴" |

教师是教育者，"师者，所以传道受业解惑也"。教师是学生成长的引导者，是学生成长的促进者，是学生成长的对话者，新课程下，教师要成为教学的专家。教师是知识的学习者，是学习共同体的合作者，是学习型组织的推动者，为师者更应当成为终身学习者，新课程下，教师要成为学习的楷模。新课程下，教师要成为教育的研究者，既有教育教学技能，又有理论修养，同时还应具备研究能力。教育重实践，学习宜长远，研究促提升，教师在不同的发展时期有不同的侧重，要处理好三者的关系，有侧重地同步推进。

| 三 | 弹好人格与学识之"琴" |

教师人格是其思想、道德、举止、风度及能力等众多因素的综合。教师人格是学生成长的重要保证，是教育成功的基本条件，是教师自我完善的最高境界。学识水平是教师已有知识及技能和再学习能力的总和，在一定程度上反映了其思想、理念的深刻度和技能水准。教师的学识对学生有着巨大的影响力，并成为学生效仿的榜样。一个优秀的教师，必然是兼具人格魅力和学识魅力的教师。

| 四 | 弹好合作与竞争之"琴" |

合作与竞争都是人类社会所必需的，是人类社会发展的重要动力。两者互相联系，又互相区别，其功能不可互替。一方面，有效地利用其他教师的智慧，采用开放性的教研方法，在紧张的教学工作中是非常有益的。每个人都有自己的优点和独特的思维方法，只要善于同他人交流，就会从中学到很多东西。另一方面，在紧张的教育教学的竞争过程中，合作显得十分必要与重要，往往在这个时候显示出一个人的胆识与才智。合作，既帮助了他人，又有益于自己，何乐而不为呢？这就是"双赢"。

| 五 | 弹好工作与健康之"琴" |

我们强调激情工作，因为激情是生活中一道独特的亮丽风景。激情是人生的动力之源，激情产生幻想，激情产生勇气。激情使一个人的生命时刻处于锐意进取的状态当中。激情会使卓越的潜能充分显露，使出色的个性得到张扬，使丰富的才情得到升华。做让人民满意的教师，这是师德的基本要求，但身体是事业的本钱，一旦失去了这个本钱，任何人都回天无力。人民教师要更好地服务人民，就一定要树立"健康第一"的思想。因为，健康，是一个人的权利，是一个人的尊严，也是一个人的财富。

| 六 | 弹好事业与家庭之"琴" |

事业，是我们不断发展的基础；家庭，是我们疲惫时休憩的港湾。只有事业，不一定是真正的成功，因为无人与你分享；只有家庭，可能不算真正的幸福，因为缺乏个人价值。对一个人来说，没有家庭的人生是不完整的人生，而没有事业的人生有可能是苍白的人生，因此事业和家庭都非常重要。一个真正的成功者应该既有事业的成功，又有家庭的成功，二者缺一不可。我认为，没有幸福生活的事业和没有事业成功的家庭生活同样都是不完美的。教师，尤其是女教师，弹好事业与家庭之"琴"，尤为重要。

｜　本文发表于《人民教育》2008 年第 20 期　｜

18

女教师更要学会「弹钢琴」

女性选择教师这个职业，多半有着美好的憧憬：整洁的教室里，我们和学生学知识、论理想、畅谈人生……

当我们走入岗位后，才发现，在当今社会，当教师并非理想中那样惬意，有每课必写的教案，有淘气的学生，有改不完的作业，有一轮又一轮的培训，有各种教学技能竞赛，有教学总结或教学论文要写……教师作为特殊的群体，正承受着多方的压力，面临着巨大的考验。为人女、为人媳、为人妻、为人母的女教师，在现有传统观念和自我性别意识的影响下，还要肩负起繁重的生活琐事，还要处理各种复杂的社会关系，承担着事业和家庭的双重压力。

我与妻是同一所中学的教师，就教学而言，我们"不相上下"；就家务来说，"我主外她主内"，看似公平。但长期"实践"表明，"主外"虽强度大些，但耗时相对少得多，"主内"却可能没完没了，把一个完全可以走向卓越的人，逼成一个"教书匠"。

确实，当好一名教师不容易，当好一名女教师更不容易！

前些年，我写过一篇《教师要学会"弹钢琴"》的短文，那是对所有教师说的。现在面对众多奋战于教育一线的女性教师，我想这样说：女教师更要学会"弹钢琴"！

| 一 | 弹好教育、学习、研究之"琴" |

教师是教育者，"师者，所以传道受业解惑也"。教师是学生成长的引导者、促进者和对话者，因而新课程下，教师要成为教学的专家。教师是知识的学习者、学习共同体的合作者、学习型组织的推动者，故而为师者应当成为终身学习者，要成为学习的楷模。教师还要成为教育的研究者，既有教育教学技能，又有理论修养，同时还应具备研究能力。

就我观察的情况而言，女教师做"教育"很投入、很用心，抓"学习"挺被动、挺拖拉，搞"研究"不重视、不积极，这对女教师的发展有很大的影响。教育重实践，学习宜长远，研究促提升，女教师在不同的发展时期有不同的侧重，要处理好三者的关系，有侧重地稳步推进。如果处理不好，就难免会留下遗憾，令人惋惜。

慧和我师专毕业后一起分配到重点中学教书，我们都卖力工作，教英语的她和教数学的我都受到大家的好评。我不满足师专生这个学历，就参加师大本科函授学习，慧成家后觉得要先顾好家庭，几年后虽然大家都有了可以上幼儿园的孩子，但我已经函授毕业了。慧为家庭牺牲了很多。

慧很有灵性，又勤于思考，教学几年后颇有心得，写了不少教研文章。我那时也爱进行教学研究，也写了一些教研文章。两人彼此在"斗"文章，所谓"斗"文章，就是她发表一篇，我也努力发表一篇。"斗"着"斗"着，我发现慧能和我"斗"的文章少了，过了一段时间，发现她不和我"斗"了。原来，她先生当了领导，为了照顾好"领导"，她就不"斗"了。若干年后，我评上了特级教师，她却因学历问题和成绩不是特别突出，还未能评上高级教师。

| 二 | 弹好人格与学识之"琴" |

教师人格是其思想、道德、举止、风度及能力等众多因素的综合。教师人格是学生成长的重要保证，是教育成功的基本条件，是教师自我完善的最高境界。学识水平是教师已有知识及技能和再学习能力的总和，在一定程度上反映了其思想、理念的深刻度和技能水准。一个优秀的教师，必然是人格魅力和学识魅力兼备的教师。

现实中，女教师人格高尚者居多，学识居中者居多。我在三所中学任教过，被评为"十佳师德"的教师，女教师多；特级教师中，女教师低于 20%；编写正式出版的校本课程教材，参与的女教师仅占 10%。但这并不意味着，女性的才智就弱于男性。女教师一定要树立"女儿当自强"和"崇尚一流追求卓越"的意识，在继续修炼人格魅力的同时，再加把劲，注意提升自己的学识水平，步入"专业高地"。

强和玲是一对夫妻，强福师大本科毕业，教地理，玲北师大研究生毕业，教历史，他们都是我的同事。两人工作都很投入，教学效果俱佳，几年后强当了地理组组长，玲当了历史组组长。新课程实验开始了，强积极涌入课改浪潮，组织学生自主学习、合作学习、探究学习，主动编写地理校本教材，成为课改先锋，顺利评上了特级教师。作为教研组长和高级教师的玲，觉得"特级教师"凤毛麟角，加之课改难以突破，自己也"人近中年"，思想中认为女同志应"顾家为本"，让男同志去拼，也就渐渐走向了平庸。

现代女性不仅要有温柔和贤淑的外在，也要有进取和完善之心。只有当她们的潜能被充分发掘后，她们才会真正意识到自己的尊严和人格之美，她们才会真正拥有幸福充实的人生。

| 三 | 弹好合作与竞争之"琴" |

合作与竞争都是人类社会所必需的，是人类社会发展的重要动力。两者互相联系，又互相区别，其功能不可互替。就此而言，一方面，有效地利用其他教师的智慧，采用开放性的教研方法，在紧张的教学工作中是非常有益的。另一方面，在紧张的教育教学竞争过程中，合作显得十分必要与重要。合作，既帮助了他人，又有益于自己，何乐而不为呢？

就我收集到的情况来看，女教师多数善于且乐于合作，倾向于依靠团队力量，共同做好教育教学工作。但是，面对学校管理中引入的竞争机制，多数女教师还不能很好地适应，常常出现跟不上节奏、懈怠应对的现象。然而，竞争，是今天每一个人赖以生存的法则，女教师只有增强自己的竞争实力，发挥出自己最大的潜能，努力提高为竞争而学习的欲望，学会从落后中赶超，才能塑造成功的自我，才能做更好的教师。

宜是学校里为数不多的女体育教师，体育教学强度较大，一般而言，男教师有优势。宜一方面虚心求教不断进步，体育组里的大事小事她都跑前跑后忙着张罗，人缘儿特好。另一方面她也没把自己当"弱女"看，积极参与组里的各项竞争活动，创优课她报名参加，创新课她报名参加，体育科研活动她也撰写论文参与，久而久之，她有了"一摞摞"的成果。

为了将更多的精力投入到教育教学中去，宜在家务上有自己的一套。孩子较小时，家务由妈妈帮助，老人很乐意；孩子上幼儿园后，她请了钟点工。前些年，要评选特级教师了，对照条件，其他体育教师，或是"市优"没有，或是论文篇数不够，或是没有支教经历，硬件条件不够。宜一对照，觉得自己"硬件"够硬，加上人缘儿好，组里推荐，学校通过，省里获批，顺利成为我省为数极少的女性体育特级教师。

| 四 | 弹好事业与家庭之"琴" |

事业，是我们不断发展的基础；家庭，是我们疲惫时休憩的港湾。只有事业，不一定是真正的成功，因为无人与你分享；只有家庭，可能不算真正的幸福，因为缺乏个人价值。对一个人来说，没有家庭的人生是不完整的人生，而没有事业的人生有可能是苍白的人生。一个真正的成功者应该既有事业的成功，又有家庭的成功，二者缺一不可。

我认为，没有幸福生活的事业和没有事业成功的家庭生活同样都是不完美的。教师，尤其是女教师，弹好事业与家庭之"琴"，尤为重要。把教师这个职业当事业来做，要付出很多，实属不易。而相较于男教师，女教师除了在事业上要付出，还要在家庭生活上更加费心地经营，要孝敬老人，要相夫教子，要勤俭持家，同时还要善于"借力"——借老人之力，借丈夫之力，借亲友之力，共同营造适宜而温馨的家庭。

媛的丈夫事业有成，看到媛当教师这么辛苦，就劝媛工作别那么认真，教学过得去就好。媛想"女人就是女人"，事业是男人干的，于是她开始应付工作，后来就消极怠工，再后来就三天两头请个假，先进不要了，职称随你便，俨然一副阔太样。丈夫从副教授、教授到博导，一路攀升，活跃在学术领域，与人交谈自信而高雅，渐渐地夫妻间话不投机，由于媛没有了自己的教师尊严和学术追求，两人渐行渐远，加之丈夫有了话语"投机"的红颜知己，离婚也就自然发生了。媛说，她现在是万念俱灰。

花的丈夫是部队军官，年纪不大就任团职，部队领导和花的家人曾劝说花把重心放在部队那头，学校那头应付一下就好。花觉得丈夫事业上有成就值得高兴，但自己也应有自己的事业。于是，她一方面积极支持丈夫的工作，在亲友的帮助下，顾好家庭，决不拖后腿，被部队评为十佳军嫂；另一方面她克服困难教好书育好人，教育教学成果突出，担任教研组长几年后就升任学校教研室主任。又过了几年，丈夫以副师级别转业地方当了处长，工作平平。而花因工作出色，被评为省级名师同时升任名校副校长。于是，花的丈夫现在成了"护花使者"，既当"车夫"又干家务，小家庭其乐融融。

女教师应有自己的事业，可以依靠丈夫但不能依附丈夫。你若没有了自己的师者尊严，别说丈夫，就连小孩到某个时刻也会与你"没有共同语言"，当你被"边缘化"时，悔之已晚。女性，不是"弱者"的代名词，自强者方能自信。左手事业，右手家庭，做既成功又幸福的女教师。

| 五 | 弹好工作与生活之"琴" |

女教师，要如同热爱工作一样，无条件地热爱自己。你就是你，你是世界上独一无二的，要坚信自己能够成为一名成功的教师，也坚信自己能够做一个充满魅力、富有情调的女教师。

热爱自己，就是要拥抱生活。女教师要拼搏、进取，也要休闲、娱乐。因为，在这个世界上，除去阳光、空气、水以外，还有两样东西是所有生命必须拥有的，那就是休闲与娱乐。

芬很阳光，是一名阳光女教师，是一个阳光"女孩"。我在女孩上加了引号，是因为大家觉得芬即便有了小孩，即使已年近四十，仍像个女孩。她能歌善舞，乒乓球球技还不错，总是积极参加学校的文体活动；她常把节假日、双休日的活动安排得丰富多彩，或一家人去旅游、去参观、去亲近大自然，或与几个姐妹泡泡温泉、喝喝茶，或邀几个牌友"80分大战"一番；她会开车，常常把不爱动的医生丈夫带出去兜风、看电影。她说，生活本身就是"课程资源"，这些经历都是教育的财富！难怪她的数学课总是充满激情，充满美感，妙趣横生。

教育，因女性而精彩！女教师为教育事业作出了巨大的特殊贡献，撑起了教育的大半个璀璨星空。女性，因教育而诗意？我真心希望这不是一个问号，而是一个感叹号。女教师理当诗意地栖居在校园里，要做到这一点，女教师就要学会"弹钢琴"，就要学会在纷扰中沉淀"女性书生"本色。如是，女性幸甚，教育幸甚。

| 本文发表于《福建教育》2012 年第 10 期 |

多媒体网络教学给教育带来了全新而深刻的革命，在很多方面是传统教学手段无可比拟的，多媒体网络教学将有着迷人的广阔前景。

为了使多媒体网络教学"一路走好"，基于"生于忧患"之考虑，换个角度观之，另类目光视之，说"冷眼"也可，说"理性"也罢，我提"十问"。

一问"情感"归于何处

课堂是面向每一颗心灵敞开温情的怀抱，课堂是点燃每一位学生思想智慧的火把，课堂是情感态度与价值观激情迸发的舞台。媒体要素（如文本、视图、音像、网页、电子信箱等）要和情感要素（如教师的人格魅力、富有情趣的讲解、师生的密切合作等）有机结合，才能产生新的、整体的特殊效应。先进的教学手段不应完全取代传统教学，师生的情感交流，可能是教师的一个手势、一次微笑、一句赞语，可能是颇有特色的板书、直观的模型展示、具体的实物演示。

有位高三教师在制作课件时，将掌声与叹息声都进行了"精心安排"，每当学生改对或改错一个病句，电脑即出示掌声或叹息声。用心良苦，但"多情"却被"无情"恼！

问课堂，人在何方？问师生，情归何处？

二问"变化"怎么应对

课堂随时都有意外的通道和美丽的图景，课堂最显眼的标志是平等、民主、安全、愉悦，焕发出生命活力的课堂才是理想的课堂。教学过程是一个动态的、发展的过程，时常会产生一些不可预见的情况。对于课件固定不变的教学思路与课改要求开放性、启发式教学的矛盾，教师应该怎么应对？

曾听过一节几何课，讲一道题的多种证法，课件里隐藏了五种证法，教师提问学生，当学生说出隐藏证法中的某种证法思路，哪怕很小声，教师都能很快听到，继而报以微笑，充分肯定，点击鼠标，显示证法。有位学生举手说出他的思路，声音不算小，教师就是充耳不闻，当学生再次举手时，教师仍目不视之。为什么？课件里没有这种证法啊！而学生的思路虽非最优，但能证此题！

三问"他人"怎为我用

网络技术和资源共享，为广大教师提供了多渠道获得教学课件的可能，减少了教师制作课件的时间，也为充分借鉴他人研究成果创造了条件。可能是教师确实太忙，可能是课件使用的软件难以转换，可能是自己制作课件的能力有限，也可能是见了他人课件造成了思维定势，有相当一部分教师"拿来"就用，也不考虑是否适合自己的学生。

我早年曾制作一数学课件，由于当时制作课件水平不高，有相当一部分要进行板书，有一些内容是课堂中的活动，这些没能在课件中体现出来，我当时不会使用"隐藏"或"链接"，课件 30 多页中至少有十多页是根据课堂教学情况备用的。在一次异地随机听课时，碰巧的是，一位数学教师竟全用了我的课件，该板书和活动的环节没有了，不该全讲的几乎全讲了，差点惹出笑话来。主动"拿来"，值得肯定；盲目"拿来"，怎为我用？

四问"思维"空间安在

利用多媒体进行教学，确实有容量大、速度快、操作易、效率高等优势。教学是"快"的技术吗？现实的情况是，由于课时紧张，由于追求容量，使用课件时画面的切换较快，思维空间没有留足，表面上看内容丰富，实际上"夹生"的多。课堂里曾经生动的"抑扬顿挫"少见了，教学中意犹未尽的"留白"也不多了。教学，在某些时刻，可能是"慢"的艺术。

我不时见到学生课后用优盘拷贝教师课件的情形，有时还要"优盘排队"，喜乎？忧乎？

如果在课件中把学生的思维都用多媒体展现出来，这种"展现"也很可能成为发展学生思维能力和创造能力的"杀手"。我们要充分利用多媒体的运算和资源功能，引导学生进行探索，而不是用多媒体的"展现"功能将学生的思维弱化。

五问"想象"境界存否

儿时学柳宗元《江雪》一诗："千山鸟飞绝，万径人踪灭。孤舟蓑笠翁，独钓寒江雪。"老师先让我们齐读一遍，接着大略讲解诗意，其中特别强调"千山""万径"来照应"孤舟""独钓"，用"绝""灭"来照应渔翁"超然物外"之境界。之后，老师让我们一边读诗一边想象诗中的情景，然后请大家闭上眼睛。老师慢慢地、轻声地拖着长音读着诗，所有学生想象"诗境"，读完后还让大家伏在桌上继续想象一会儿，我们所有同学都有了属于自己的"诗境"。没有板书，没有挂图，只有无配图的课本，儿时的"诗境"在我脑海里保留了很长一段时间。

直到前些年当了校长，去教学巡视，忽闻教室里传来"千山鸟飞绝"，我好奇地悄悄隔窗向教室里看去，屏幕上的"诗境"瞬间替换了我儿时的"诗境"，以至于我现在闭上眼睛想《江雪》诗境，竟然只有那屏幕上的诗境，而我儿时的诗境已荡然无存。

我绝没有否定课件在帮助学生想象方面所起到的作用，我只是想说，在多媒体技术如此发达的今天，教学中留给学生想象的空间和创设想象的境界还能做得更好些吗？

六问"时间"该怎分配

学校里常常有这种情况：

问老师："最近忙吗？"答曰："最近要做个课件，忙死了。"

要指导一些青年教师参加教学评优活动，我惊奇地发现，这些青年教师把大量的时间都用在课件制作上！

课件制作，是一项技术工作，是一项创新活动，是科学和艺术在教学中的体现，也是要花许多时间和精力的。

教师的教学准备，是更多地放在制作课件上，还是更多地放在钻研教材教法上？我认为应该是后者。钻研教材教法才是教师要用心思考的、用心反思的、用心打磨的。学校里确实有些制作课件的高手，但其教学水平却无人喝彩。

对于课件制作与教材教法钻研时间上的矛盾，为师者一定要合理分配好。

七问"实验"能否取代

多媒体网络技术，已经在很大程度上解决了很多"实验"问题。

我在参加一次多媒体技术产品展示会上，厂家技术人员甚至说："从技术角度说，现在中学里的各种实验，都可以通过我们的产品解决。"

我惊异！我惊喜！我担忧！

惊异的是，多媒体技术如此发达；惊喜的是，一些实验条件尚不具备的学校有了一条解燃眉之急的途径；担忧的是，学生的动手实验会不会被多媒体取代。

事实上，这种担忧不是多余的。在近年的听课中，谁没有见到用多媒体实验取代学生动手实验的？这里呼吁：对于实验性较强的学科，如物理、化学、生物，必须让学生动手的实验，不能用多媒体虚拟技术来代替学生的实物实验操作！

长期进行虚拟实验，学生的动手能力、实物操作能力、实验误差分析能力等都将严重弱化。也就是说，他们将失去科学精神和科学素养！

八问"实践"如何进行

综合实践活动课程是我国新一轮基础教育课程改革的一个生长点。综合实践活动（包括研究性学习、劳动与技术教育、社区服务、社会实践）被列为必修课程。其课程目标是：保持独立的持续探究的兴趣，获得参与研究、社会实践与服务学习的体验，发展发现问题、提出问题和分析问题的能力，掌握基本的实践与服务技能，学会分享、尊重与合作，养成实事求是的科学态度，增强服务意识与奉献精神，具有关注社会的责任心和使命感。

说得太好了！我真希望我们的综合实践活动能达到预期的目标。

现实的情况是这样吗？不完全是。至少有一定数量的涉及实践的研究性学习课题，学生缺少实践环节，许多"实践"是虚拟的，是从网上搜索来的。我们提倡真正意义上的"网络环境下的研究性学习"，反对缺少实践环节而具有实践内容的研究性学习课题。

九问"文本"是否忽视

我读中小学时，语文老师经常这样说："请同学们翻开课本，我们一起看课文。"数学老师经常这样说："这个定理很重要，请同学们用红色笔画上记号，特别在'×××'下标上着重号。"

我 1977 年回城，为参加高考，重拾课本，批注、画线、小结重现，当年课堂情境历历在目，给我的复习带来了丰富的情感支撑和高效的知识掌握。

我当老师后，也经常请学生在课本上写写画画，经常查看学生的课本，看看学生是否有画（画层次、画要点、画疑难）、有批（眉批、旁批、尾批）、有练（完成书上简单的练习），要求学生养成"不动笔墨不读书"的习惯。

现在的情况是，一些课堂出现了将教师的讲解改为多媒体演示，一节课上完，课本几乎没动，一切尽在"屏幕"中。另有一种情况是，"书本搬家""板书搬家""习题集搬家"，课堂上，学生步步紧跟屏幕，师生经历以"屏幕"为中心的生命历程。

源于文本，高于文本，利用文本，不唯文本，才是我们孜孜以求的课堂教学境界。

| 十问"主体"如何体现 |

课堂是师生互动、心灵对话的时空，课堂是师生唤醒各自潜能的时空，课堂是师生共同创造奇迹的时空。这就是说，课堂应以学生为中心。

即便是在网络时代，多媒体网络教学同样要明确教师的主导作用和学生的主体作用，努力建立"以学为中心"的教学模式，要注重引导学生开展研究性、探索性学习。

以学生为中心，就不能以教师的思维取代学生的思维；以学生为中心，更不能"喧宾夺主"——让"多媒体"这个"宾"夺取学生这个"主"！

课间行走在教室外的走廊上，时常看到多数班级里提前"屏幕登场"，有些班级还音乐渐起。上课了，拉下窗帘，光亮处就是那个"屏幕"，音响声源于那个"屏幕"，聚焦点还是那个"屏幕"。一节课下来，"屏幕"是中心。学生在周记中曾用歌词般的语言抱怨说："哦，'屏幕''屏幕'，是你是你还是你！"也有教师这样笑着对我说："倘若停电了，我真不知道还能不能上好课？"

网络时代，勿忘教师主导，更勿忘学生主体！

基于上述十问，我以为多媒体网络教学不能忽略情感，不能没有变化，不能拿来就用，不能思维僵化，不能破坏想象，不能费师多时，不能取代实验，不能远离实践，不能忽视文本，不能主体不明。

多媒体网络教学要让优势"最大化"，让弊端"最小化"。倘若如此，这"十问"就问出了效应，问出了价值。倘若如此，学生甚幸，教育甚幸。

Ⅰ 本文发表于《开放潮·福建教师》2010 年第 4 期 Ⅰ

朱光潜先生有句名言，"不通一艺莫谈艺"。

我真的不通一艺，对艺术教育，也几乎没有什么研究。只好站在门外，就我所了解的艺术教育的现状，对艺术教育的走向问题，作些理性思考。

│ 一 │ 从"重技轻艺"走向"技艺并重" │

艺术教育不是一种单纯教授艺术知识和技能的技术教育，而是一种旨在提高学生艺术和人文素质的人文教育，它的最终目的是发展和完善学生的人格和人性。

艺术教育不是不要培养艺术家，但更重要的是要挖掘人潜在的艺术能力，为他们将来成为全面发展、和谐发展的人奠定基础。

我以为，太注重艺术技能技巧的训练而忽视艺术的文化内涵熏陶的人，其"技"也长不了太久。

没有"艺"的"技"是苍白的"技"，没有"技"的"艺"是空洞的"艺"。

| 二 | 从"教为主体"走向"学为主体" |

传统的艺术教育，常常以教师为中心，学生被动地接受知识，被动地欣赏艺术，加之教学方法单一，学生对艺术课的兴趣并不高，教学目的也就难以达到。

其实，艺术课应该更有条件引发学生兴趣。艺术教育走向"学为主体"也许是"激趣"的有效途径之一。

有的学校创立了"三转变、六激励"的课堂教学原则，即：以"教师为主角"转变为以"学生为主角"，以"学生听、看为主"转变为"以学生动手动脑为主"，以学生"学会"转变为以学生"会学"；以"激励质疑、激励争辩、激励联想、激励寻异、激励求真、激励创新"开展艺术教育活动。充分体现了"教为主导，学为主体，疑为主轴，动为主线"的教学策略。

| 三 | 从"畸形发展"走向"全面发展" |

据报道，一位培训机构的负责人很清楚地记得，一次在一个艺术类考生的文化辅导班上，数学老师在黑板上写了常见的"π"，没想到有学生举手，问老师"这个板凳"是什么意思。下课后数学老师对这位同学说："以后不要再开玩笑。"学生很认真地说："我没有开玩笑，我从初一开始学舞蹈，一直学到高三，基本没上过文化课。"

读完上述报道后，我心里很不是滋味。虽然这是个案，但"艺考生"文化素质之低，是不争的事实。这是我们追求的艺术教育吗？

走向畸形发展的艺术教育，摧残的不仅仅是艺术，而是教育，而是孩子。

没有"文化"的"艺术人才"，其"才"是有限的。只有"全面发展"的艺术人才，其"才"方为"实学"之真才。

艺术教育的本质，应当是培养会艺术的全面发展的人。

| 四 | 从"局部视野"走向"多元视野" |

我们的艺术教育首先要立足于本民族。纵观世界各国的艺术教育，都是建立在立足于本民族艺术文化基础之上。

但仅有民族的，是很不够的，也是狭隘的。艺术教育不能局限在本民族这个范围内，而要把视野放得更开放一些。

课程改革中强调的"资源共享"，就是要开发和利用世界各民族的优秀的艺术文化。

我认为，艺术教育要在基于充分保护本民族的艺术文化的同时，广泛地吸收世界各民族一切优秀的艺术文化，开阔艺术教育视野，丰富艺术教育内涵。

| 五 | 从"特色培育"走向"全员脱盲" |

由于种种原因，包括众多的艺术比赛和艺术展演，让艺术教育无意中步入更加关注"特色培育"之路。在许多时候，"特色培育"有取代"艺术教育"之势。

我以为，"特色培育"应该建立在"全员脱盲"的基础上，"特色培育"应更多地在艺术社团或课外活动中进行。

"特色培育"可以推动和提高整个艺术教育的水平，也可以保护和培养艺术特长生的艺术兴趣和爱好，但追求"特色培育"不应成为培养艺术教育的主要目标，更不能成为唯一目标。

学校在艺术比赛或艺术展演中获奖，可以体现学校艺术教育的水平，可以展示学校艺术形象。但艺术教育应当回归本源，艺术教育的本源之一，就是让更多的人体验艺术的意蕴，让艺术属于更多的人，让更多的人感受到拥有艺术的世界是多么灿烂美好！

| 六 | 从"刺激感官"走向"融入心灵" |

一些选秀类音乐节目的异常火爆与经典类音乐节目门庭冷落的局面，令我们尴尬和迷惑。

虽说艺术要"雅俗共赏"，只有"雅俗共赏"的艺术，才能得到普及和推广。但现实的情况是"俗"的那部分过于泛滥了，"俗"到"俗不可耐"了，而"雅"的那部分听众甚少，赏者也不多。

在大众艺术传媒的一些负面影响下，艺术教育工作者该怎么应对？

有位专家认为："音乐有两种，一种是奔人的感官而去的，另一种是奔人的灵魂而去的。显然，经典音乐属于后者，而选秀类属于前者。"

我以为，我们的艺术教育，要尽可能让"俗"的艺术，"俗"得得体；要尽可能让"雅"的艺术，"雅"得诱人。让更多的人走出"不善于识别真正的美而满足于浅薄的表面的漂亮"的误区，真正走向"融入心灵"的高雅艺术。

| 七 | 从"艺术之内"走向"艺术之外" |

艺术教育工作者往往弯下身子抓艺术教育和教育艺术，这是敬业的表现，但也有局限性。艺术教育工作者的眼界，多在教育中；目光，多在校园里；视角，多在基础教育方面。

其实，外面的世界很精彩。就艺术教育课程而言，就有国本的、地本的、校本的、家长的、社区的、校际的、高校的、研究机构的、社会团体的、主管部门的等，皆可"为我所用"。

我们还可以研究站在不同的角度看艺术教育这个课题，比如，站在政治家的角度，我们怎么看艺术教育？经济学家呢？社会学家、心理学家、科学家、传播学家、未来学家呢？

从教育跳出来看，更有"横看成岭侧成峰，远近高低各不同"之感。

跳出教育看教育，眼前一片新天地。

我曾经发表一篇题为《跳出教育看教育》的文章，其观点得到学界普遍认同，不少刊物转登此文。

| 八 | 从"功利之心"走向"陶冶身心" |

"艺考热"在中国的兴起，应该说并不是一件坏事。一种艺术能够走向民间、走向大众，也是人们物质生活日益丰富之后的一种精神追求。

在"艺考热"中，有人是真诚地热爱艺术，有人则是出于功利之心；有人是真想得到艺术的熏陶，有人则是虚荣地攀比或盲目地跟风。

掺杂了太多功利之心的艺术教育，是难以行走长远的；只有尽可能多地摒弃功利之心，追求艺术的熏陶与审美的启悟，艺术教育之路才能走得长远。

| 九 | 从"小艺术观"走向"大艺术观" |

传统的艺术教育有这样一种现象：一节音乐课，乐兴有余而形象感染不足；一节美术课，静谧有余而活泼气氛欠佳。艺术教育缺少艺术的特点，往往感觉到艺术教育不"艺术"。

新课程改革有了一门"新课程"——艺术课，这就使基础教育阶段的艺术课堂发生了令人瞩目的变化：不仅音乐、美术、戏剧、舞蹈、影视、曲艺等不同艺术门类开始以渗透的方式交叉和融合，而且美学、艺术批评、艺术史、艺术创造等不同领域间也开始相互渗透。

新课程让美术教师成为艺术教师，不就是一种"大"的体现吗？

| 十 | 从"独特艺术"走向"综合艺术" |

艺术教育，不仅能"大"，而且宜"综"。

事实上，艺术课程就是一门综合性很强的课程，但艺术课程之"综"，也不是各种艺术之间的简单叠加，更不能抹杀各种艺术的独特性，而是在人文主题的统领下，既充分发挥每门艺术的价值和个性，又寻求艺术的共性和规律，使各种艺术相互支撑、补充、融合和统一。

例如，在美术教学中融入音乐内容，在音乐教学中融入美术欣赏，使这两种教学做到"声中有画，画中有声"的和谐统一，从而既有利于创设课堂教学的审美氛围，又有利于学生愉悦身心、激发灵感、发展思维和陶冶情操。

| 十一 | 从"艺术教育"走向"艺术文化" |

艺术是传统文化的积淀经过人为的发挥开出的奇葩，是人类精神的延伸，是一种文化的传承。对于艺术，从精神层面来说，就是把艺术看作是文化的一个领域或文化价值的一种形态。

"文化"一词出现频率特高，《现代汉语词典》里这样解释："指人类在社会历史发展过程中所创造的物质财富和精神财富的总和，特指精神财富，如文学、艺术、教育、科学等。"

如此看来，我们完全可以这样说，艺术与文化之间的关系是非常密切的，文化包括艺术，艺术是文化的重要组成部分。

事实上，艺术教育是很可以"文化"的。没有"文化"处理的艺术教育只是知识，缺乏文化内涵。一首乐曲、一个舞蹈，应将这首乐曲、这个舞蹈放在音乐、舞蹈发展的历史脉络中，揭示它的历史联系和特点，使学生把所学的乐曲、舞蹈融入文化的历史长河中，得到文化的涵养。

艺术教师提升自身的文化内涵和走向文化自觉，是教育发展的必然。具有文化使命的艺术教师，不仅传道、授业、解惑，而且具有一种鲜明的文化品格和表现出特有的文化担当。

| 十二 | 从"传授知识"走向"激活课堂" |

我多次提到自己的"教学层次论",即层次 1 = 传授知识,层次 2 = 传授知识 + 能力培养,层次 3 = 传授知识 + 能力培养 + 方法渗透,层次 4 = 传授知识 + 能力培养 + 方法渗透 + 提升情感,层次 5 = 传授知识 + 能力培养 + 方法渗透 + 提升情感 + 理念教学。层次 5 是最高层次。

艺术教育的误区之一,就是把艺术教育当成知识教育。这就大大削弱了艺术教育培养人感性能力的根本作用。

新课程背景下的艺术课程,主张根据学生的生活经验和心理发展的特点选择和组织课程内容,充分考虑学生的兴趣、需要、情感、经验背景等方面。

我们真希望学校艺术课堂是没有讲台的课堂(有了讲台也视为虚设),让艺术教室真正成为学生的"学堂"。

艺术教师可以做个小实验:让班主任通知学生,说艺术老师有事,这节艺术课改为自习。请班主任观察学生是"一声叹息"还是"欢呼雀跃"。

如果学生"欢呼雀跃",你的课堂还是学堂吗?你的"艺术田园"还是乐园吗?

| 本文发表于《福建教育》2010 年第 6 期 |

│ 一 │ 时间管理是要"经意"的 │

古往今来，数以万计的哲人、诗人、伟人，曾留下许许多多劝勉人们珍惜时间的良言美语。《汉乐府·长歌行》写道："百川东到海，何时复西归？少壮不努力，老大徒伤悲。"岳飞在《满江红》中激昂地写道："莫等闲，白了少年头，空悲切。"苏联作家格拉宁在其名著《奇特的一生》中的最后一章里，深有感触地说："时间同矿藏、森林、湖泊一样，是全民的财产。人们可以合理地使用，也可以把它毁掉。打发时间是很容易的：聊天、睡觉、徒劳的等待，追求时髦、喝酒，诸如此类，不一而足。迟早我们的学校会给孩子们开一门'时间利用课'。"

这些话，字字句句，情真意切，都是说时间管理的重要性。

的确，时间管理是一门大学问，我们能不经意吗？不过，有意思的是，绝大多数人没有"时间"去研究"时间管理"这门学问。

时间管理的核心，就是既要充分合理地利用时间，又要努力提高工作效率。

具体做法有：

第一，要有计划地使用时间。时间老人有它特殊而固执的脾气，无论是谁，它每天都只给 24 小时，既不愿多给一分，也不会少给一秒。有计划地使用时间的人，就会干出出色的成绩；没有计划的人，就可能浪费大好时光。

这些年，我养成了"白天走、干、讲，晚上读、写、想"的工作习惯。"走、干、讲"要有计划，白天什么时候批文件、什么时候下基层、什么时候开会发言，我都大致有个计划在脑子里，这样就提高了工作效率；"读、写、想"也要有计划，晚上读什么、写什么、想什么也大致排一下，这样就敲定了晚上的工作。仿此，可以计划一周的事、一个月的事，甚至更长时间的事。

第二，**要合理地安排时间。**要合理地安排时间，首先要全面认识自己的时间。我的时间大体可划分为：上班时间、文体活动时间、饮食和杂务时间、晚上和双休日空余时间、睡眠时间。上班和睡眠时间一般是不变时间，回旋余地小；其余时间是分散交叉、有较大伸缩性的可变时间。"不变时间"要"高效率"，即提高工作效率和提高睡眠质量；"可变时间"要"巧安排"，即让可以同时进行的同时进行，可以交叉安排的交叉安排，有先后次序要求的不要颠倒。

比如，我喜欢游泳，游泳虽然会耗去一些时间，但游泳的当晚就可以不洗澡了，这样又"赚"回了一点时间；又如，我练就了"一心二用"的本领，可以隔着书房听电视，一旦电视里有我感兴趣的新闻，我就出去看一会儿，这样每天"功课"照做，新闻照看。

第三，**要科学地利用时间。**人的脑力劳动有一定的特点：一方面，脑神经的同一部位不能长时间过度兴奋，必须加以转移和调剂；另一方面，人的注意力有一个集中的过渡阶段，也不能过于频繁地转移注意力。因此，要让思考、操作、整理、休闲等不同特点的活动交叉地进行，劳逸结合，节奏适当；"大时间"做大学问，"中时间"做中学问，"小时间"做小学问。

我晚上一般七点开始"读、写、想"，每隔一小时左右会"偷看"一下电视，看歌手唱歌、篮球比赛等；十点钟去洗个澡，权作小休息；之后继续"读、写、想"至夜里一点。长假、寒暑假可做大学问；双休日可做中学问；平日的晚上一般做小学问。当然，有些大学问是靠每天所做的小学问"累加"而成的。

第四，**要建立良好的工作秩序。**平时要查阅的工具书、资料等，要用的电脑、优盘、笔、纸、计算器、剪刀等，应放在固定的位置，需要时随手可取，切不可不用时乱丢乱扔，要用时东找西寻，浪费宝贵时间。

我的"读、写、想"状态是要用的东西"尽在身边"：一张较大的书桌，桌上就是一排书架，边上抽屉里各有所需，座椅左边、右边各有一个移动小书架，我的前方、左边、右边皆被资料所"包围"，工作起来真是得心应手。

第五，要尽量把握住"今天"。李大钊先生说过："我以为世间最可宝贵的就是'今'，最易丧失的也是'今'。因为他最容易丧失，所以更觉得他可以宝贵。"

《明日诗》很发人深思，它的姊妹篇《今日诗》里写道："今日复今日，今日何其少！今日又不为，此事何时了？人生百年几今日，今日不为真可惜！若言姑待明朝至，明朝又有明朝事。为君聊赋今日诗，努力请从今日始。"

"努力请从今日始"，这句话说得多好啊！把握住"今天"，就是"今日事，今日毕。"

第六，要提高单位时间的工作效率。一个人把握住了"今天"，并不意味着就得到 24 小时内应得到的东西；利用了"现在"也并不意味着就收到了应有的效果。每个人的生物钟不同，在不同时段的工作效率也不同。我们要逐步摸索，合理安排学习、思考、操作、娱乐、锻炼和休息，这样，既提高了工作效率，又把工作和生活搞得生动活泼。

我坚持多年周三周六晚上打篮球，每次打两小时。周三是工作日的"中点"，"该打"；周六晚上是双休日的"中点"，也"该打"。每晚的"读、写、想"，我一般是先读一小时，写作三个半小时，最后思考一小时。刚吃饱饭，先读一小时，轻松过渡一下，写三个半小时，耗去不少精力，也已到了晚上 12 点，夜深人静，便于思考。遇到身体不适或精力不足时，就可以找些"不太费脑"的"简单活"做。比如把所写的书稿理一理，也就是在字体上、字号上进行统一，处理好行间距，把文中的所有图形编号等。

第七，要充分利用零碎时间。有人作过统计，把每天的零碎时间集中起来，足有三个小时之多，一年加起来就是 1095 个小时。你若每晚"干活"四个小时，就相当于一年内多干了 60 天左右的活。

利用零碎时间的"诀窍",一是重视,二是坚持,三是有方。具体利用的方法可以摸索。宋代文学家欧阳修做文章打腹稿多在"三上",即马上、枕上、厕上。我们应该学习他的这种精神,见缝插针,充分利用时间。

我家到单位仅15分钟的车程,我在车上放了几本"大部头"的书,上下班就在车上看,一般一个月啃下一本"大部头"。随身的小包里放上书、笔、笔记本和小纸片,有条件时可以带上笔记本电脑,遇有零碎时间和适当场合,就可以做点事——或读书,或查点资料,或写点东西。比如开会前、演出前、宴席前的一段时间,飞机延误的时间,等人(尤其是到机场接人)的时间。只要处处留心,就有"时时"可用。

第八,**要预见一些"可用之时"**。稍微留意一下,我们往往可以"发现"在未来几天里的"可用之时",考虑充分利用好这些时间,会有意想不到的成效。

比如,旅途中,坐动车、坐飞机、坐汽车时,皆有大段的"可用之时";到福州开会两天,住三个晚上,这三个晚上就是很好的"可用之时"。又如,陪客人去鼓浪屿,为了省门票,客人去日光岩,我在下面等,这又有一个多小时的"可用之时"。只要用心,就连生病挂点滴,也是"可用之时"。

| 二 | 时间管理又要"不经意" |

于光远先生在一本关于休闲的书的扉页上写道:"谨以此书献给一切热爱生活的人们。"

书中有这样一段文字:

> 在这个世界上,除去阳光、空气、水以外,还有两样东西是所有生命必须拥有的,那就是休闲与游戏。
>
> 没有休闲,一切生命都不能持续。
>
> 没有游戏,一切生命都难以进化。
>
> 社会文明程度越高,越要关注休闲与游戏。

对人类而言，休闲是上帝的赠品，她让我们学会沉思、欣赏、创造，因而能诞生这世界上最美丽的花朵。游戏是人类的天使，她给我们插上自由、想象、飞翔的翅膀，因而能诞生这绚烂多姿的大千世界。

休闲与游戏，有两种"乐"：一种是"娱乐"，即使人身心愉悦健康的活动；一种是"愚乐"，即低俗的诱导人颓废堕落的活动。

我们要"娱乐"，不要"愚乐"。

休闲，会浪费时间。如此看来，我们在时间管理上还不能太"抠"，要留有空间。

事实上，生而为人，要"浪费时间"的事还很多，该浪费时且浪费。

第一，基于"服务"且浪费。我担任教育领导后，事务比较繁杂。领导是什么？有多种说法，但最经典的当属邓小平同志说的："领导就是服务"。若说领导者有什么职责，那就是服务，为那些使你能够成为领导者的人服务。在服务上，就要舍得"浪费时间"，主动为基层服务，为教师服务，为家长服务，为学生服务，为社会服务。

第二，基于"娱乐"且浪费。整天"勤奋"工作，容易职业倦怠，容易抑郁，要积极争取参加"娱乐"之事。工会组织的趣味活动，要参加；党支部牵头的"红色之旅"，要成行；教育系统开展的"唱红歌"，要去唱；有好的电影，要和家人一起去欣赏；单位安排的"80分大赛"，更是要去"切磋技艺"；哪里有灯谜展猜活动，我更是坐不住，"飞身而去"。

第三，基于"交流"且浪费。人与人之间，是需要经常交流的。交流，有学术类的、友情类的、沟通类的等。多年的教学研究、参观考察、学术活动、社交往来，我结交了不少朋友，与新朋老友见面，成了我活动的内容之一。大家一起探讨问题，交流心得，研究动态，交换信息，拟定合作事项，互赠近期著作，相互勉励支持。成长的道路上，好友就像一盏明灯，照亮着我前进。

第四，基于"运动"且浪费。"动则有益，贵在坚持"，运动能让我们保持良好的身体素质。身体素质好，精力充沛，可以专心地、持久地进行学习和工作，可以承受繁重的、艰巨的创造性劳动，有利于产生积极乐观的情绪，对教育活动起间接的推动作用。因此，在运动方面，要舍得花时间。我除了周三周六打篮球外，其余时间，只要不冲突，我就去游泳，一般是半小时内游完1000米。

第五，基于"亲情"且浪费。亲戚在于走动，越走越亲。看父母、看长辈，尽孝心；孝不是数以万计的金钱，孝是长辈生病时的一杯开水；尽孝宜早，孝应在今天去体现。关心小孩、关心晚辈，体现爱；爱即播种，爱即沟通，爱即给予。当然我们应当智慧地爱、艺术地爱，而不是糊涂地爱。多与兄弟姐妹沟通，我们一起成长，今后的路还要"携手前行"。亲友的事，要尽可能地关心，尽可能地帮助；亲情是一种幸福，一种快乐；至亲是一方有难八方支援；亲情需要彼此精心地呵护，懂得相互宽容与理解。

第六，基于"家务"且浪费。事业，是我们不断发展的基础；家庭，是我们疲惫时休憩的港湾。"家务"之事多且杂，与家人宜妥处。我家的做法是"分工明确"，我干重体力活，妻干轻体力活；我主外，妻主内。教育小孩，我重理性、方向的引领，妻重德行、行为的把握。家庭议事原则是"小事多通气，大事常商议，重大问题找亲戚（即多方征求亲友意见）"。

其实"经意"与"不经意"，似有"知足知不足"的哲学意蕴。

太"经意"，就会让"时光凝固"；太"不经意"，就会任"时光飞逝"。

"经意"，让我们理性做事，年华不虚度；"不经意"，让我们感性做人，生活不僵化。

我的时间管理，在"经意"与"不经意"间走向了和谐。

因为"经意"，所以收获颇丰。工作总体效率高，研究又有新进展，著述与年俱增。虽然行政公务繁杂，我仍然一直活跃在教育教学学术领域。

因为"不经意"，所以很洒脱。球照打，泳照游，牌偶打，酒偶喝，择机游山，顺道玩水，朋友广交，亲戚常走。

"经意"，是充实，是收获，是成功，是事业之应然；"不经意"，是调节，是闲适，是享乐，是人生之必然。

时间管理，"经意"与"不经意"，一切尽在自我认识、自我把控中。

"经意"就像江河之主流，"不经意"就像其支流。生命之舟，穿梭其间。行走主流时，不忘到支流一行；行走支流时，勿忘回归主流。只要胸怀"主流"，生命之舟就不会迷失航向。

| 　本文发表于《福建教育》2011 年第 50 期　 |

为师当如张远南

在百度上搜索"张远南先生",会得到如下文字:

张远南先生是我国著名科普作家,教学经验丰富的著名中学数学特级教师,对中学数学的"难点"和"亮点"了如指掌。他常听到一些学生抱怨数学无趣乏味,于是耗费数年心血,或史海钩沉,或点石成金,将一个个与数学有关的故事讲得栩栩如生,引人入胜,让你在不知不觉中感受到数学的神奇和魅力,并喜欢上数学。

我至少在 20 年前,就在学术会议上见到过张老师,他的论文水平很高,他讲课生动有趣。那时,他是福建省南平市教师进修学校校长,中学数学特级教师,享受国务院政府特殊津贴,福建省劳动模范,还荣获"苏步青数学教育"奖。退休后,他还被评为福建省杰出人民教师。

张老师退休几年后,时任厦门一中校长的我,特意聘他为厦门一中"名师工作室"的名师,应聘 9 个月,负责监控全校数学教学质量。

张老师先是在高三听数学课,除星期天外,他几乎每天都听课,每位教师的课他都听，听完后还要和授课教师交流，探讨教学艺术。高三数学课每天都会有一份自编的练习，张老师有意不要答案，自己坚持题题必做。而有的数学教师，我给他一份外地邮来的数学模拟卷，故意不给答案，他会立即问："有答案吗？"

都是高三数学教师，张老师是有意不要答案，有的数学教师却是急于索要答案。

大家觉得张老师的听课作用很大，许多老师经他指点，教学艺术提高了许多，专业功底也得到了加强。于是，高三其他学科的老师，纷纷请张老师去听课，求指导，张老师又几乎听完了高三所有教师的课。

"消息"传到其他年段，年段长又请张老师去他们年段听课，这一听，又听了好多老师的课。一时间，张老师成了颇受欢迎的"评课师"，老师们要进行公开课或研究课教学，就纷纷请张老师指导。

那段时间，教育部印发了《普通高中数学课程方案》，其中"选修系列3、4"共由16个专题组成，这些专题是为对数学有兴趣和希望进一步提高数学素养的学生而设置的，多数涉及高等数学知识。我到数学组参加教研活动时，建议高中数学组的32位教师，每两人为一组，共同攻关16个专题中的一个专题，编写出该专题的讲座提纲，半年后交稿，人人都要成为这个专题的"小专家"。之后，只要我到数学组参加教研活动，就会提起这件事。半年过去了，我没有看到比较像样的讲座提纲。正当我想在数学组再次强调这项工作时，奇迹出现了：作为外聘教师的张老师原本没有"攻关"任务，但他在"旁听"了我布置的任务后，"悄悄攻关"，不仅在半年内"攻"下了那16个专题，还多攻克了6个专题！

后来，张老师找我，说很希望能将研究成果结集出版，想请我作序并帮忙想个书名。写序，我是很乐意的，只是觉得自己不够格，张老师执意要我写，我也就不推让了。至于书名，首先要有"高中数学新课程"，还要有"模块"，因为多写了6个专题，所以就用了"拓展"一词，书名最后定为《高中数学新课程拓展模块》。

张老师送来了22个模块的电子版书稿，我一看又惊呆了——书稿共有60万字，550多个图形，文字全部由张老师自己录入，图形全部由张老师自己制作。

由于书稿内容丰富，案例翔实，文笔流畅，很适合中学教师和中学生阅读、学习，我建议这本书分上下两册出版。当数学组的老师们拿到这套书时，个个赞叹不已！

后来我介绍张老师到北师大厦门教育培训中心，张老师成了培训中心的首席名师，不仅负责管理和培训，还带头开设讲座。

几个月后我去见张老师，张老师送给我一套他的新作《函数和极限的故事》《概率和方程的故事》《图形和逻辑的故事》，中国少年儿童出版社隆重推出这套丛书，并约三位读者分别点评这三本书，何鸣鸿老师写了《令我震撼的数学科普读物》一文，周国镇老师写了《故事中的数学之美》一文，我写了《图形多妙趣，推理更神奇》一文。

我写的点评，摘录于下。

前些天，收到张远南老师的新著《图形和逻辑的故事》。闻着新书的油墨香，我的思绪又回到了十几年前。

那是1980年代末，那时我在山区一所中学当老师。一个偶然的机会，我买到了张远南老师所著的一套数学科普丛书，包括《抽象中的形象》等。我如饥似渴地汲取书中的营养，然后现炒现卖将书中的精华传授给学生，使学生学数学的兴趣大增。

从此，每接一个新班，上第一节课时，我都要给他们玩一个从这套书上学来的游戏。我拿出一张纸条，将一头扭转180°后粘接起来成一纸带，然后大声问学生："从中间剪断，会怎么样？"他们回答："两个纸带！"我当众剪断，学生们惊奇地发现是一个更大的纸带！我再问："将这个大纸带再从中间剪断呢？"他们又回答："应该是更大的纸带。"我再次当众剪断，学生们感到惊愕，他们又答错了！这时，我又拿出一个事先做好的纸带，问学生："沿左边三分之一剪断会怎样？"答案五花八门。看到我剪完的结果后，教室里鸦雀无声。

我有点得意地说："这不是魔术，而是数学。这个纸带叫作莫比乌斯带，数学里有很多东西比这个纸带还神奇、有趣。"

课后学生常常追着我问："老师，这些好玩的知识是哪儿来的？怎么课本上没有呀！"我把手里的科普书一亮，学生们抢着拿去阅读。后来，一位已考上数学专业博士的学生春节来家里看我，还说起这事。他说，这些科普书开阔了他的视野，激发了他的兴趣。

确实，兴趣是最好的老师。若没有兴趣，数学的公式、定理、图形肯定是枯燥无味的，数学只剩下一道道永远也做不完的题。如何激发学生学习数学的兴趣，是老师们头痛的问题。后来，我有幸认识了张远南先生，此时的他已是全国知名的数学特级教师。我们谈到这个话题，张先生说他写书的初衷就是"提高中学生学习数学的兴趣，加深和扩展中学数学课堂知识"。因为有丰富的中学数学教学经历，所以张先生的书既和课堂知识结合紧密，又高于教材、教辅。普通的教辅书告诉你的是小技巧，而张先生的书注重培养学生的"数学气质"，提升学生的数学思维水平。难得的是，张先生文笔优美，读者看他的书就像看文学书那般享受。

这本《图形和逻辑的故事》秉承了张先生一贯的文风。书中给出了23个关于图形的故事，让抽象的问题形象化，每个故事都妙趣横生。在很多人眼里，数学是死板的、抽象的。其实，死板的东西可以转化为生动、形象的东西，而图形正是转化的桥梁。我们知道，数形结合是数学里非常重要的思想方法。著名数学家华罗庚说过："数缺形时少直觉，形少数时难入微。数形结合百般好，隔离分家万事休。"寥寥数语，把图形之妙趣说得淋漓尽致。

关于逻辑，书中有一个"火柴游戏的决胜奥秘"的游戏。我带奥数班讲"逻辑与对策"时，经常讲到它。游戏的内容是这样的：

有若干堆火柴，每堆火柴的数目是任意的。现有 A、B 两人轮流取这些火柴，每人只能从某堆中取走若干根火柴，也可以整堆全部取走，但不允许跨堆取，即不能一次从两堆中拿。约定谁拿到最后一根就算谁赢。

游戏的背景是逻辑推理。这个游戏的奥秘，也许小学生细细琢磨就能明白，但也经常使高三学生摸不着头脑。

图形常使我们感到数学好玩，而逻辑又使我们认识到要玩好数学并不容易。无论是想感受"好玩"，还是想深入"玩好"，《图形和逻辑的故事》都能助你一臂之力。

　　一年前，我应邀到北师大厦门教育培训中心讲学，见到了张老师和上海教育出版社的数学编辑叶中豪先生，又得知叶编辑这次来厦门，除了讲学外，还有一项重要任务——为张老师的又一本数学新书《游戏：拍案称奇》而来。

　　今年春节，我给张老师拜年，喜获《游戏：拍案称奇》！

　　我曾经问过张老师，是什么动力让他有如此旺盛的"学术青春"。

　　张老师略带南平口音说："归您。"我开始还以为张老师是感激我，急忙说："全凭您的勤奋与功力。"结果我听错了，张老师说的是"归零"。他说："只有归零，才能腾出空间接纳新的东西。归零，让我们永远年轻，永远青春！"

　　我崇拜，我敬佩，古稀之年的张老师！

｜　本文发表于《教师月刊》2011 年 4 期　｜

"教师专业标准"（以下简称"标准"）框架由基本理念、基本内容与实施建议三大部分构成。基本理念提出教师要以学生为本、师德为先、能力为重、终身学习。基本内容由维度、领域和基本要求组成，分别对幼儿园、小学、中学教师的专业理念与师德、专业知识和专业能力提出约 60 条具体要求。实施建议分别对教育行政部门、教师教育机构和幼儿园、中小学及教师提出了相关要求。

"标准"即将出台，这是教育界的一件大事、好事。作为教育行政部门和教师教育机构，要以事业的使命、专业的水准、多维的视角，研究"标准"，细化"标准"，用好"标准"。广大教师要以积极的心态、职业的意识、发展的需求，学习"标准"，领悟"标准"，努力"达标"。

| 一 | 研究"标准"，用好"标准" |

"标准"虽然在基本理念和基本内容方面提出了要求，但每一个理念和每一项内容的具体要求和解读还需具体研究，才能准确把握"标准"。比如，基本理念中的"学生为本"，这本身就是一个很值得研究的大课题。郭思乐先生研究

"生本教育"研究了 20 年，我们对"学生为本"的研究到什么程度了？又如，四个基本理念之间的关系怎么理解，怎么"为本"、怎么"为先"、怎么"为重"，都值得研究。再如，《中学教师专业标准（试行）》中基本内容中的第 27 条"了解所教学科与其他学科的联系"，别看就 14 个字，深入研究下去，就可以出版一部《中学"科际联系"研究》的著作。

我曾经说过，研究让教育更精彩。因为研究让我们提升精神的高度、保持思维的深度、拓展知识的广度、具备透视的远度、追求探索的精度、改变眼界的角度、超越自我的气度。用心研究"标准"，必有所获。

研究"标准"的目的在于用好"标准"。因为"标准"是国家对合格教师专业素质的基本要求，是教师开展教育教学活动的基本规范，是引领教师专业发展的基本准则，是教师培养、准入、培训、考核等工作的重要依据，所以教育行政部门就要充分发挥"标准"引领和导向作用，出台教师发展的具体措施，教师教育机构就要充分利用"标准"完善培训方案，学校就要充分利用"标准"重新制定教师管理制度，教师就要根据"标准"的要求谋划自身专业的发展。

｜ 二 ｜ 师有"标准"，理当"达标" ｜

就现实情况而言，中小学教师缺乏专业形象。

管建刚在《不做教书匠》一书中有这样一段精辟的论述：

> 职业的专业形象不是由职业本身赋予的，它是由一群具有专业水准的工作着的人赋予的。职业的专业形象也不是几张诸如"教师资格证书""教师职称证书"就能赋予，尽管学生、家长和社会都称我们为"老师"，但如果我们不能以行动赋予教师专业形象，教师专业形象就不会有实现的一天。

教师的专业形象是由教师的素养、教师的文化、教师的气节、教师的胸怀、教师的智慧等诸多方面综合形成的。

"标准"的出台，有助于树立教师的专业形象。师有"标准"，教师要将"标准"作为自身专业发展的基本依据。

所谓专业发展，是指教师在整个专业生涯中，通过终身专业训练，习得教育专业知识技能，实施专业自主，表现专业道德，并逐步提高自身从教素质，成为一个良好的教育工作者的专业成长过程。

广大教师要认真学习"标准"，领悟"标准"要义，对照"标准"，按照陈玉琨教授给教师专业发展提出的五条建议，尽早"达标"。这五条建议是：坚持教学相长，在师生交往中发展自己；反思教学实践，在总结经验中提升自己；学习教育理论，在理性认识中丰富自己；投身教学研究，在把握规律中端正自己；尊重同行教师，在借鉴他人中完善自己。

教师还要对照"标准"，寻找自己的"短板"，扬长补短，全面提升师者素质。如《中学教师专业标准》中的第 35 条"具有相应的艺术欣赏与表现知识"，实话实说，在中学教师队伍里，对非艺术教师而言，真正具有"艺术欣赏"的教师并不多见，真正具有"艺术表现"的教师更是凤毛麟角。

| 三 | 细化"标准"，有利"达成" |

"标准"的制定，没必要也不可能写得很详细，但为了"标准"的"可操作"，为了深入理解"标准"，我以为有关部门还应该对"标准"的三大内容中的诸多"表述"或进行解读，或适当细化，或分出层次。

在"标准"的基本理念中，有"终身学习"一条，《中学教师专业标准》中的第 17 条"勤于学习，不断进取"都是谈"教师的学习"。"教师的学习"，就是一个可以研究和细化的问题。第一层次，教师要以学习为力量来推动自身的专业发展；第二层次，教师的学习是基于案例的情境学习，是基于问题的行动学习，是基于群体的合作学习，是基于个体的自主学习，是基于原创的研究学习，是基于经验的反思学习；第三层次，就可以将上述"六个学习"再细化。

在"标准"的基本理念中，有"能力为重"一条，但在基本内容中找不到具体对"能力"要求的表述，这就需要我们再解读，再分析，再分出层次。优秀教师的成长过程，是他们不断完善自己的素质结构，由小成到大成的过程。"细化"的目的，就是让广大教师有"小成"可达，"小成"达多了，"大成"也就"呼之欲出"了。

教育面临的挑战和冲击是空前的和多元的。对此，美国、英国和日本表现出了强烈的危机意识，对教师提出了新的要求。其中，日本要求教师必须具备适应时代变化的社会人必需的素质能力，包括自我表现能力、情感交际能力、多媒体运用能力、适应国际化的外语交流能力、基础的电脑操作能力、解决问题的能力、创造力、应用能力、逻辑性思考能力、可持续性自我教育能力、合作伙伴共事能力等。

| 四 | 立足"达标"，不唯"达标" |

如果我说"教师没有'达标'是不行的，仅有'达标'是不够的"，我想，这个观点并不是所有的教师都能接受。如果我把这句话改为"一个教师，没有'达标'是不行的；一个走向优秀的教师，仅有'达标'是不够的"，我想，广大教师会赞成这个观点。

"标准"是"最低的要求"，具有"底线性"。这不是我说的，"标准"中连用了"三个基本"来说明："专业标准"是国家对幼儿园、小学和中学合格教师专业素质的基本要求，是教师开展教育教学活动的基本规范，是引领教师专业发展的基本准则。

现行的《英国教师专业标准框架》由五大层级构成，呈金字塔的形态逐层上升。位于金字塔最顶层的是第五部分——大师级教师专业标准，类似于国内的"特级教师"。英国教师评价标准的最大亮点是其底线性、整体性、动态性和层次性。

我国即将出台的"标准"，仅有"底线"，没有"层级"。我觉得，各地可以根据当地实际情况，在"标准"的基础上再分出几个层级，比如达标教师层、经验教师层、骨干教师层、学科带头层、名师专家层等，让广大教师在"达标"的基础上看到更高的目标，并为之奋斗。

即便一时没能分出层级，我仍希望有更多的教师，胸中有"标准"，进取无止境。认识自我、发现自我，是"达标"的基础；完善自我、战胜自我，是"超标"的关键；实现自我、超越自我，是"无标"的追求。从"达标"到"超标"，再从"超标"到"无标"，"不用扬鞭自奋蹄"，不断走向教育教学的新境界。

| 本文发表于《福建基础教育研究》2012 年第 2 期 |

"钝感"是相对于"敏感"而言的。

教育需要敏感，教育有时也需要钝感。教育的敏感，在很大程度上是一种教育智慧；教育的钝感，也许可以说是一种境界。

按照日本著名作家渡边淳一的解释，"钝感力"可直译为"迟钝的力量"，它是"赢得美好生活的手段和智慧"。如此看来，敏感、钝感都是一种智慧，就看我们怎么去修炼、怎么去辩证运用。

在我看来，校长的钝感力是一种"管理无痕"的境界，班主任的钝感力是一种"育人无痕"的境界，学科教师的钝感力是一种"教学无痕"的境界。

| 一 | 校长钝感力的"管理无痕"境界 |

学校的发展，并不都要急速扩张、"狂飙突进"，弄不好"欲速则不达"。有时"慢一拍"也许是最佳的成功节奏。与时俱进，这"进"的速度与时机要把握好，该"进"则进，那是事业发展之必然。但有时可以"以退为守""以静制动""韬光养晦"，缓冲一下，"养精蓄锐"之后也许蕴含着更大的爆发力，这是事业发展之应然。

前些年各地纷纷进行"高初中分设""名校办民校"，厦门的校长们"愚钝"了，没有"及时跟进"，今天看来是"愚钝"对了。我们说，作为校长保持一定的敏感度是必要的，但更为重要的是对自己价值内在的认同。校长应该成为有思想的教育实践家，就会在管理中体现价值领导，更会以价值领导来谋划学校发展。

我在厦门一中担任校长期间，"让每个学生都会游泳"，这是我的"敏感"视域，从我的价值认同到全校教师的价值认同，我们走过了一段"曲折"之路。在推进"游泳"的过程中，由"敏感"到"钝感"，再从"钝感"到新的"敏感"，一个教育理想逐步实现了。

当教育理想遭遇教育残酷现实时，任何彷徨、困惑、叹息都是没用的，唯有以教育者的勇气、执着和智慧去积极面对，先谋后动，"敏于心而钝于外"地去精心实施，坚持思而后行、行而后思、思中有行、行中有思，在"且思且行"中，去逼近教育理想。

王铁军教授就校长钝感力修炼提出了九条"源自"策略：源自校长的自我认知与激励、源自校长的深度思考与慎独、源自校长"如理乱麻"的理性、源自校长"急流勇退"的胆识、源自校长"难得糊涂"的清醒、源自校长"大肚能忍"的大度、源自校长"后发制人"的韬略、源自校长"以柔克刚"的睿智、源自校长"厚积薄发"的积累。

说得真好！校长若都有这些"源自"，学校管理能不走进无痕之境吗？

| 二 | 班主任钝感力的"育人无痕"境界 |

我是在农村上小学的。

有一天，作为四年级一班班长的我，早早就出门了，因为要去开门和准备读毛主席语录事宜。路过一农家庄园时，看见一株桃树"出墙"，树上的桃子青里透红，实在诱人。我前观后看、左顾右盼，不见有人，便纵身一跃，把那桃子摘下来，往书包里一放。第一节下课后，班主任把我叫了去，说："你书包里有个桃子。"我一下子傻眼了，头脑一片空白。心想，这下完了。我是老师眼中的好学生，父母眼中还算好的孩子，同学眼中的好班长，这下完了。正当我不知所措时，班主任说："你写份检讨放在我这边，就我一个人知道，你好好表现，好好学习，我永远不告诉任何人。"两行热泪从我眼中夺眶而出。如果没有班主任当年的宽容和善待，就可能没有今天的"任勇"了。

到底是谁发现了我偷摘桃子呢？至今仍是个谜。

对于学生犯的错误，许多班主任往往很敏感，为了"防患于未然"，班主任会及时处理学生的错误，或通知家长共同教育，或在班级里进行批评，或反映到年级主任、学校德育处甚至校长那，或在教师休息室里"传播事件"，一时间犯错的学生被学校领导、年级主任、班主任、学科教师、家长"严肃批评"，甚至要在班级或年级作检讨，学生成长路上走向"低谷"，心理素质不太好的学生很有可能形成"破罐子破摔"的心态。所有的批评都很及时，都很善意，反正"该说的都说了，该讲的都讲了"，但学生的心理感受如何？我们的教育效果如何？恐怕没有多少人去思考这个问题。

我觉得，班主任还是要以"成全之道"理念，以钝感之行，深刻领悟"教育是慢的艺术"之真谛，去处理这类问题。能包容的包容，能善待的善待，能"冷处理"的"冷处理"，能不张扬的尽量不张扬，能不向上反映的尽量不向上反映，给学生一个认识错误的过程，给学生一个改正错误的机会，"静待花开"，相信大多数学生的错误是"成长中的问题"或是"发展中的偏差"。班主任的适度钝感，也许就是"大爱无疆"，也许就是"育人无痕"。

| 三 | 学科教师钝感力的"教学无痕"境界 |

做智慧型教师，需要教师敏感地透视"问题"揭示规律，能深入浅出、富于启发、生动活泼地传授知识，能激发学生兴趣、培养学生能力。

课堂的灵性，要靠教师"灵气"的感染。这种感染可以是一题多解、一题多变、一题多用，可以是化难为易的巧妙解答。教师更高的教育智慧，也许是教师"大智若愚"的有意差错，也许是"设置陷阱"的善意为难。

在一次数学高级研修班上，史宁中教授在报告中说了这样一句话："老师，上课时不要表现得太聪明，才能让学生显得更聪明。"

说得太好了！这让参会的王增良老师感慨不已：在新课程积极创导学生主体参与、培养创新能力的课堂中，教师是否可以抛弃一些虚假的"聪明"，放下一点架子，在上课中表现得"愚钝"一些，参与到学生的课堂学习讨论之中呢？

这位王老师撰写了《"上课"教师不要表现得太"聪明"》一文，我很赞同文中的几个观点：教师的"聪明"，重在课前的预设；教师的"愚钝"，应成为学生学习兴趣和积极性的动力；教师的"愚钝"，应成为师生对话的学习交流平台；教师的"愚钝"，应成为学生探究和创新能力的源泉。

回顾1：生考教师"可略超纲"

有一年放暑假前，我对学生说，年级布置的暑假作业，大家"挑着做"，选有挑战性的题做，做多少算多少，没关系。但每人必须出一份试卷在半个月后给我，你们来考老师，想办法把老师考倒。全班学生各个露出神秘的表情，他们从来都是"被考试"，哪有可能出题考老师？我具体布置一番后，有学生举手问："可以略超纲吗"？我佯装水平有限，笑着说："可以可以，可别超太多啊。"

这"别超太多啊"就是钝感。你不让学生"超太多"，学生偏要"超太多"。学生要"超"，他们能不积极主动地先学吗？

回顾2："融错教学"太逼真

学生学习数学概念，解答数学习题，常常会出现错误。对于学生出现的错误或可能出现的错误，教师处理的方法往往有以下两种：一是发现学生的错误后，对错误之处进行数学辨析；二是教师根据以往的经验，在教学中将某一内容的错误归类，加以讲评、纠正，以防止错误的发生。这两种方法无疑是教学中可以采用的方法。但是，这两种方法的缺陷在于不能充分暴露错误过程，学生不能获得错误的心理体验。我在教学中采用一种"有意差错"的方法，即在解题过程中，根据学生容易忽视或弄错之处，有意将解题过程"不露声色"地讲错，最后引出矛盾或说明解答是错误的，然后师生共同纠正错误。这样充分暴露了错误过程，让学生在"情理之中"惊呼上当，使学生加深对错误的认识，在知识上来一次再认识，在能力上得到一次再提高，从而达到预防错误、提高解题能力的目的。

"有意差错"，说白了就是"故意讲错"。记得初为人师时的一次"有意差错"，由于"错"得太逼真，又有意放到下节课"纠错"，学生回家后又和作为数学教师的家长探讨，竟被误认为我的课"犯了科学性错误"。当然，当时我并不知道我背后"有此一论"。

若干年后闻知此事，我哑然一笑，"发愤"要写一篇关于"有意差错"的文章，希望那位数学老师能看到我的这篇文章。

课改的今天，教学评价环境对"有意差错"就十分有利了。一方面，已有不少老师践行于此；另一方面，评价者的"境界"也提高了。

当然，今天对"有意差错"的要求提高了，"有意差错"还要进一步走向智慧、走向艺术、走向"无痕"。

著名数学特级教师张思明说，他的一位导师告诉他："最好的老师是把学生托起来，而学生还以为是自己站得高呢。"这就是我们所说的"教学无痕"。

需要说明的是，"有意差错"在同一课堂中不宜用得过多，否则就会影响课堂教学效率。另外，教师在解题过程中，如果学生能及时指出错误步骤，教师要给予鼓励和表扬。

回顾3："老师，你真傻"

六一儿童节前夕，我给初一学生出了一道趣题：明天是六一儿童节，同学们能用6个1分别组成一个最大的数和一个最小的数吗？

最大的数，先放下不说。

最小的数，开始时，学生都说是 1^{11111}，后来发现答案为1的情况还很多，最小的数的表达形式"不唯一"，如 $1^{1^{111}}$，$1^{1^{11}}$，$1^{1^{1^{1^{1}}}}$……当学生们说出"不唯一"时，我的眼睛就放光，嘿！他们已经会用很标准的数学语言来回答问题了，已经开始从"数学好玩"走向"玩好数学"的境界了。我叫了起来:"哇!我上大学后才会用'不唯一'来回答数学问题,你们现在就会用了,真了不起!"

下课了,几个学生对我说:"老师,你真傻!如果我当老师,不给 6 个 1,而给 6 根火柴棍。"

学生敢说老师傻,我乐啊,至少说明学生不迷信权威了。我一时对 6 根火柴棍没反应,学生立刻一边贼溜溜地看我一眼,一边在纸张上写下:

$$\frac{1}{1111}$$

学生得意地说:"6 根吧,是不是比 1 小?"正当我刚刚反应过来——学生把一根火柴棍当作分数线了,另几个学生"奸诈"一笑,说:"老师,他们才傻,6 根火柴棍可以这样摆。"边说边写下:

$$-11^{111}$$

这几个学生还模仿前面那几个学生的语调说:"6 根吧,是不是比 1 更小?"

我再次惊愕了!前面那几个学生心里钦佩,但嘴上辩解道:"我们没想到负数!"

"弟子不必不如师"啊!当学生们说"老师真傻"时,我这个数学老师的教学,就进入了一个新的境界。

｜ 本文发表于《福建教育》2013 年第 17 期 ｜

25

精修数学专业 功底之名师

六年前的一个台风之夜，风雨交加，我在厦门一中对面的闽侨大厦见到了王淼生老师。瘦小，拘谨，极为朴素，是他给我的第一印象。

回想我和王老师的交往，有两件事让我印象特别深刻。

第一件事，源于厦门中招等级划分。

近年中考，厦门市物理、化学和政治采用划分等级制，每个学科划分 A、B、C、D 四个等级，不计较学科排序，可划分出 AAA，AAB，……，DDD 各类等级。

究竟有多少种不同的等级？这显然可以转化为一个数学问题。怎样用数学方法加以解决呢？

就此问题，我问厦门市招生考试中心的同志："你们是怎么得出 20 种的？"他们说："硬排呗，从 AAA，AAB，……，排到 DDD。"我点点头，不能要求他们也都用数学眼光看问题。

我问数学老师，大多数人想了想，说："应该用分类法算。"但绝大多数老师没有给出这个问题的更多的解法，更没有把这个问题一般化。

有一次球队打球，打完球后，大家在球馆外的台阶上休息。我就这个问题试着问王老师，他想了想，说了上面的那种解答，我问："还有不同的解答吗？"旁边一位数学老师说："没有纸和笔，不好算。"王老师好像没听到，继续想，说："可按字母分类解答。"

我称赞："好！"之后就坐车回家。车开不久，手机来了短信，是王老师发的，一看，一行小字映入眼帘："还可以用排除法证明！"

我高兴地回复："好！好！"

车开到家楼下时，短信又来了，又是王老师发的："校长，我又有新的解法。"

我上电梯到家时，短信显示的几乎是数学文字：设选 A 的有 X_1 种……

我激动不已，打电话过去，连说："好！好！好！"

浑身湿透的我，赶紧去洗澡。刚脱下衣服，短信又来了，当然还是王老师的，我顾不得患感冒之险，良知告诉我必须看短信。

"校长，这个问题我彻底解决了！发你邮箱。"

我立即披上浴巾，打开电脑，打开邮箱，王老师的邮件也恰好发来。

解答妙不可言，令人拍案叫绝！

我赶紧给王老师回复："把一个实际问题数学化，是数学教师的基本素质；把一个数学问题一般化，是数学教师的基本功底。数学教师的研究性备课，当从这个方面开始。你是最优秀的数学老师，你让我看到了什么是真正的专业功底，数学老师都要向你学习！"

我一边洗澡，一边计算着"数学遭遇"的时段：大约 6 分钟后，给出按字母分类解法；又过了 6 分钟，给出排除法；又过了 7 分钟，给出隔板法；又过了 9 分钟，给出一般性解答。前后一共约 28 分钟，给出四种解答，还包括从球馆到王老师家的 500 米路程、发短信、发邮件。正当我惊叹时，我忽然想到："王老师换湿衣了吗？"

第二件事，源于我的一节公开课。

我有一节被数学教育界颇为称道的数学复习课《借题发挥》，即利用数学课本上一道简单的不等式证明题，给出一题多解，引导一题多变、一题多用。许多数学老师听过我的这节数学课，好评如潮；应编辑部约稿，将课例整理后发表，赞语颇多。

是怎样的一节数学课？是"不等式 $\dfrac{a+m}{b+m} > \dfrac{a}{b}$ 证明"的教学。

我充分利用一题多解的教学价值，绞尽脑汁，苦思冥想，终于给出这道题的 13 种解法，即分析法、综合法、求差比较法、求商比较法、反证法、放缩法、构造函数法、增量法、定比分点法、斜率法 1、斜率法 2、三角法 1、三角法 2，我自以为是"登峰造极"了。

王老师在我的一本书里读到我写的关于这个不等式的"一题多解"，忽然发现这道题还有新的解法，完全出自学术探讨和完善这道题的解法，王老师发来了他的新解——证法 14。

我对王老师的证法大加赞赏。

"给他一点阳光，他就灿烂！"过了不久，王老师一发不可收，又陆续给出 11 种解法。

我心里暗暗惊喜。惊的是已经"空索枯肠"的解法，王老师竟能再"索"出 12 种新的解法，不可谓不绝！喜的是有了这 12 种新的解法，这道题的证法就有 25 种了，我今后再上这节课就更加从容而自信了！

我一直在想：什么样的老师算专业成长？

现在我明白了，也找到具体的人了，那就是王老师这样的！

｜ 本文发表于《教师月刊》2012 年第 2 期 ｜

让学生考老师

初为人师的我，先教了三年初中。三年的暑假作业，年级有统一要求，我只有服从。教第二轮初中时，我感到暑假作业几乎是平时作业的翻版，就自作主张"另搞一套"：我对学生说，年级布置的暑假作业，大家"挑着做"，选有挑战性的题做，做多少算多少，没关系。但每人必须出一份试卷在半个月后给我，你们来考老师，想办法把老师考倒。我具体布置一番后，有学生举手问："可以略超纲吗"？我佯装水平有限，笑着说："可以可以，可别超太多啊。"

暑假里，我陆续收到来自学生的试卷，开始逐一解答，并在"好题"旁圈上标记，在有特色的题旁写上批语。我将做完的试卷逐一交还或寄回给学生，让他们批改。开学了，我们班可热闹啦，大家在议论卷子，哪道题被老师评为"好题"，哪份卷子被老师评为"好卷"，哪道题是特色题，哪道题老师"解答不完整"上当啦，哪道题老师给出了好多种解法。我让数学课代表拿着登分表，在学生姓名后登上我的得分，好统计我的平均分。可以想象第一节数学课的情景，我简单综述后，命出"好题"者说明出题经过，命出"好卷"者说明出卷过程，命出特色题者解密拟题过程，课堂气氛活跃、趣味盎然，师生互动融洽、高潮迭起。下课了，学生仍不解恨，一些学生问我："老师，什么时候还可以再考你？"

我笑着说："同学们平时先互出互考，再拼装'难卷'考老师，好吗？"

"生考教师"，是我在教学中的一个创意，也是我的数学教学主张。凡事倒过来想一想，也许会眼界大开。

下面就"生考教师"要注意的问题展开论述。

| 一 | 适当教给学生数学命题的原则和方法 |

学生给老师出题，对学生命卷不能要求太高，但可以适当教给学生一些基本的原则和方法。比如，总的题量要求，选择题几题、填空题几题、解答题几题，各类题的分值多少。又如，出题不能出现错误，要分出层次、难易适度，要考察全面、兼顾重点，要注意规范、适度创新，也可以出些开放题等。再如，编选试卷时，应先从书籍、杂志、网络上选题，可适当改题，有能力的同学也可以适当编题，最后进行调整、平衡，合成一份试卷。

| 二 | 适当鼓励学生改编原始问题 |

"生考教师"可以让学生体验教师的命题工作，可以破除考试的神秘感，让学生逐步领悟到"所谓考试，其实就是限定时间做作业"。教师要适当鼓励学生改编原始问题，教师可以告诉学生说："同学们改编原始问题，就是'为难老师'，就是有意考倒老师，谁能够考倒老师，那才高明呢！"以此来激励学生改题、编题。但教师心中要有数，这种激励带来的是学生自主地进行变式训练和创新训练，是一种值得倡导的数学学习方法。

| 三 | 允许几位学生联合命题 |

考虑到学生知识和能力上的差异，开始让学生命卷时，也可以由几个学生组成一个编拟试卷小组，选出一个组长，大家明确任务、分别出题，由组长合成初稿，大家再进行审议，最后定稿。这种编拟试卷的过程，有点像研究性学习的过程，小组成员在编拟试卷中相互研究、相互学习，共同提高。

值得一提的是，小组命卷可以联合编拟出一份试卷，若大家有积极性，也可以多编拟几份试卷，甚至"人人有一份"，分别送交考老师。

| 四 | 支持学生"私下交流" |

学生编拟一份试卷不容易，仅用来考一位老师，"使用率太低"。老师可以适当引导学生，或四人一组相互交换试卷考之，或自愿结合相互交换试卷考之，或挂在班级网页上让"愿考者"自行下载考。老师们可以想象一下，这是一种怎样的学习啊！我们的考试，原来是"师考生"，后来变成了"生考师"，现在又有可能变成"生考生"，这种"生生互动"所带来的一定是十分有效的、教师很可能意想不到的学习效应。

| 五 | 教师应给学生编拟的试卷以积极的评价 |

开学后，教师一定要拿出一定的时间，对学生编拟的试卷给予积极的评价，充分肯定学生编拟的好卷、编拟的好题，指出创新点在哪，绝妙处在哪。

教师还可以请学生走上讲台，或说明编拟意图，或讲解命题，或点评教师的解答——哪些题老师给出了简洁巧妙之解，哪些题老师考虑不全面被扣分了，哪些题老师因"思维定势"上当了。

全班学生编拟的试卷，可以找个地方进行试卷展览，让全班学生欣赏不同风格的试卷，让学生充分了解他们的数学老师是如何答题的。

| 六 | 学生试卷——作为师生珍贵的教与学的资源 |

学生编拟的试卷，是珍贵的教学资源，理应保存好、利用好。教师可以将这些试卷编上号码保存起来，以便日后使用，有可能的话，将这些试卷变成电子版加以保存，或将试卷中比较有价值的试题变成电子版加以保存。这些试卷，既是教师珍贵的教学资源，也是班级学生宝贵的学习资源。可以将学生试卷变成电子版或部分变成电子版，挂在班级网上，让学生分享这些来自同学的学习资源，学生自愿地做同学的试卷，具有"别样的心情"。

Ⅰ 本文发表于《人民教育》2013 年第 19 期 Ⅰ

某大学心理咨询中心问卷调查显示，27% 的学生遇到过教育"冷暴力"。专家称，心理承受力差的学生，若长期遭遇"冷暴力"，易出现心理问题。教育"冷暴力"涉及因素较多，"施暴者"可能是教师或家长，也可能是同学。寻求"减少教育冷暴力"之法，在我看来，"冷暴力"要多方共同治理，这"多方"至少包括社会、学校、教师、家长和学生。教育理应是有温度的。我们在治理"冷暴力"之时，勿忘弘扬带有温度的教育之"热"。

一　社会层面：适度关注，正面引导

教育"冷暴力"时有发生，引起社会的广泛评议是需要的。"冷暴力"折射出我们的教育缺乏对学生权利的认识与尊重，折射出我们的教师缺少应有的教育智慧、艺术和素养。你看，绿领巾、红校服、测智商、三色作业本、反省室、弃考承诺书等，都是教育"冷暴力"。社会适度关注，可以警醒教育行政部门、警醒学校、警醒教师、警醒家长。应试教育、分数至上，导致学校和教师更多地追求成绩而忽略了对学生心理的呵护，以至于把"可以做得很幸福的教育事业"做得"异常冰冷"。

社会关注教育"冷暴力"，也有一个"度"的问题。不宜将一个极端的、偶发的、无意为之的案例无限放大，这无益于教育的正常发展。中国教育走到今天，"做有温度的教育"已经在许多学校、许多地方发生；步履轻盈行走在幸福教育路上的教师，正在"群起"；步入"深水区"的课改，从"求效"正走向"追魂"。中国教育形象现状总体趋好，社会应加强正面引导，积蓄"正能量"，以正压邪。

| 二 | 学校层面：时时警醒，文化润泽 |

一所学校很难改变整个教育的大环境，但却可以在学校里营创一种良好的小环境。可以通过合理的制度建设，约束教师的"冷暴力"行为；可以建立各种激励机制，让教师有归属感、成就感和幸福感；可以改善教师的工作环境，为教师创造一个相对轻松的、温馨的、可以诗意栖居的校园空间；可以改善评价方式，更加注重发展性评价，促进教师之间的良性竞争；可以加强教师的心理训练和建设"心理舒吧"，为教师心理减压；可以进行"轻负高质"教改探索，既为学生的学习减负，也为教师的工作减负；等等。

学校还可以让教师评论教育"冷暴力"现象，评论的过程也就是警醒教育的过程。但学校更应在文化层面上规划愿景，润泽教师。可以是"爱的教育"，让爱走向智慧、走向艺术、走向理性；可以是尊重教育，尊重学生的成长规律，尊重学生的个性和人格，让每一个学生都能享受到最好的教育；可以是成功教育，每一个学生都可以在某个方面取得成功；可以是差异教育，"没有差生"，"差异发展"人人皆可成才；等等。理念一变，想"冷"都难。

| 三 | 教师层面：修好德能，升华智魂 |

有数据表明，校园"冷暴力"的责任主体主要是教师。作为教师，首先要修好"德"，严格来说，"无德不能当教师"，这是为师之底线。大而言之，教师的形象、口碑、为人、处事、人格、进取心、精神状态、文明素养等，都属于"德"的范畴。其次要修好"能"，"无能不能当'好教师'"。"好教师"当有娴熟的教育教学技能，这种技能，体现在教有主张、因材施教、有教无类，体现在自己的学识魅力让学生钦佩，自己的"绝活"让学生难忘。

时代呼唤"德能并重"的教师，时代更期待师者之智、师者之魂。师者之智，就是会设身处地替学生想，哪些言行会"伤到学生"，而不会基于"恨铁不成钢"，心存爱心而做出错事；会让棘手的"问题学生"成为自己可探索、可研究的新课题，而不会基于"知耻而后勇"之思，无意中"冷暴力"了学生；会批评有依据，而不会教育无分寸。师者之魂，是教师综合素质的体现，更多的是教师的人格风范。教师的职业是美好的，当师魂达到一定境界的时候，教师就会将在对这种美好的理解和追求中，化为三尺讲台的缕缕春风。

这里，我想再强调一点，教师"不带情绪去教室"，可以有效预防"冷暴力"。

从道理上说，教师要以愉悦的心境、微笑的面容、饱满的热情走进教室，面对学生，爱满教室。但人非草木，孰能无情？

教师要教书育人，要业务进修，要课题研究，已经够忙了。在教育某些方面被"异化"的今天，学校之间的竞争、班级之间的竞争，提高教育教学质量的重任又落在教师身上，教师身心上的付出是常人难以想象的。如今，家长对教育教学的要求越来越高，教师的工作压力也越来越大。另外，夫妻不睦、子女生病、经济拮据、家庭烦事、亲人重病、同事不和、邻里纠纷、身体不适、事业不顺等都会引起心境的变化。在这些情况下，有些教师就会不由自主地把不良情绪带到工作中，如对学生的提问不予理睬，神情严肃，甚至莫名其妙地发火；又如教师一上课就对学生"直言"："我今天情绪不好，告诉你们，都给我好好听课，别给我找事，谁给我找事，我就和谁急！"

学生不是教师的出气筒！教师如果将情绪带进教室，就可能有意无意地产生"冷暴力"。教师理想的做法，应是"喜怒哀乐，深藏不露"。不是说一点都不能

"露"，但绝不能多"露"。因为这是课堂，这是神圣的教书育人场所。

教师如何做到"不带情绪去教室"呢？

第一，适当分解。可以将一些可能会影响情绪的事，适当分解给家人、亲人、朋友去处理，争取得到他们的帮助，不要全部"一个人扛着"。

第二，团队帮助。有些事可以争取得到学校、年级、教研组的帮助，有些可以"说出来"的事就"说出来"，让大家帮助想办法，总比自己"憋在肚子里"好。

第三，适度宣泄。心情不好怎么办？专家说："心情不好洗个澡，心情不好大声叫，心情不好草地滚，心情不好找人唠。"说的还真是那么回事。

第四，心理训练。就是训练自己的心理调适能力，练就"喜怒不形于色"的本事。遇事先忍三分别冲动，让自己冷静下来，用理智的思维去思考和看待问题，保持清醒理智的头脑，自然就不会把喜怒挂在脸上了。

第五，请假一天。如果有一天，你觉得心情太坏，几乎没法上课，那就干脆请假一天，调整心情。如今的教育环境，对这种情况总体是理解的和包容的。一天不够，可以再续。

| 四 | 家长层面：配合学校，辩证教子 |

调查表明，学生除了可能在校园中遭受"冷暴力"，还可能在家庭中遭遇到家长的"冷暴力"。孩子犯错了，做父母的很生气，故意不理睬孩子，这是有意识的"冷暴力"；因为家长工作忙，少与孩子沟通，或是一家人外出，家长低头玩手机，少与孩子交流，这些都是无意识的"家庭内伤"，从某种角度上说也是一种"冷暴力"。

家长对孩子的行为偏差问题，要尽量找到根源，加以防范和纠偏，"棍棒底下"难出孝子；家长对孩子的学习成绩不理想问题，也应和教师积极沟通，是学习态度问题还是学习方法问题，是粗心所致还是思路不畅，正确"诊断"后才好下药。家长"一声叹息"，孩子心里能不添堵吗？

家长应经常主动找孩子谈心，了解孩子是否遭遇了校园"冷暴力"，是源于教师还是源于同学。若是源于教师，应该站在理解的角度与教师沟通，往"师者无意"方向考虑，采取让教师能够接受的方式，比如说句"我的孩子给您添麻烦了"，会让教师觉得家长通情达理，相互配合共谋教育之策。若是源于同学，家长也可以和教师共同分析情况，是同学有意为之还是孩子过于敏感，或是别的情况，教师妥善处理同学之事，家长疏导孩子心理。

| 五 | 学生层面：告知长辈，提升抗力 |

"冷暴力"还可能来自同学。《校园"冷暴力"，十句最伤人》一文所列出的"十句"中，就有四句是来自同学的讽刺挖苦。同学一场是缘分，本应相互激励，共同进步。当然，学生毕竟是学生，都是"成长中的人"，就会有"成长中的问题"和"成长中的烦恼"。学生遇到来自同学的"冷暴力"伤害时，应该及时告知老师和父母，但不要把事情扩大化，只要好好沟通，相信问题很快会得到解决。

当然，作为学生也要不断提升自己的抗压能力和抗挫能力。你上课不专心，老师"以眼点射"，你就闷闷不乐；你学习状态不佳，老师说了句"最近咋啦"，你就心神不定；你向迎面走来的老师点了个头，老师没回礼，你就以为老师对你有成见；等等。多往"老师为我好"和"老师没注意到"方向想，一切都不是问题。同学说一句"这么胖了还这样吃"，你怎么办？可以"一笑了之"，也应该考虑是不是"垃圾食品"真的吃多了，同学之言也许是善意的。生活中、学习中，总会有些不如意的事，"人生不如意事十之八九"，我们总要去面对，"办法总比困难多"。相信生活是美好的，相信学习是可以快乐的。

拯救被"冷暴力"包围的学生，"共治理"方可见效。当教育真正步入"有温度的教育"时，当教师都做"有温度的教师"时，就会在很大程度上减少"冷暴力"，就会让教育回归本源。

| 本文发表于《福建教育》2015 年第 30、34 期 |

　　《福建教育》邀请我为青年教师职业生涯规划提一些建议，并写一篇文稿，在构思文章时，我考虑如何为这篇文章拟个好的标题。我想到了"好谋而成者也"，这是《论语·述而》之语，教师职业生涯规划就是"谋"；我想到了"'预'见未来"，教师职业生涯规划也是"预"，"凡事预则立，不预则废"，有预见、有努力才能有好未来；我想到了"生涯规划：教师发展的内驱力"，潜台词意为有些教师没有真正意义上的生涯规划，生涯规划不只是内驱力，更是教师发展的新动力；我想到了"有好的规划才有好的成长"，想表达的是谁拥有"规划"，谁就能更好地拥有未来。其实这些"想到了"，都表明"生涯规划"的重要性。最后，我还是选用一句普通的问句来囊括我想表达的内容——"青年教师如何规划教育人生？"

　　教师职业生涯，是与教师本人在学校教书育人的一系列活动相关联的职业经历。如教师在学校的从教经历、教研活动中与教学有关的丰富经验、自身教育理想和愿望的实现，以及得到学生与社会的认可、尊重等。未来教育在课程的目标、结构、内容、实施、评价和管理等方面都将不断有创新和突破，这给教师提出了更高的要求。因而，教师面临着更多新的挑战和机遇，必须及时更新教育理念，重新制定或调整职业规划，以尽快实现教师角色的转化。换言之，未来教育更需要教师职业生涯规划。

我在厦门一中担任校长时，学校每年都要进行新教师培训，包括新调入的老师和刚毕业招聘来的老师。每次都安排我讲半天课，我都讲《成为名师：从自然到自觉》，其实主要讲的是教师的职业规划。因为我希望厦门一中的老师们，能有更多人成为名师，能更自觉地向名师方向努力。"自觉"，实质上就是一种高层次的规划，而自我实现是教师职业生涯的追求。

《成为名师：从自然到自觉》的结束语是这样的：

> 成为名师，是梦想吗？
>
> 不是，有梦的教育更精彩。
>
> 成为名师，靠自然吗？
>
> 不好，自觉也许更好些！
>
> 追梦吧，只要我们还有梦，我们就会不断地前行。
>
> 自觉吧，只要我们能自觉，我们就会一步步走向成功！
>
> 愿梦想成真，愿自觉成功！

回想我自己成长的道路，早年根本没有什么职业规划，只是在许多关键时刻，有良师指点，所以我在给良师写贺卡时说："师指一条路，烛照万里程。"

我有时在想，要是关键时刻没有良师指点，我的发展就不会那么顺利。要是当时自己会设计职业规划，那就会更稳妥地取得教育教学的最大值，拥有更好的教育人生。

严格意义上的职业生涯设计，可以在专家的指导下进行，也可以找些书来学习，这方面的书还不少。当然，作为教师，找一本有针对性的书，读起来会省事一些，如《职业规划——自我实现的教育生涯》（孟万金编著，华东师范大学出版社出版）在我看来就是一本不错的书。那么，具体来说，青年教师如何规划教育人生？

第一，自主"规划"——觉者为师。

许多事情，只有觉醒者才会去做，也只有大彻大悟的人，才会全力以赴地为之努力。内心觉醒，教师就会把制定生涯规划看作自身发展需要，永葆进取之心，努力"做最好的自己"。

青年教师，最好能在入职时就有一个师者生涯的远期、中期和近期的规划。远期的，可以是宏观一点的、概念性的，可以略分出三个层次，比如高层的"做一名特级教师"或"正高级教师"，中层的"做一名有教学主张的名师"，低层的"做一名深受学生喜爱的优秀教师"。中期的，可以是对照名师要求的努力方向，比如完成一项国家级课题，形成自己的教学特色，带出几届优秀生，得到市级以上荣誉等。近期的，可以是非常具体的"五年规划"等。

第二，科学"规划"——专家指导。

由于现在高中教育涉及学生的生涯规划问题，相对来说，现在生涯规划的专家渐渐多了起来，青年教师可以向这些专家请教一些生涯规划的基本要求。如果一时不容易找到专家，我建议可以找一些普及版的书来读，按照书上的建议尝试进行规划。我摘录一本书的一段，和青年教师分享如何确定生涯规划的基本内容。

（1）题目。这一部分应包括个人的基本信息，如姓名、年龄以及该规划实施的时间跨度。（2）职业发展方向及总体目标。这一部分内容直接决定教师职业生涯的努力方向，教师应慎重思考并确立职业发展方向和当前可以预见的最长远目标。（3）环境分析。环境条件会对教师的职业生涯产生重要的影响。例如，支持性、鼓励性的环境对教师追求职业进步有积极影响；反之，环境中矛盾冲突强、消极情绪多、工作压力大，就会对教师的职业生涯发展产生负面影响。因此，教师有必要对其进行分析。环境分析主要包括两个部分：一是自身所处的社会环境，包括政治环境、经济环境、文化环境等；二是教师所处的职业环境，包括行业现状和学校环境，而学校环境又包括学校制度、学校文化、学校管理者，学校品牌和服务、办学理念等内容。

（4）目标分解及目标组合。这一部分可分析影响目标达成的主要因素，并尝试将长期、总体的目标分解为多个短期的易于实现的小目标。（5）自身条件及潜能测评。教师可参考各类潜能测评表对自己进行测试，从而明确个人目前状况和发展潜能，使目标的制定与自身条件契合，保证其合理、可达成。（6）角色及其建议。这一部分记录对自己职业生涯影响最大的一些人的建议，为后续规划提供参考。（7）成功的具体标准及自身距离成功的差距。教师应为目标的达成提出一个具体的标准，并明确自身现实状况与实现目标要求之间的差距。（8）缩小差距的方法及实施方案。这一部分所提出的做法应切合教师实际状况，方法应有效且可实施。

第三，践行"规划"——自我管理。

说到"规划"，常听人说"规划规划，墙上挂挂"。但我真心希望青年教师的规划，不是"墙上挂挂"，而是"积极践行"。

"积极践行"就是自我管理，是个体对自己本身，对自己的目标、思想、心理和行为等表现进行的管理，是自己把自己组织起来，自己管理、约束、激励自己，最终实现自我奋斗目标的一个过程。

只有教师具备良好的自主发展意识和自我管理能力，才能按"规划"目标不断学习、思考、研究，积极创新实践，取得丰硕的教育教学教研成果，引导自我走向卓越。

第四，完善"规划"——怀揣梦想。

时代发展，教育变革，深化课改，都有可能对"规划"产生影响，这时我们就要及时修改规划、调整规划、完善规划。

有时教师的规划目标过于"远大"，比如要求自己每周读一本书，但开学后发现工作量不小，能两周静心读完一本书就不错了，这时就要适度降低目标要求。

有的青年教师规划 10 年后成为当地的骨干教师。鉴于当地教师培训力度很大，还形成优秀教师帮扶机制，工作 5 年就有机会被列为"骨干教师培养对象"，培养期 2 年。这时，青年教师应该珍惜培养机会，完善规划，提前实现目标。

第五，超越"规划"——实现新我。

"知人者智，自知者明。"认识自我、发现自我是制定"规划"的基础，明智之师就是努力让长处再凸显，努力将不足早改进。

"谁能战胜自我，谁就天宽地阔。"完善自我、战胜自我是实现"规划"的关键，人生之中最大的敌人也许就是自己，战胜自我是人生最大的胜利。

"超越梦想，不是梦想！"实现自我、超越自我使超越"规划"成为可能。初为人师的我，心想能发表一篇文章就不错了，于是在 26 岁时有了处女作，没想到写到现在能发表 1200 多篇文章；30 岁时写了第一本书，没想到现在出版了100 多本书。这算不算"超越"？

"我的未来我做主"，青年教师们，设计自己的教育生涯，自觉而幸福地追求卓越吧！

Ⅰ 本文发表于《福建教育》2020 年第 45 期 Ⅰ

常态课与公开课的理想样态

在教师的教学生涯中，基本上是上常态课，上公开课在整个教学生涯中所占的比例很小。从道理上讲，教师要努力上好每一节常态课，而不是单纯的知识传授课；教师要在公开课上充分展示自己在常态课中的教学探索，而不是预演多遍的表演课。

现实中，一些教师的"两课""判若两人"——公开课"风起云涌"，常态课"涛声依旧"。造成这种现象的原因很多，常态课应有常态课的基本样态和理想追求，公开课也应有公开课的基本样态和理想追求。下面具体来讨论一下相关问题。

| 一 | 常态课与公开课的现状 |

常态课多随意，公开课多刻意。"随意"的常态课随处可见：单调的"标准化"导致固步自封，统一的"程式化"导致创新匮乏，纯粹的"应试化"导致枯燥乏味，极端的"功利化"导致压抑人性，流行的"填鸭式"导致疲于应付，"重结果轻过程"导致舍本逐末，"重教法轻学法"导致南辕北辙，"重灌输轻探究"导致浅尝辄止，"重教材轻学生"导致兴趣丧失，"重知识轻能力"导致眼高手低。而公开课则多"刻意"，也就是费尽心思。公开课毕竟是要拿出来让同行分享和评析的，认真准备尽量上出应有的样态是很正常的。但现在多数教师对待公开课"用力过猛"，在公开课上耗费过多精力，一节公开课的教案"数易其稿"，公开课上完后"如释重负"。

常态课少研究，公开课少个性。常态课，才是真正的"课"。我们必须聚焦于常态课、变革于常态课、突围于常态课。但现实情况是，多数教师对常态课缺少研究。比如，我们的学生不善"问"，是不争的事实。学生为什么不爱问？这就需要研究。有观点认为：让学生提问难，教师转变更难，最大的阻力来自教师自身。当学生所提的问题"井喷"时，我们的教师招架得住吗？当整堂课被学生杂乱无章的"问题泡沫"包围时，我们的教师还能收放有度地驾驭好课堂吗？当教师习惯的"自问自答"的教学方式受到挑战时，我们的教师能克服固有的教学定势吗？而公开课由于执教教师一般会征求和吸纳同行意见，不断修改教案，改来改去，就把自己原有的个性给改没了。

常态课不重视，公开课太在意。常态课自己一个人上，一般没人来听，也不会被评价，多数老师不大重视。备课，按一般方法进行，有时忙起来，也就简单地备一下，拿出老教案看一遍第二天就上的也是有的。而对公开课就不一样了，教师们非常重视，从一接到任务开始就积极谋划，如上哪个内容的第几节课，用哪个班上，怎么创设情境引入课题，怎么巧妙构思结尾，整个教学过程怎么安排，如何细化到具体的时间节点，使用什么媒体等。多数教师还会把设计的教案让同事或名师"把脉"，反复修改；有的教师会细化到某个问题提问哪个学生；有的教师会进行试教，让公开课教学过程"烂熟于心"；等等。

常态课重实效，公开课重技巧。常态课教师多注重学生学习的实效，既传授知识，又培养能力；既静默记忆，又狠抓练习；既设疑释疑，又适度留白；既充分预设，又期盼生成……教师尽量把课堂上学生要掌握的东西教给学生。而公开课教师多注重自身教学的技巧，诸如创设良好的情境巧妙地引入课题，运用媒体技术娴熟，体现基于"用教材教"的教学设计，编选例题追求新奇，师生互动频率颇高，教学环节层次清晰，教师教学语言流畅，教师肢体语言运用得恰到好处，板书设计科学合理，下课钟声一响教师刚好讲完……教师尽量把自己的教育教学技能展现出来。

常态课备不足，公开课多研磨。不论是常态课还是公开课的备课，都应备好教材心中有书，备好学生心中有人，备好教法心中有术，备好开头引人入胜，备好结尾引发探索，备好重点有的放矢，备好难点突破难点，备好作业讲求实效，备好学案渗透学法，备透理念融会贯通，备多用寡左右逢源，备之终身养成习惯，备中研究深层探索，备出意境空谷传神……但现在的情况是，多数教师常态课没有养成习惯这样"备"，而公开课则多研磨，反复推敲试讲，"磨"出了一节集集体智慧的由执教教师去上的完美的课。

常态课少诗意，公开课太华丽。现在的常态课多数比较随意：总体比较沉闷，师问生答的现象普遍存在，用教师的思维取代学生的思维多，教学过程不流畅……而公开课又显得太华丽：使用媒体花样翻新，教学语言句句考究，学生发言过于老练，学生讨论场面热烈，妙题出彩巧解生辉，精心设计课题引入，用心归纳课堂内容……一节课"装进"的东西真不少。

上述现状，多少让常态课和公开课走了样，这里既有学校评价、制度问题，也有教师观念、素养问题，我们希望常态课与公开课都能回归"基本样态"。

| 二 | 常态课与公开课的基本样态 |

常态课要基于"整体谋划"下的"精心备课"。常态课是贯穿教学全过程的课，教师要有一个整体的教学设计，而后精心备课，分段实施。如数学的"连形问题"教学，就需要有一个整体的"谋划"：就形状而言，一年级开始可以玩"正方形的连形"，三年级可以玩"正三角形的连形"，五年级可以玩"正六边形的连形"；就数量而言，可以先玩"四连形"，一段时间后玩"五连形"，再过一段玩"六连形"；就变式而言，三年级开始可以玩"用连形图拼轴对称图形"，五年级可以玩"用正方形六连形折叠正方体"等。公开课做不到"整体谋划"，这是常态课的"专利"。

常态课要基于"依标尊本"下的"融入理念"。"依标"，就是依据新的课程标准，这是教学设计的"底线"；"尊本"，就是尊重教材对教学的指引功能，教材毕竟是由专家学者编的，是集体智慧的结晶。常态课就要在"依标尊本"的基础上"融入理念"，把教师自己的教学主张融入到教学设计中。理念的融入，是对一般教学设计的一种超越。如，李吉林老师的情境教学的理念来源于常态课，生长于常态课，精彩于常态课；张思明老师的数学课题学习的教学理念，也是在常态课中才能更好地实现，一节公开课一般完成不了一个课题。

常态课要基于"继承传统"下的"创新实践"。继承，让创新有其"源"，有文脉，很"自然"；创新，让常态课有活力，体现"自觉"，体现教师教学的价值引领。从"双基"到"三维目标"再到"核心素养"，就是继承中的创新。教师要根据新的教育理念，重新认识教学过程，掌握新的教学方法，营造新型的师生关系，为常态课的创新奠定基础。在不同的常态课中，强调师生、生生之间的平等对话，强调体验与共鸣，强调理解与共识，强调自主与合作，强调探究与发现，期盼充满智慧、文化和生命含量的课堂"好雨"，能悄然润入学生的"心田"。

公开课要体现"教明其道"下的"教精其术"。道是道理、规律等形而上的概念。今日教育之人，理应在"道"上做足文章，因为做教育就是一个明道、悟道、得道的过程。教明其道，就是教师要实施本真本原的教育教学，这是公开课的题中之意。公开课虽然不提倡教师的"表演"，但教师的"教精其术"还是应该有所展现的。术，是方法、手段和技巧。"术"是让"道"成为现实的中介工具和必需途径。万物运行都有方法和规律可循，如果方法运用得当，则事半功倍；运用失当，则功亏一篑，这便是"术"的重要性。

公开课要体现"教学主张"下的"教学风格"。基于教师自身的个性特质，提炼自己的教学主张，进而形成独特的教学风格和教学思想，成长为富有个性的教学名师，这是教师专业成长的必由之路。公开课可以把自己的教学主张展示出来，其目的就是拿出来让同行和专家评议。教学主张是教师教学的独特视角，是教师形成教学风格和教学思想的基石。公开课也是教师教学风格展示的平台，值得一提的是，不少公开课教学设计的初稿充分体现了执教教师的风格，但几经"磨课"下来，执教教师的风格给"磨"没了，这就失去了公开课的重要价值。

公开课要体现"**教学常态**"下的"**教学探新**"。常态课有更多的创新空间，教师的一些新的教育教学思路，不管成熟还是不成熟，都可以进行尝试。考虑到公开课的特殊性，教师可以把自己教学常态下相对成熟的教育教学的创新实践——更多的是教育教学微创新，展现出来，让同行和专家评议。这种微创新，可以是"融错教学"的尝试，可以是"拓展教材"案例，可以是"益智游戏"的引入，可以是从"去问题教学"到"生问题教学"的探索……公开课应该鼓励这样的微创新，让教师个人独特的风采呈现出来。

常态课追求长远效益，我们要立足"长远"来谋划，去形成连贯的整体效应；公开课注重短时的效果，我们要立足"短时"来构思，它既是常态课的极致体现，更应成为教育探索平台。

| 三 | 常态课与公开课的理想追求 |

常态课"**大气**"一点，公开课"**才气**"一点。"两课"都要"大气"一点（有文化），也都要"才气"一点（有智慧）。"大气"不足，体现在"考什么教什么"，以考试不考为由扼杀学生对知识和问题适当延伸的渴望，课堂更多的是按知识点教学而不是充分激发学生的思维，等等。教师的"大气"，与教师的教学观念、知识积累、能力水平、文化素养有关，教师要力争把常态课上得"大气"一点。教师的"才气"，是教师"教育智慧"的体现。教师的教育智慧，要更多地在公开课上呈现，有生成、有碰撞才会有智慧的火光；民主的、自然的课堂，才是公开课应有的理想样态。

常态课"**傻气**"一点，公开课"**灵气**"一点。"两课"都要"傻气"一点（有钝感），也都要"灵气"一点（有方法）。教育需要敏感，也需要钝感。教育的敏感，是一种教育智慧；教育的钝感，是一种育人境界。教师教学中的示弱，给学生创造示强的机会。教学中留一些"缺口"、留一点"缺陷"，学生想"圆其说"，就很有可能激发学生去"圆满"，给了学生用心之机，给了学生用武之地。这些，在常态课中实施的空间大。课堂的灵性，更多的是要靠教师的"灵气"来感染。这种感染可以是一题多解、一题多变、一题多用，可以是深入浅出的巧妙解答，可以是化难为易的新奇证明。这些，在公开课上展示的空间大。

常态课"朝气"一点，公开课"和气"一点。"两课"都要"朝气"一点（有活力），也都要"和气"一点（有互动）。比较中外常态课教学，我们的常态课教学相对比较沉闷。有活力的教学，课堂不是对学生进行训练的场所，而应是引导学生发展的场所；有活力的教学，课堂不只是传授知识的场所，而应是探究知识的场所。公开课相对来说"和气"的多——也就是互动的多，但我们希望这种"互动"不是曾经演练过的互动，不是为互动而互动，不是无效或低效的互动，期盼有更多的生成互动、思维互动、自然发生的互动。

常态课"喜气"一点，公开课"秀气"一点。"两课"都要"喜气"一点（有趣味），也都要"秀气"一点（有美感）。我们的常态课，严肃有余，"喜气"不足。其实，只要教师稍微留心一下，就能找到许多可以创造"喜气"的情境。给个趣题，讲个故事，做个游戏，甚至"闹个"笑话，有机融入课堂教学，往往会产生意想不到的效果。公开课不能只讲教学技巧，只讲课堂效率，公开课不能没有美。"让公开课美起来！"公开课呼唤和谐圆融的整体美、醇厚浓郁的情感美、空谷传神的动态美、雅俗共赏的教学美……

常态课"书卷气"一点，公开课"沉住气"一点。"两课"都要"书卷气"一点（有探究），也都要"沉住气"一点（有耐心）。探究学习是围绕一定的问题、文本或材料，在老师的帮助和支持下，学生自主寻求答案、意义、理解或信息的一种学习方式。探究学习，可能要多节课才能完成，可能会出现冷场情况，可能会生成新的探究问题，相对而言在常态课中比较适合进行，教师要积极尝试。公开课上，执教教师一般都希望能圆满完成教学任务，因此在教学环节上就会安排得比较紧，教师分析问题、提问或点拨时，往往沉不住气，给学生思考的时间太少，一急起来就用自己的思维取代了学生的思维。

期盼常态课与公开课都能"气"象万千，都能步入理想之境；期盼常态课能"常"出新"态"，摒弃问题，师者多用心于"常态"，让常态课从基本样态走向理想境界；期盼公开课能"公"而盛"开"，让公开课成为常态课的精彩课例，成为理想课堂的范例，成为教学新探的案例。

Ⅰ 本文发表于《新教师》2020 年第 9 期 Ⅰ

　　一个班主任具有优秀的价值领导力，就能让一个班级的学生逐步形成良好的价值观；一所学校的班主任价值领导力的整体提升，就能让这所学校的学生价值观整体趋好。可见，修炼班主任价值领导力，非常重要。修炼之道，在我看来，有四块基石：学、思、研、行。

| 基石一：学 |

　　与时俱进恒学之——领悟现代价值。时代在发展，新的价值观也随之而来，原有一些价值观的内涵也会有新的诠释，这就要求班主任养成持之以恒地学习新知的良好习惯。班主任可以从各种媒体中，把握时代脉络，领悟现代价值；可以从教育类报刊中，学习新的教育价值观；可以在学校的时政报告、道德讲坛、国旗下讲话里，感受时代精神。

　　古为今用广学之——理解传统价值。中华民族文化源远流长、博大精深，是我们宝贵的精神财富，至今仍有一定的现实意义。班主任不仅要广学中华文化，还要善于挖掘整理中华文化思想中有价值的要素，在理解传统价值的基础上，从古代文化思想中撷取养料与现代理念结合，从而形成新的整体的价值教育效应，做一名能穿越历史的现代班主任。

洋为中用活学之——借鉴多元价值。国外的有些价值观，有的体现人文人性，有的态度斩钉截铁，有的表述简明扼要，有值得我们借鉴的。班主任可以结合时代背景、国情校情、学生特点，在恰当的时机传播让学生更易于接受的价值观。当然，我们尊重价值的多元化，不等于否定自己的价值，而是要始终坚守社会主义核心价值体系不动摇。

｜ 基石二：思 ｜

善于辩证思维——提升价值识别力。面对各种价值观，班主任不能眼花缭乱，必须辩证思维，才能在不同价值观出现时，清晰地辨析出哪些价值观是正确之"观"、哪些是错误之"观"、哪些是未明之"观"。对正确之"观"，就要学习之、研究之，进而传播之；对错误之"观"，就要警觉之、明辨之，进而批判之；对未明之"观"，就要静观其变、预估其势、探其本原、揭其本质。

学会深度反思——增强价值创新力。反思，就是思考过去的事情，从中总结经验教训。反思，应成为班主任工作的一种常态。多元价值时代，还要求班主任学会深度反思，这样才能在价值传播过程中，增强价值创新能力。面对突发事件时，我们往往会说"见义勇为"，但对中小学生而言，第一个提出"见义智为"者，我以为就是深度反思后的价值判断和价值创新。

经常换位思考——改进价值整合力。所谓"换位思考"，我的理解是在待人处事过程中，能站在对方的立场上思考问题。比如，当代社会的主流价值包括民主、和谐、发展、公平、自主、自觉、尊严等。当我们站在"学生立场"上，来审视上述语词时，就会产生新的"价值整合"，比如，班主任的授权、放权，让学生更多地参与班级管理，就是对"民主"的一种"整合"。

| 基石三：研 |

研究班级文化——确立班级价值语境。班主任不仅要研究班级"硬文化"，如教室的布置、卫生等，更要研究班级"软文化"，如班训、班级制度、班级流行语、班风学风等。如某班班风强调：志存高远、脚踏实地，目标明确、锐意进取，团结协作、共同进步，尊重老师、关心同学；学风强调：独立思考、互帮互学，主动学习、力求创新，有错必纠、不留缺漏，勤学好问、学会学习。

研究教育科艺——追求本真教育价值。教育是一门科学，也是一门艺术。班主任就要研究教育科学和教育艺术，就要遵循教育规律去追求本真的教育，做有教育情怀的班主任。班主任有了先进的教育理念，就不会把有温度的教育做得冰冷，就会做一个卓越而幸福的班主任。没有幸福的班主任，就不可能有幸福的班级，更不可能有幸福的教育。

研究管理趋势——引领师生价值认同。现代学校管理之势，要"管"而"理"之，更要"领"而"导"之。这里所说的"导"，就是引领师生走向价值认同。这里的"师"，包括班主任和科任教师。价值领导，绝不是班主任一个人的领导，这就需要将班主任的价值追求转化为班级师生共同的价值追求，这就需要把班主任的价值观变成班级的共同价值观，"导"出班级价值的最大认同。

| 基石四：行 |

寓价值观于班级活动——显性渗透。班主任坚持践行主流、核心价值观的过程，就是自身价值领导力提升的过程。班级虽小，平台极大。班级管理中的广、难、杂、变，既是挑战，更是修炼之机。班级活动多种多样，有思品教育活动、心理体验活动、文化学习活动、科技探索活动、文艺体育活动、劳动活动、游戏活动、研学旅行活动等，班主任就可以充分利用这些活动，结合学生年龄特征和班级具体情况，渗透主流、核心价值，去规范、去引导、去影响、去整合每个学生的价值观，让国家提出的核心价值观悄然落地，使班级充满正能量，在活动中彰显班级精神。

融价值观于学科教学——隐性渗透。 班主任也是某一学科的教师，学科教学往往有稳定的时间和空间，班主任就可以有机地融主流、核心价值观于学科教学中，这既是一种隐性渗透，也是一种可以长期练就"领导力"的很好的平台。以数学课为例，我们就可以以数学的广泛应用，激励学生为建设祖国学好数学；以丰富的数学内容，培养学生的辩证唯物主义观点；通过对数学美的感受，培养高尚的审美情操；通过数学学习的深化，培养学生的非智力品质；通过介绍数学史和数学家的光辉事迹，培养学生的奉献精神和探索精神。

化价值观于情感交流——多元渗透。 班主任和学生的情感交流，既是价值观分享的极好时机，也是价值观渗透走向个性化、差异化、融入心理、润物无声的一种方式。班主任的情感交流，一要发端于心，热忱待人。只有发端于心的情感，才能真正打动人。教师源于内心的热忱待人，才能唤起学生的亲和之心、安定之心、愉快之心、坦诚之心、舒适之心、自主之心、向心之心和自信之心。二要互相理解，融洽亲情。教师要经常站在学生的角度思考问题，这样才能走进学生的心理世界，设身处地为学生着想，信任、赞美、爱护、关怀学生，多与学生进行交流，让学生也能理解教师的工作，大家相互尊重、相互关心，逐渐形成融洽的亲密关系。三要加强联络，顺畅沟通。师生之间的沟通和协调，是情感管理的重要内容。教师要有主动与学生沟通的意识，多与学生谈心说事。当学生有意与教师交谈时，教师千万不能拒绝，而要耐心倾听，并表情专注、自然得体地与之交流。

"觉"者，说的是对自我人生、教育和文化的自觉。"觉者为师"，班主任要有修炼"价值领导力"的自觉，沿着"学、思、研、行"的修炼之道行进，就能步入有"力"的班级管理新境界。

| 本文发表于《福建教育》2019 年第 12 期 |

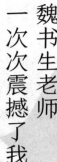
很早就听闻魏书生老师的大名,很早就读过魏老师的书,很想有机会能听一场魏老师的报告,没想到第一次见到魏老师是从"救场"开始的。

1991 年 7 月,我到哈尔滨参加全国中学学习科学第二届学术年会。到哈尔滨后,才知道福建省共去了四位年轻教师,我们四人一邀,晚饭后便去看俄罗斯建筑,到中央大街逛商店。

此时此刻,大会的会务组工作人员心急火燎——魏书生老师不能如期到来。原定第二天魏老师要为哈尔滨市即将上高三的学生作讲座——《谈学习方法——以语文为例》,4000 多名学生啊,又放暑假,改期讲学,谈何容易!

董国华秘书长突然想起了我,他知道我在龙岩一中已开设了四年的学习方法课,还在龙岩一中开设了大量的数学选修课、活动课、微型课。学会几位领导商量后决定,明天由我给学生作讲座,题目改为《谈学习方法——以数学为例》。

会务组的人哪里知道我正在感受北国文化。1991 年,谁有传呼机?谁有手机?

当我们大约凌晨零点回到宾馆时,会务组的人大声把我叫住:"任勇,总算找到你啦!"一番任务布置,吓得我浑身是汗,我直摇头说:"不行,不行。我是来开会的，什么材料都没有带。何况原定是魏老师讲啊，我怎么代替？"

学会领导出面了："这是大会决定的，相信你没问题。给你开个单间，里面有纸和笔，开始干活吧！"

连续三个小时，我硬是靠着在龙岩一中"摸爬滚打"练就的本领，奇迹般地在一张纸上写好了讲座的提纲。

第二天当我来到会场时，我吃了一惊：4000多人啊，我从来没有面对过这么多人讲课。特别是来了那么多的记者，还有录像的、摄影的、录音的。是啊，原本是魏老师要来啊。记者们一看不是魏老师，也无退路啦。

我也没退路啊，把心一横，豁出去了，"目中无人"，按照自己的思路讲，就当是在龙岩一中面对学生那样讲吧。

三个小时，我用充满激情、充满美感、充满诗意、充满理性的语言作完讲座时，全场掌声雷动。主持人给予了很高的评价，记者们纷纷采访，学生们走上台来要我签字，与我合影，我第一次有了"明星"的感觉。

救场救出了名。媒体报道了，大会充分表扬了。魏老师赶来后，在大会上特意说了一段感谢我的话。会后，我们福建省的四位老师和魏老师有了一张合影，可惜的是，我个头比较高，要和魏老师合影的人很多，"抢拍"时我的头顶没被拍全，但我依然珍藏着这张照片。

从那以后，我和魏老师有过多次接触。在西安，我们都为中国学习科学研究会讲学；在乐山，我们在一起评审一个全国性的课题；在上海，我们一起出席中国教育学会年会；在厦门，我代表市教育局主持了魏老师的讲学活动。

每次和魏老师在一起，每次听魏老师讲课或作讲座，我的心灵都会受到震撼。他把学习的权利交给学生，把宁静的心情交给老师，把公平的教育交给人民；他的"多改变自我，少埋怨环境"，他的"让我们用一颗平常心，守住心灵的宁静，建设自己的精神家园"，都给我留下深深的印象。

1995年暑期，魏老师和我一同到鹰潭讲学，魏老师讲语文，我讲数学，我们同住一屋。那天下午，鹰潭奇热，地面温度40℃以上，鹰潭方面说派车来接我们。魏老师穿着西装，我穿着短袖T恤，魏老师对我说："任勇，我们别坐车了，在马路中间走怎么样？"我比魏老师年轻，又穿得少，能说不吗？硬着头皮，和魏老师在无人行走的沥青晒出油的马路中间走，走到会场时，我已经汗流浃背，而魏老师却能"控制"不出汗！会场没有空调，魏老师幽默地说："男教师，不介意的话，就把外衣脱了。"整个会场就只有一台电扇，魏老师又笑着说："电扇就给任老师用吧，你们看，他快成'水人'了。"

魏老师讲学完的那个晚上，许多听讲的老师来到我们房间，请魏老师签名，魏老师每个都认真地签。老师们离开后，魏老师让我先用洗手间，说他先要给鹰潭市教育局题字，九点之后洗手间归他用。后来我才知道，所谓"归他用"，是魏老师要练气功，他怕在房间里练影响我，就在洗手间里练。魏老师练气功的时候，我看书看着看着就睡着了。我也不知睡了多久，睁开眼时发现魏老师还在写东西，就问魏老师这么晚了还写什么时，魏老师说写"道德长跑"。原来魏老师每天都要写日记，他称其为"道德长跑"。

望着魏老师瘦小而硬朗的身子，我又一次震撼了，我深悟"坚持"是要有毅力的。

第二年春节，我收到魏老师寄来的贺卡，贺卡上有这样一句话："潜心育人，校校可成净土；忘我科研，时时能在天堂。"这张贺卡，我至今仍珍藏着。

2009年，我正在写《走向卓越：为什么不？》一书，希望教师走向优秀、走向卓越。责任编辑说，最好请个名人写个点评语，出书时登在封底。我第一个就想到请魏老师帮忙写，巧的是，我还没来得及给魏老师发邮件，就跟他在福州碰上了。我们都为福建省学习科学研究会成立大会讲学，我上午讲下午赶回，魏老师下午讲。中午吃饭时，我向魏老师提出写点评一事，并送上书稿，魏老师爽快地答应了，说下午讲座前交给我，我好赶路。

下午2点20分，魏老师用酒店里的信笺写了如下点评：

> 任勇老师是一位不断超越自我、追求卓越的学者型教师。他的经历与著作，多年来一直给我以激励与启示。读了他的新作《走向卓越：为什么不？》，感悟良多，他捧着一颗真诚的、善良的心，一遍又一遍地劝说："优

秀教师啊，你不能安于现状，要努力走向卓越。"他还毫无保留地讲解如何确定卓越的方向，选择卓越的途径，甚至包括走向卓越的台阶细节。盼望越来越多的青年教师，在这本书的引领下，超越自我，踏上奔向卓越的旅程，将"？"变为"！"。

200 多个字，体现了魏老师的功力和谦逊，体现了魏老师的鼓励和期盼。这张信笺，自然也是我的珍藏之品。

| 本文发表于《教师月刊》2011 年第 5 期 |

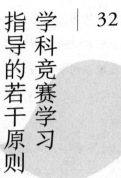
学科竞赛的目的在于提高学生学习某学科的兴趣，推动课外活动的开展，促进学科教学的改革，从竞赛和培训中发现一些有特殊才能的学生，以便及时对他们进行培养和教育，并促进学科教育事业的进步和发展。

学科竞赛有利于发现人才和培养人才，有利于学科教学改革的深化，有利于学生素质和教师素质的提高，有利于发展学生的个性。学科竞赛还为教育科学、学习科学、心理科学、思维科学、人才科学等多学科的研究工作积累了丰富的资料，促进这些学科的发展。因此，有条件的部门和学校，有组织地、适度地开展学科竞赛，是必要的，也是可行的，它充分体现了因材施教的教育思想。

学科竞赛具有学科性、自愿性、实践性、探索性、灵活性、开放性和综合性的特点。根据学科竞赛的目的、意义和特点，下面就学科竞赛学习指导活动，提出若干应遵循的原则。

| 一 | 课内深化与课外指导相结合的原则 |

课内深化就是要求在学科课堂教学中，指导学生在扎实掌握基础知识的基础上，适当在知识上加以拓宽，在能力上加强要求。课内深化普遍提高了学生的整体水平，为学科竞赛选拔人才创造了条件，为学科竞赛指导奠定了基础。课堂教学是面对全体学生的教学，不能一味拔高，因此学科竞赛还应组织有一定学科才能的学生进行课外指导，让他们系统深入地学习学科竞赛知识和技巧，让他们的聪明才智得到充分发挥。

｜ 二 ｜　立足平时与赛前强化相结合的原则 ｜

学科竞赛的学习指导，首先要立足平时，从早抓起，做到"五定"：定时间、定地点、定内容、定学生、定教师。在平时的学习指导中，应从知识内容上逐步拓宽，从能力要求上逐步提高，从解题技巧上逐步渗透，让学生扎实掌握学科竞赛的基本知识和基本技能。在赛前两三个月，还应进行强化训练，尤其是进行综合解题能力、应试能力和心理素质方面的训练，让学生以最佳状态参加竞赛。

｜ 三 ｜　打好基础与能力训练相结合的原则 ｜

学科竞赛学习指导一定要要求学生扎扎实实地打好基础。倘若盲目地一味拔高，一则难以维持学生学习的积极性，二则学生基础不扎实就谈不上能力的提高。但由于学科竞赛是一项高水平的智力竞赛，因此还应要求学生在打好基础的前提下，着力于学生能力的培养，培养学生观察、记忆、想象、思维、自学、创造、探索等方面的能力，全面提高学生的学科解题能力。

｜ 四 ｜　小组活动与个别指导相结合的原则 ｜

小组活动是学科竞赛指导的常见形式，它有利于学科竞赛指导系统地、全面地、深入地进行下去，为了让这些尖子学生"吃得饱，吃得好"，还应当对他们进行个别学习指导，或介绍学科竞赛学习方法，或推荐自学书籍，或增加练习，或另外安排辅导，或另请老师专门指导等，进一步提高他们的竞赛水平。

| 五 | 教师指导与学生自学相结合的原则 |

学科竞赛，教师进行指导是十分重要的，它能在有限的时间内让学生系统地掌握有关知识，但教师指导毕竟时间有限，在有限的时间内学生不可能最大限度地发挥他们的聪明才智，还要通过大量的自学活动，才能使学生的能力得到进一步提高。一般来说，没有自学能力的学生，是不能在竞赛中取得优异成绩的。对学生自学活动的指导，开始时可以少一点，要求低一点，以后逐步提高。在自学活动的学习指导方面，教师还要介绍自学方法，介绍自学用书，并经常进行检查、答疑，适当给予检测、评价、激励，这样就能使自学活动产生较好的效果。

| 六 | 教师精讲与学生勤练相结合的原则 |

学科竞赛中教师的指导应建立在精讲的基础上，精讲应在精心安排、精心准备、精选内容上进行。教师的精讲必须和学生的勤练相结合，才能使学生切实掌握和巩固知识，才能形成一定的分析、解决问题的能力，才能使指导落到实处。有的学校的学科竞赛指导，讲座一个接着一个。光讲不练或少练，学生学得如何，教师并不清楚；有的指导教师虽然布置了练习，但没有检查，没有答疑，可想而知，这样的指导效果是很差的。

| 七 | 通法指导与特法渗透相结合的原则 |

"通法"是指解题的一般方法、通用方法；"特法"是指解题的特殊方法。学科竞赛中的解题指导，应以通法为主。因为通法运用面较广，能使问题的解答一般化，能使学生深刻认识一类问题的解答方法。由于学科竞赛题的特殊性，不少问题的解法往往很奇特，因此，学科竞赛解题指导还应十分重视特法介绍和训练，这样才能使学生灵活简捷地解决有关问题。

| 八 | 激发兴趣与严谨论证相结合的原则 |

学科竞赛问题往往是十分抽象和枯燥的，教师在学习指导时应不失时机地、巧妙地将问题"引趣"，以引发学生的好奇心，让学生保持浓厚的学习兴趣，坚持学科竞赛的学习。但由于学科竞赛要求解题严密，因此，每道题都要严谨论证，教师应重视严谨论证的规范化训练，着力提高学生的解题素质。在学科竞赛指导中，人们倡导"问题应该引趣，但需严谨论证""可以胡思乱想，但须小心求证"，就是这个道理。

| 九 | 规范训练与创造训练相结合的原则 |

规范训练，就是要求学生在学科竞赛的学习中，要认真上好每一节课，作业要规范化、书写要规范化，计算要精确，实验要严格。这是学科竞赛学习指导的最低要求，要力争达到。创造训练，就是要使学生在达到规范化要求的同时，还要使他们具有创造性的思维品质和个性，要培养他们在规范性解题的基础上发挥独立性与创造性，使他们能独出心裁地解题，创造性地完成作业和实验，标新立异地提出问题，成为学习与创造的佼佼者。

| 十 | 理论学习与实际应用相结合的原则 |

在学科竞赛学习指导中，应坚持学好系统的理论知识，但同时要使学生明白理论来源于实践，学理论是为了应用于实践和指导实践；应通过课内外学习指导活动，逐步培养学生具有应用知识于实际的能力与习惯，让学生多参加一些小制作、小实验、小发明等实践性活动；鼓励他们写调查报告和具有实际意义的小论文，培养学生解决实际问题的技能技巧。要防止把竞赛人才培养成只懂理论、只会解题，不了解实际、不会解决实际问题的"书呆子"。近年来的学科竞赛问题已开始重视实际问题的介入，目的也在于此。

| 十一 | 学校辅导与社会参与相结合的原则 |

学科竞赛辅导主要靠本校教师进行辅导，这是基本的，也是比较容易实现的。本校教师容易组织，教师对学生情况较了解，有利于学科竞赛的学习指导。但由于学科竞赛具有特殊性，学科竞赛的辅导还应借助社会力量来共同完成。可以聘请校外某些专家、学者来校开专题讲座，可以把辅导课开到大专院校中去，可以组织学生参加有关学科竞赛培训班，可以几个学校联合起来搞"校际合作"进行辅导，还可以组织学生适当参加社会举办的能提高学生水平的学科竞赛，培养学生的应试能力。学校辅导与社会参与相结合，有助于解决学校师资不足、水平不高的问题，能形成新的整体效应，这是许多学科竞赛先进学校的共同经验。

| 十二 | 智力因素与非智力因素相结合的原则 |

智力因素一般指注意、观察、记忆、想象、思维，非智力因素（狭义）一般指动机、兴趣、意志、情感、性格。在学科竞赛指导中，智力因素十分重要，它在学生分析问题、解决问题中起着核心作用，而思维能力又是核心中的核心。因此，学科竞赛指导应不失时机地全方位地对学生进行智力训练，培养学生高度的注意力、敏锐的观察力、高超的记忆力、丰富的想象力和广阔的思维力。但学科竞赛中又应强调非智力因素的辅助作用，培养学生具有远大的理想、浓厚的兴趣、顽强的意志、丰富的情感和刚毅的性格，并注意加强应试方面的心理训练。只有智力因素与非智力因素有机结合，才能使学生以极大的热情参加学科竞赛活动，并能使学生在学科竞赛中充分发挥自身水平，取得好成绩。

丨　本文发表于《现代特殊教育》1995 年第 10 期　丨

18年前，我接到一位来自浙江苍南的教师的电话，说要拜我为师，自费到厦门来跟我学习一个月。那时我是厦门双十中学的数学教师，市里刚定下我是"数学教育基地"的主持人，厦门的老师还没进入"基地"，没想到第一个想进"基地"的是这位来自省外的教师。

他叫章显联，28岁，在中学执教七年之后，向校长请了私假想跟我学，我被他的热忱打动，接受了这样一位"我要学"的弟子。

瘦弱但十分精神的章老师来了，我为他在学校附近租了一个月的房，在学校食堂办了饭卡，没有拜师仪式，没有更多的人知道此事，第二天我们就进入"工作状态"了。

我的课，他每节必听，同时他又听了学校其他老师的很多课；我发表的文章，他几乎篇篇都看，悉心领悟，多有研讨；市里的学术会议，我也尽量让他参加；临走前他还在我们班上了几节课，广受好评。

章老师回苍南后，我们仍然保持联系，仍然进行"教研互动"。我们探讨诸如"数学交流""数学气质"这样的话题；我们关注"奥数热"引发的争议，反思我们的对策；我们追踪中学数学高级研修活动的选题，从中大致明晰我国数学教育的走势。我们的互动，开始时我的观点多些，后来章老师也多有见解，继而是相互研讨，我从年轻人敏锐的视角中，获取了更多的学术思想和研究朝气。

两年后，绍兴鲁迅中学招聘优秀教师，章老师被招聘去了。此后，每年春节我都能收到章老师寄来的绍兴花雕酒。

一天，章老师来电，说《数学通报》刊登了一篇他的文章，请我注意。天啊，数学教师终其一生能在《数学通报》上发表一篇文章，已属不易，何况章老师那时才30岁！

打开杂志一看，更令我惊讶，题为《一堂习题课的启示》，记录听了我的一节数学课的"启示"（片段）：

> 他高超的教学艺术，他的敬业精神，他全新的育人观、课程观、教学观、学习观给我留下了深刻的印象。本文就我听了任老师的一节习题课，谈谈对我的启示。
>
> 启示一：习题课的教学目的是让学生独立地、创造性地掌握教学内容，发展数学思维能力，提高数学素养。启示二：习题课教学要注意"成片开发"。启示三：习题课教学要交代解题的思维过程。启示四：习题课教学还要注意趣味生动。
>
> 以上是本人听了任老师一堂习题课后的几点想法，也是我今后教学追求的目标，也只有这样，才能将学生从苦学的深渊带到乐学的天堂。

他真的去追求了，他要追求数学教育的真谛。

后来我陆陆续续在《数学教学》上读到他发表的五篇文章，我虽然发表了不少教学文章，但在这本刊物上也才发表了一篇文章，后生可畏啊！

翻阅《数学通报》，我又发现了章老师的新论。他成熟了，也初步形成了自己的品牌和特色。他在《数学通报》又发表了四篇文章。

他工作10年后评上高级教师，后又被评为绍兴市教坛新秀，还参加人教社数学科章建跃老师主持的国家级课题。

多年后，我又见了章老师一次，模样没怎么改变，但眼神充满了自信。他说：研究，让教育更精彩！成绩只能代表过去，今后更要做研究型的教育行动者。

Ⅰ 本文发表于《教师月刊》2011 年第 11 期 Ⅰ

下 篇

做有诗意追求的教育

古人云："听君一席话，胜读十年书。"一席话，那是说者生命当中独到的阅历和见解，那是弥足珍贵的信息和财富。要想让"一席话"胜过十年读的书，在我看来，听者要有多年读书的基础，更重要的是"贵在听者心悟"。

父亲"一句话"，让我悟出要"与书结缘"

记忆中，能回忆起最早的事，是作为军人的父亲去部队时，把我扔进了部队的小图书馆，他要我从小受到书的陶冶。没有多少文化的父亲，在我童年时，说了句令我终生难忘的话："路过书店不进去，就等于犯罪！"话中饱含着他们那辈人对知识的渴求和对后生所寄托的希望。

于是，小城的书店里常有我的身影；于是，每逢出差，我至少要去一两家较大的书店；于是，专属于我的一房一厅书屋里，已有一万余册藏书，我在书海中求知与探索，在知识的田野里耕耘与收获；于是，朋友到我家，总爱在书屋里与我交谈，就连我的女儿也喜欢在书屋的另一张办公桌上学习。

后来有机会到北京出差，我更是乐不可支。稍有空闲，便奔向书店，按计划、有层次、"多渠道"地购书。北京书店的书，品位确实高，观点确实新，信息量确实大，文笔确实好。

与书结缘的我，一路读来，一路教来，一路写来，一路收获。买书，读书，教书，写书，成为我这个一介书生的书底人生。

校长"一席话"，让我悟出要"洼地崛起"

1979 年，我从师专毕业后分配到龙岩一中，当一个班的班主任，教初一两个班的数学。由于没有太多的条条框框，我的班主任工作干得"疯疯癫癫"，我会高效率地布置完学校交代的任务，然后组织学生开展各种活动。我的数学教学也"与众不同"，老师们说我的课充满趣味、充满方法、充满变化、充满数学思维、充满师生互动。两年后的我，已"小有名气"了。

1982 年，恢复高考后的福建师大第一届本科生毕业了，有五位来到了龙岩一中。那时恰逢学校重新调整住房。80 年代大家都住学校的公房，我和朱老师两人住一间 12 平方米的房间，我们都各有一个弟弟，且都在龙岩一中读书。"四个汉子"挤在一间屋子里，因此我很想分到一间大一点的房子。

调整方案一公布，我一看气炸了：我和朱老师没动，而新来的老师每人可住 12 平方米的单间。我扭头就往校长办公室冲去，气呼呼地对校长说："为什么新来的老师比我们工作了两年的老师住得好？"王校长（一位我非常敬佩的南下干部）看我嗓门大，也拉大嗓门说："为什么？我来告诉你！本科是中教 8 级，专科是中教 9 级。学校分房是按级别分的！"羞愧啊！我一时说不出话来。王校长接着说："你还年轻，可以再去提升学历，创出业绩，跃上高地。房子算什么！"

我当时不知是怎么走回宿舍的，满脑子都在想"房子算什么！"的"潜台词"是什么。那晚躺在床上，我悟出这样一个道理：要拿下本科，要多出成果，还怕什么没有！

于是，在接下来的几年中，我函授读完了本科，中考均分年级第一，后来高考又第一，指导奥数一鸣惊人，陆续发表论文 100 余篇，还出版了专著。那几年，我一直暗暗地与那五位本科老师比拼，骨子里充盈着"一定要超越他们"的动力。1992 年我破格评上了高级教师，他们还都是中级职称。1994 年我又被评为特级教师，成为福建省最年轻的特级教师之一。

退休的王校长得知我评上特级教师，非常高兴，笑着对我说："还记得那年你来吵要房子的事吗？房子算什么！"

| 前辈"一席话"，让我悟出要"教而研之" |

1984 年，我到连城县参加地区数学年会，我上午宣读完论文后，林铭荪主任就对我的论文给予了很高的评价，鼓励我不断努力、不断进步。那天晚上，会议安排大家看电影。不知何故，那么多的代表，只有陈清森老师和我不想去看那部电影。于是，我们就散步到山边的一座小桥边，谈起了数学教育，谈起了青年教师的发展。陈老师年长我 10 岁，分析问题条理非常清晰，他忠告我："青年教师首先要当好班主任，抓好德育练就管理能力；其次要教好书，这是你的看家本领；第三，有机会要去带数学奥赛班，你会更深刻地领悟数学；第四，搞教育科研，可以提升你的品位。尤其是这第四点，就要看你是否有兴趣，是否有毅力。"

陈老师的话不多，但句句有分量！

如果说，福建省教研室林铭荪主任的一句话让我有了初步的教育科研意识，那么龙岩地区教研室的陈清森老师是引导我成长的具体指导者。

1984 年，我才从教四年，前三点的工作，我一直在进行着，也一直很努力去做。唯有这第四点，不是那么容易做到，也不是那么容易做好。当时，大多数教师对教育科研还很陌生，认为中学教师只要教好书就行了，教育科研是教育研究专家的事，有的认为教育科研高不可攀，也有的反对中学教师进行教育科研。有一位德高望重的老教师，在一次学校数学组会上公开表明自己的观点，反对教师进行教育科研，他说："赵丹没写过一篇论文，照样成为最优秀的演员。"

陈老师悄悄对我说："你结合教学实践进行研究，不声张，现在许多老师还认识不到这一点，你先走一步，就领先一步。人们认识教育科研还有一个过程。"

于是，我在搞好教育、教学、竞赛的同时，悄悄进行教育科研。要进行教育科研，就要学习；要学习，就要订许多报刊。我们在闽西山区，相对来说信息不灵，通过订阅报刊了解外面的世界、了解数学教育研究与实践的情况，是十分有效的方法。

我和陈老师都订了很多数学杂志，杂志一到，我们各自先读，几乎是"读红"了，就是每页都读、都画，还写批语。同时做目录分解，以便日后好查询。有时，看完目录中的某个题目，自己就想"这个题目让我来写，我会怎样写"，然后把自己的写作框架拟出来，再进行对照，看是别人写得好还是我的框架妙。那段时间我们读了大量的数学教育文章，为日后研究奠定了深厚的基础。

我每周都要到陈老师家，有时也邀上几位志同道合者一并去，人多了，研究的氛围就浓了，大家都进步了。那段时间的日子过得真愉快，正如魏书生老师所言："忘我学习，处处都是净土；潜心科研，时时都在天堂。"

陈老师和我合写过文章、合编过书，在合作过程中，我悟出了许多治学之道，更多的是悟出了做人之道。

1996 年，我调到厦门工作，教师节时给陈老师寄了一张贺卡，上面写道："师指一条路，烛照万里程！"

Ⅰ　本文发表于《福建教育》2017 年第 15 期　Ⅰ

坐拥书屋

　　我很满足，因为我拥有一屋书。其实，不止一屋，而是两屋，整整一个一房一厅，全是我的书房。

　　里间的书屋，有一大扇窗，白天向外望，静谧而灵动，夜里向外望，流光有异彩。窗前遥望，确实有"浮想联翩"之意境。一张大书桌靠墙摆放，桌前又是一整墙的书，取放方便。桌后摆放一张舒适的椅子，无轮，坐得稳当。椅子后面又是一整墙的书。所谓整墙，其实就是下到底，上到顶，侧到墙边或门边。这间书屋，主要摆放教育类书籍和各类杂志。我的写作，主要是在这间书屋里完成的。

　　外间的书屋，北面是一个大阳台，立足阳台，可以看到大海的一角，可以看到筼筜湖，近观闽南大厦、国贸大厦等高楼，远眺市政府、狐尾山、仙岳山。轻风吹来，令人心旷神怡。其余的三面墙，全是书架。有书法名人送我字画，我在书屋里竟然找不到一面墙可挂！这间书屋主要摆放数学类和文化类的书。外间的书屋也有一张大桌子，用于专题写作。书屋中另有沙发、茶几之类。

　　就我家而言，住所由一套三房两厅和一房一厅打通组成。那一房一厅便是我的书屋；那三房两厅中，有一房是我爱人的书房，有两墙书，几乎是英文类书籍或英语教育类书籍，还有一房是女儿的，卧室兼书房，有一墙书，是她的专业——建筑类的书，还有一些有文化品位的书。

书屋是我亲自设计的，我设计的原则是：尽可能多放书，每层书架的留空都很少，尽可能方便用——书架不装玻璃不安门，一眼见到书，随手便可取。

回到家里，忙完"剩余"公务，我便泡上一大杯绿茶，钻到我的书屋里。进屋后的基本程序是：读刊物—写急稿或备讲座稿—小休闲—写专著或论文。

读刊物，就是读近期的报刊，必读的有《教育研究》《课程·教材·教法》《人民教育》《上海教育》《中国教育报》《福建教育》等，必浏览的刊物有《数学通报》《数学教学》《明日教育论坛》等。读书，一般放在双休日、长假读，或在"运动"中读。

写急稿，其实就是诸如第二天开会或某个活动的发言稿，或为报社写的应急稿，或一些序言、题词之类的。写近期的讲座稿，一般是做幻灯片，应讲座单位或部门的要求，有针对性地写作，基本上是在原有研究或已有论文的基础上进行。

小休闲，一般是洗个澡——南方人几乎每天必洗，或是玩一会儿篮球，也就是在那儿拨弄，不着天，不着地，趁妻子不在家时往墙上砸几下，或是远眺，联想一番，发呆一会儿，有时也坐下来看看新闻台、体育台，读些闲报，偶尔也哼一两句小调。

写专著或论文，这是费时费精力的活。写论文还好些，可以集中一段时间拿下，但写书就要"论持久战"，少则半年，多则几年。近期写的《为发展而教育》一书，写得十分艰难，难在既不能写成学术专著，又不能写成教育随笔，极具挑战。

坐拥书屋，书于我，是诗，是沉思，是面包，是空气，是所有的一切。我能体会到大学者钱钟书先生一生"不求万物，唯求一书"的境界。是啊，无欲一身轻，有书万事足。

坐拥书屋，我忽然间觉得"书中自有……"应该是一道很好的高考作文题，有黄金屋，有千钟粟，有颜如玉……自然是一种收获，但在物质生活、精神生活相对满足的今天，可能"书中自有……"就远不止这些了。

书中自有生命在。

生命是有限的，知识是无限的。人的一生有限，这个"有限"的过程要和"无限"打交道。读书的好处恰恰就是因为它能使有限的生命得到无限的拓展。难怪许多读书人都爱这样说："书生，书生，为书而生。"

书中自有阶梯在。

女作家叶文玲说：书是"天下第一情人"。名人对书的感悟和钟爱，是激励人们去开启知识大门的"金钥匙"。但从理性的角度说"书是文明的使者，书是生活的大学，书是知识的大厦，书是进步的阶梯"绝不为过。

书中自有思索在。

志趣求高雅，思索求高远。高远的思索，源于静心地读书。想走万里路，要读万卷书。英国哲学家洛克说："读书只能供给知识的材料，如要融会贯通，应靠思索之力。"读书，贵在思索。我思故我在。

《书之趣》主编彭国梁先生在该书"编后记"中写道："做了一个书架，高兴；买了两个书柜，高兴；有一面墙的书虎视眈眈，那就别提有多神气了；终于拥有了自己的书房，则有一个皇帝的位子在等着，都要考虑考虑了。在自己的书房，自己就是皇帝，墙上的书都是后宫的佳丽啊！"

书带我进入一个又一个新的境界。

坐拥书屋，于我，足矣。

｜ 本文发表于《福建教育》2009 年第 7 期 ｜

有好的教师，才有好的教育。时代呼唤高质量的教育，教育呼唤高素质的教师。高素质的教师，在很大程度上就是名师。我们的时代，是一个迫切需要名师的时代，也是一个能够产生名师的时代。

| 一 | 我的名师观 |

名师，就是知名度高的教师，工作出色，教育效果好，为同仁所熟知，为学生所欢迎，为社会所认可，有相当的名气和威望。

名师是有层次的。 一个"经师"是可以成为名师的，但我希望名师不仅是"经师"，更是"人师"，再成长为"大师"。

名师是有境界的。 崇高师德是名师的基本条件，德能并重是稍高的要求，名师还应有教育智慧，进而走向师魂之境界。师德、师能、师智、师魂乃名师成长的四个台阶。

名师发展名校。 名校之所以为名校，其中很重要的一条就是名师云集，就是学术前卫。一批名师的成长，可以影响和带动整个教师队伍素质的提高。名师是一所学校发展的支撑，名师效应也是一所学校的效应。

名校造就名师。名校的优良传统、学校文化、成才机制等，有利于名师的成长。名校往往会为教师的发展提供宽松的平台，为教师的成长提供自由的环境，成为名师成长的摇篮。

名师要走"学习—实践—研究"之路。不读《论语》，不读杜威，不读苏霍姆林斯基，是成不了名师的。名师要有终身学习的意识，不断提升自己的素养。名师还要深入实践，因为"真正的名师是在学校里、课堂里摔打出来的"。名师还要善于研究，要走进教育科研，"只有踏踏实实地沉下去，才能潇潇洒洒地浮起来"。教育科研，是名师的发展之本。

名师的成长关键在"自我"。认识自我、发现自我是成为名师的基础和根本；完善自我、战胜自我是成为名师的关键；实现自我、超越自我是成为名师永不满足的目标。

| 二 | 名师个性思考 |

个性魅力——多种因素的完美结合

名师的成功个性和独特魅力，源于多种因素的完美结合，是多个方面共同作用的结果，具有整体性。名师的人生理想、不断追求卓越的教育信念是其成功的前提，是推动其人生发展的强大动力；全面扎实的专业能力是名师适应教师职业，赢得学生和各方支持，走向成功的基本条件；灵活有效的自我调节是教师成功的保障。面对千变万化的教育实践，需要教师具有自知之明，能正确认识自身存在的差距，树立终身学习理念，不断提高自己的教育教学素养，以适应时代的要求。个性固然是名师成功的重要因素，但个性因素还必须与特定的社会环境、人生机遇、领导重视等因素结合起来，才能发挥积极的作用，才能促进教师成功发展。

个性特色——教育教学中逐步形成

名师成功的个性特色，是在其长期的人生和丰富的教育教学实践中形成的，它一方面沿着教育教学的惯性朝着某个方向发展，另一方面又不断吸纳新的教育理念和教育教学艺术，是一个不断发展、不断深化的过程。名师成功个性的形成，既包含先天的自然属性，更富有社会性，它受到教师的家庭生活条件、学校教育、社会文化等多种因素的影响，但最根本、最关键的是教师主体的自我意识。

个性优化——保持本色与合情融通

名师的个性是一种具体的个性，它是名师以自己的个性为基础，为适应教师角色规范的要求，在教育教学活动中形成并表现出来的心理和行为倾向性。名师的成功个性，是一个不断优化的过程，是其在漫长人生经历和教育实践活动中逐步形成的。保持成为名师的人生理想、追求卓越的教育信念、综合全面的教学能力、健全优化的性格组合等本色，同时在为自己发展营造良好的氛围上，在争取得到更多的外部支持上，在事业与家庭、奉献与休闲、工作与锻炼、坚守岗位与及时进修上，应注意合情融通。

| 三 | 名师培养的思考 |

思考之一：让名师走向教育家

《中国教育报》有这样一段论述："教育家是指从事教育工作并在教书育人、教育研究工作中有较高的造诣或取得一定成就的人。教育家既包括教育思想家，也包括教育实践家，或者集两者于一身。以此衡量，在我国基础教育领域，有一大批教育家。他们主要在学校管理和教学一线，兢兢业业从事着教书育人的工作，不仅为社会和国家培养了各类优秀人才，而且洞悉教育规律，精通教育业务，在长期实践中积累了丰富经验，并在此基础上升华为理论成果，用于指导自身的工作实践，并为丰富和深化教育理论作出了贡献。他们或者是学校的校长、管理人员，或者是一线的优秀教师，或者是在为教育服务的科学研究、教学研究、教材编写、教育新闻传播以及教育管理等机构工作。他们是支撑我国基础教育发展的骨干力量，是基础教育的领军人物，是受到广大青少年学生和人民群众敬佩爱戴的师表，他们是当之无愧的教育家，正是他们在办着中国的基础教育。坚持'教育家办学'，就是要进一步发挥他们的作用，提高他们的地位，让他们的聪明才智绽放更大的光彩。"

名师离教育家已不遥远，让名师走向教育家，是必要的，也是可能的。

思考之二：让名师培养新名师

名师具有榜样效应。名师的榜样效应，启发我们可以让名师为培养出更多的新名师作贡献。比如"名师带教"的"一带一或一带多"活动，比如"名师工作室"或"名师工作坊"的团队工作机制，又如"名师讲学团"的下校活动等，成长因名师引领而精彩。

厦门市从市区到学校，都有名师传帮带平台，即名师带学科带头人、学科带头人带骨干教师、骨干教师带青年教师、青年教师带新教师，一"带"带出了一个教师成长的新景观，带出了学校教育教学的新成果。就厦门市区而言，这种"带"是跨学校的，这就带出了一个厦门教育的"名师链"。

思考之三：创建成熟的名师制度

尽管我们研究了名师的许多问题，但客观地说，我们对名师精神和名师成长之道还没有真正搞清楚。既然我们对名师精神和名师成长之道还处在初级的探索状态，那么我们就应该对名师的成长过程保持一种敬畏之情，避免误导名师培养，努力培养具有各具特色的名师。华东师范大学的周彬教授认为，"名师评选"不是"名师之道"。我很赞同这种观点。一方面，应当承认，"名师评选"是发现名师、认同名师的一条道路，但不是名师成长的唯一道路。另一方面，既然"名师评选"不是"名师之道"，那么，就要为名师之道铺就多重的名师认定制度，尤其要重视名师评选中的民间力量。

思考之四：名师不可仿

北京师范大学的肖川教授指出：名师所代表的是先进的教学理念，是值得学习的，他们的成长之路值得研究、借鉴，但他们的示范课的招式却不可简单模仿。

学习名师的课堂教学经验，了解名师的成长经历，这也是唤起教师教学热情的重要方式。我们说"名师不可仿"，是指课堂教学都有自我特征，不可能完全仿效，但是名师的成长对教师却有榜样示范的作用，尤其是名师对教育的热情和对教学的研究精神更容易感染教师。如果一个人真正地关注和投入教育教学工作，那么他就更容易享受到教育教学的乐趣，越有乐趣，对教育教学的研究就会越持久、越深入。简单地模仿，就像人们常说的东施效颦、邯郸学步，会适得其反。

思考之五：教而优不仕

"教而优则仕"在教育界很普遍，美其名曰"内行领导内行"。"教而优则仕"脱胎于《论语》中的"学而优则仕"，此语中的"优"，一直被人误解为"好、杰出"之意，这话也被曲解为"学问好的人可以做官"。其实，这种解释一放到原文中，我们就会感到错得可笑。原文是"仕而优则学，学而优则仕"，如果按照前面的解释，不就成了"做官的人做得好，就去学习"？"优"，其实指的是"有余力"，整句话是说："做官有余力就进行学习，学习有余力就去做官"。因此，真正意义上的"教而优则仕"，是指教学上游刃有余、有余力的教师，可以再做点行政管理。

我们呼唤"教而优不仕"，就是希望更多的教师能"静下心来教书，潜下心来育人"，就是希望更多的"教而优"之师，能终身从教，能"淡泊名利，志存高远"，一步步走向名师、走向大师。

思考之六：学者化——名师的成功之路

我很赞成董菊初先生在《名师成功论》中提出"学者化——名师的成功之路"的观点，我还以为追求"学者化"，是教师持续发展的一种更高层次的追求。

教师在其发展的过程中，可能先是书教得比较好，可能是班主任当得比较好，这是教师事业的基础。但要持续发展，还要进行教育教学研究，探索教育规律，提升教育实效。进而，还要把研究的东西整理出来，也就是要进行研究和写作。这其实也就是学者化的进程。

名师的成长过程是一个学者化的过程。成为学者型的教师，为教师的持续发展指明了方向。名师的学者化不是一步到位的，学者化的实现有一个从"低层—中层—高层"的过程，这里所说的"高层"是无止境的。学无止境、教无止境、研无止境，是名师学者化的基本原则和目标。

远观全国名师魏书生、李吉林，近看福建名师陈日亮、张远南，哪一个不是著作等身？哪一个走的不是学者化之路？

▏ 本文发表于《福建教育》2014 年第 41 期 ▏

15 年前，我刚到厦门双十中学任教时，就知道很有名气的地理老师陈聪颖。之所以有名气，是因为他课上得好。一天，我慕名前去听陈老师的课，他上的是地图课。

在地理教学中如何引导学生认识地图，在头脑中形成地理概念，在当时条件下可以有两种不同的方法。一种是"挂图讲解"，即使用现成的地图，根据教学要求，指点地图中的有关内容进行讲解。另一种是"作图讲解"，即教师根据教学要求，在黑板上画图，边画边讲解。边画图边讲解，是陈老师的"看家本领"，陈老师画的地图，不仅整体逼真，就连细节也不放过，加上陈老师语言幽默，师生都浸润在探求知识的海洋里，连听课的老师都差点忘了自己的身份，想在课堂上互动了。

在我看来，"作图讲解"的效果肯定要比"挂图讲解"效果好。挂图是静止不变的，作图是动态生成的。轮廓、符号、颜色、线条，在作图讲解中突出地、有序地映入学生的视野里，给学生留下清晰、鲜明、深刻的痕迹，为学生理解知识创造良好条件。

不是老师们不想"作图讲解"，而是"作图讲解"谈何容易！

陈老师不仅课上得好，他抓高考还自有一套。地理科相对于语数英学科来说，是"弱势学科"。但陈老师带领地理组的老师们，平时打好基础，迎考不让"阵地"，也不"抢课时"，追求人文的、健康的、和谐的、生态的高考，地理复习科学化、有序化、最优化、人性化，地理高考连年传来捷报，令那些抢课时的学科老师颇显尴尬。

人民日报出版社请我主编"高考倒计时丛书"，我就将地理学科交由陈老师编写。这套书分学科从高考倒计时 100 天编写起，每天一单元，要给出学习要点、学习对策、学习范例、变式训练、拓展知识等。当别的老师还在苦苦编写时，陈老师第一个把整理好的一摞书稿交给了我！

课堂也好，高考也罢，都是陈老师的阵地，但陈老师的梦是"追星"。追明星？不！追天上之星。

陈老师年轻时就是"追星一族"，作为教师的他觉得还要引导学生一起追，于是他就想方设法组建学校天文台，让天文教育走上正轨，让学生在"追星"中成长。他的身边总是围绕着一群"追星"族，他们观测天象，办《追星小报》，绘星图轨迹，创作活动星盘，创编新历法，不断地探索着星空的奥秘，在探索中收获了知识，也收获了快乐，拥有了一段终身难忘的经历。一时间，厦门双十中学天文教育在全国出了名，全国中学生天文奥林匹克竞赛决赛在双十中学举办，第三届亚太天文奥林匹克竞赛也在双十中学举办，双十中学获奖多多。

2007 年 10 月 24 日 18 时 5 分，我国首颗绕月探测卫星"嫦娥一号"在西昌卫星发射中心成功发射升空，大约 6 分钟后，"嫦娥一号"飞经厦门上空。在厦门人民会堂的草坪上，陈老师带着天文协会的学生已经摆开阵势，在那里守候多时了。"嫦娥一号"在厦门上空飞行了 1 分钟左右，陈老师和他的学生们通过望远镜，不仅捕捉到了拖着蓝色尾巴、淡淡光点的"嫦娥一号"，还看到了第二级火箭与卫星脱离后，箭体坠入大气层与大气发生摩擦后燃烧发出的火光。"嫦娥一号"星箭脱离的壮观景象，让学生们不禁欢呼雀跃，那种激动人心的情景，同样在陈老师的心里激起了兴奋的波澜。

⌐ 本文发表于《教师月刊》2012 年第 1 期 ⌐

我读高中时，寒假作业不多，三天我就能把作业做完，然后就"大玩"。教我们数学的曾亚姗老师会加一道作业："用你们学过的数学知识，解决或研究一个生产或生活中的问题。"我们对曾老师的"附加作业"格外感兴趣，都在暗中较劲，都想"得优"，都想在开学时获得老师的点评和表扬。

我起初用简单的数学知识研究了一个稻田插秧最值问题，可以提高 20% 的插秧率。在和敏燕同学交流成果时，敏燕随口说："你解决的问题用的是初中知识，聪明的小学生也能解决啊。"受到讥讽的我当然不服气，那段日子天天用数学眼光看生活。吃饭时，就想碗的容积与数学的关系；出门办事，就想能不能有"一笔画路线"；"石头、剪子、布"有没有胜算的招数。我从喝水的杯子想到了"将一张正方形铁皮，在四个角上剪去四个小正方形，折起后的容积的最大值是多少"问题。算式可以很快列出，但所学的数学知识解决不了问题。我请教父亲单位里的工程师，工程师也解决不了，只说了句"可能要用到更深的知识"。于是，我设法去图书馆借书，其中有一本《不等式极值问题》，我进行自学，终于用均值不等式解决了这个问题。我异常激动，因为我用自学来的数学知识解决了颇有难度的实际问题。这回我没有告诉敏燕，当曾老师在班上点评我的成果时，同学们报以热烈的掌声，敏燕投来惊愕又敬佩的目光。

女儿读高三时，做寒假作业，除夕的那天上午，女儿做着做着竟然笑了起来。我好奇上前探其"笑因"。原来，高三放寒假两周，高考六个学科每科每天都有一张练习题。语文每份练习前面都有一段导语，第一天的导语是："温馨的寒假开始了，让我们伴随着'导语'走进语文寒假作业……"除夕那天的导语是："今天是除夕，就背一首杜甫的《春望》如何？但今天下午，大家一定要'帮妈妈刷刷筷子洗洗碗，给爸爸捶捶后背揉揉肩'。明天千万别给语文老师拜年，但一定要去给教过你们的初中、小学、幼儿园的老师拜年！明天语文无作业！"这就是女儿的"笑因"。

除夕的下午，女儿做家务了，一家人其乐融融。大年初一，女儿按语文老师的要求做了。女儿的初中老师和小学老师都打来电话，说女儿"很懂事、很有礼貌"，说我们"家教有方"，教过女儿幼儿园的邱老师更是激动不已，说了好多激励女儿积极进取的话。那年寒假，女儿似乎长大了许多，那年高考，女儿考上了理想的大学。感谢语文寒假作业！感谢高三语文老师！

初为人师的我，先教了三年初中。三年的暑假作业，年级有统一要求，我只有服从。教第二轮初中时，我感到暑假作业几乎是平时作业的翻版，就自作主张"另搞一套"：我对学生说，年级布置的暑假作业，大家"挑着做"，选有挑战性的题做，做多少算多少，没关系。但每人必须出一份试卷在大年初三前给我，你们来考老师，想办法把老师考倒。我具体布置一番后，有学生举手问："可以略超纲吗"？我佯装水平有限，笑着说："可以可以，可别超太多啊。"

暑假里，我陆续收到来自学生的试卷，开始逐一解答，并在"好题"旁圈上标记，在有特色的题旁写上批语。我将做完的试卷逐一交还或寄回给学生，让他们批改。开学后，我们班可热闹啦，大家在议论卷子，哪道题被老师评为"好题"，哪份卷子被老师评为"好卷"，哪道题是特色题，哪道题老师"解答不完整"上当啦，哪道题老师给出了好多种解法。我让数学课代表拿着登分表，在学生姓名后登上我的得分，好统计我的平均分。可以想象第一节数学课的情境，我简单综述后，命出"好题"者说明出题经过，命出"好卷"者说明出卷过程，命出"特题"者解密拟题过程，课堂气氛活跃、趣味盎然，师生互动融洽、高潮迭起。

其实，寒假作业是可以多样化的。

平时教学，一节接着一节课地上，一环紧扣一环，虽也可以"多样化"，但相比而言，还是寒假作业"多样化"的空间大。关键是学校、老师，要有创新意识。前面说到的三个例子，就是作业创新，就是作业"多样化"。

让我们"头脑风暴"一番吧：开放类，进行"微课题"研究，老师给出一些小课题或由学生自选小课题，或个体或小组进行研究；写作类，每人写一篇"学习一得"，会学一得，乐学一得，巧学一得，博学一得，快学一得；自学类，在温习本学期知识基础上，自学下学期内容，尝试做预习笔记；读书类，现在学生课外阅读积极性不是很高，尤其是科技阅读更少，我们可以利用寒假作业的"导向"作用，引导学生走进"书香世界"；综合类，就是几种类型的综合运用；等等。

建议班级组或年级组，在寒假前一个月，好好研究一下寒假作业多样化问题，及早准备。切记，不是每科都要有寒假作业。有寒假作业的学科，各科之间要相互配合、相互补充、相互借鉴，形成一套目标一致、求同存异、各具特色的量少而质优的寒假作业。

如是，"寒"而有"假"，假期快乐；如是，教育甚幸，学生甚幸。

丨 本文发表于《福建教育》2010 年第 12 期 丨

39

研名师之征，悟优秀之道

要想成为一名优秀的教师，有一条可取的路径就是"站在巨人肩上"。不过可以作为教师的"巨人"，也就是教育大师，不是很多。

怎么办？我们不妨把眼光放到"高人"上，作为教师的"高人"，就是名师，相对多些。

我以为，研究名师的特征，就能从名师身上学到从教为师之经，悟出走向优秀之道。

名师，就是知名度高的教师，工作出色，教育效果好，为同仁所熟知，为学生所欢迎，为社会所认可，有相当的名气和威望。

如果从名师的构成因素来说，理想的名师可表述为：名师＝较高的学历背景＋渊博的学科知识＋精湛的教学技艺＋深刻的教育思想＋优秀的道德品质＋感人的人格魅力。

我专门研究过名师的特征，研究的结论是：名师的特征＝动力特征＋学识特征＋人格特征＋教学特征。

下面分而论之。

名师的动力特征＝人生观＋教育观＋成就感＋进取心。

名师的人生观。名师人生的意义在于奉献自己的才华，人生的价值在于发掘人才，获取教育教学的丰硕成果，把自己掌握的知识、技能通过教育的媒介，无私地奉献给下一代，为祖国、为社会、为人民作出自己的贡献。不为名而工作，不为钱所诱惑，不为权势而心动，一心一意扑在教育事业上。

名师的教育观。教育是事业，事业的意义在于奉献；教育是科学，科学的意义在于求真；教育是艺术，艺术的意义在于创新。教育的生机与活力，在于促进学生个性的健康发展；能使学生生动活泼主动发展的教育，才是成功的教育；教育重在师生间相互信赖，信赖取决于民主平等的沟通。

名师的成就感。成就感是激励个体对自己所认为重要的、有价值的工作，乐意去做并努力达到完善的一种内部推动力的感受。名师的成就感，体现在学生获得了知识、培养了能力、掌握了方法、形成了品格上，体现在自身学识水平的提升上，体现在自身人格魅力的影响上，体现在卓有成效的工作得到赞许上。

名师的进取心。名师的进取心体现在"心灵追求高尚，事业追求卓越"上。他们积极进取，把自己定位于终身学习者与创造者。他们认为，唯有终身学习者与创造者的教育才是真正的教育，才是高质量和高效益的教育。为成为学习者和创造者，名师刻苦钻研，勇于创新，永葆高素质。

名师的学识特征＝扎实的基础知识＋宽厚的教育科学知识＋精深的专业知识＋广博的文化知识＋不断获取的新知识。

扎实的基础知识。基础知识包括哲学、语文、外语、数学、物理、化学、生物、历史、地理、音乐、美术和计算机等基础知识，名师对这些知识往往能准确掌握、深刻理解、牢固记忆、灵活运用。

宽厚的教育科学知识。名师对教育学、心理学等知识有较深刻的领会，能深刻理解和熟练运用教育科学理论，根据教育规律和受教育者的身心特征进行教育、教改和教育实验。

精深的专业知识。名师对本专业知识了如指掌，并能熟练地运用本专业知识去分析问题和解决问题。名师还往往通晓本学科发展史，了解本学科发展现状，预测本学科的发展趋势和作用，在教学中渗透学科最新成果。

广博的文化知识。未来科技发展的特点是高度分化和高度综合，其结果是新兴学科、交叉学科、边缘学科、中间学科等大量涌现。名师深知，一个对新兴学科知识一无所知或知之甚少的教师，是很难适应时代对他的要求的。

不断获取的新知识。如今，"一杯水、一桶水"已远远满足不了时代的要求，名师深知，我们需要的是滔滔不绝的"长流水"。为师唯有筛滤旧有，活化新知，积淀学识，才能培养出善于终身学习的新一代。

名师的人格特征＝为人师表＋举止优雅＋追求完美＋律己宽人。

为人师表。名师能加强自身修养，不断学习，提高思想认识和道德觉悟，平时严格要求自己，以为人师表的人格力量促进学生良好思想道德的形成。

举止优雅。名师往往具有高雅、文明的言谈举止，注重修养，处处给学生作出表率。名师言教辅以身教，身教胜于言教，其一颦一笑、一举手一投足都会产生意想不到的教育作用。

追求完美。从某种意义上说，名师的成功之路，是一条追求完美之路。名师常常在不断地自我认识、自我批评、自我校正、自我监督、自我修炼、自我突破中完善其人格形象和权威形象。

律己宽人。名师律己，在律己中走向完美；名师宽人，在宽人中达成信任。名师的宽人，像一缕阳光，让学生感到温暖；像一丝春雨，让学生感到滋润；像一粒爱的种子，在学生心中萌芽。

名师的教学特征＝情知交融＋心灵相悦＋动态生成＋真实有效。

情知交融。在教学中，名师十分注重知识的传授、能力的培养和方法的渗透，但名师更注重对学生进行情感熏陶，用情感浸润学生的心灵，让学生在情知交流的空间中汲取人生所需的养分。

心灵相悦。名师课堂的魅力体现在教师与学生相互对话与分享，共同探究发现，共同面对疑难，共同快乐成长。课堂成为师生心灵依托的场所，生命成长的乐园。

动态生成。名师的课堂是动态的，是多维、开放、灵活、生动的。动态的课堂建立在课前充分预设、精心设计的基础上。教学过程自然地生成，课堂焕发出生命的光彩，师生收获未曾预约的精彩。

真实有效。名师的课堂，不是花架子的课堂，而是融"基础训练扎实、思维拓展丰实、教学活动真实、教学质量有效"为一体的课堂。名师课堂是参与度、亲和度、自由度、整合度、练习度、延展度有机结合的课堂。

| 本文发表于《教育时报》2011 年 1 月 12 日 |

40

"教学"诚可贵，"写作"价亦高

教师"写不写论文"，争论已久。

我刚到龙岩一中教书时，当时的数学教研组长说过这样的话："老师教好书就行了，写什么论文！"而我当时在读《上海教育》的一篇文章《教师即研究者》后，发现上海的专家认为教师还是要做些研究的，把研究的成果付诸实践，再把它写下来，就是论文了。

谁说得对呢？当时我觉得上海毕竟是上海，上海教育的今天，应当是龙岩教育的明天。于是我就悄悄地进行研究，悄悄地了解那位组长订阅的杂志，我投稿时就有意避开组长所订的杂志，生怕他发现我写论文批评我。

后来换了数学教研组长，这位组长自己爱研究，就鼓励教有余力的老师做研究，写论文。新组长要统计教师发表论文数量时，我竟然报了30多篇，老组长惊讶不已。

如果有人问我"你是怎样由一名普通的师专生成长为一名特级教师的"，我可能会这样回答："原因很多，但很重要的一条是进行了教育研究。"

假如我没有进行教育研究，就很难成为今天的我。这些年，我在研究状态下工作，取得不少成果。因为研究，班级管理上了台阶，数学教学成绩显著，数学竞赛获奖颇多，我得到了许多奖励；因为研究，学校管理走向科学化、制度化、人文化，学校得到长足发展；因为研究，我在到了教育局后，能迅速掌握所分管工作的规律和要求，及时占领分管领域的制高点，不断跃上教育发展的新平台。

我以为，教育研究是教师走向优秀的必由之路。

最近人力资源和社会保障部、教育部联合下发了《关于深化中小学教师职称制度改革的指导意见》，指出要"切实改变过分强调论文、学历的倾向"。我觉得这并不是希望教师不要研究、不要写论文了，而是针对一些有娴熟教学技能、有人格魅力，却又不擅长总结、不太想写论文或论文水平一般的"教学型"的教师而言的，具有"特殊性"。说的是要切实改变"过分强调论文"的倾向，并不是说"不再要求写论文"。我希望教师们不要"误读"，更不要因为"不过分强调写论文"而"欢呼雀跃"。

《中学教师专业标准（试行）》中的"基本要求"第 62 条是："针对教育教学工作中的现实需要与问题，进行探索和研究。"幼儿园、小学、特殊教育和中职教师的"专业标准"，都有类似的提法。你看，"基本要求"都希望教师要"探索和研究"呢！"专业标准"具有"底线性"，"底线"都要求要"研究"了。师者，当"胸中有底线，进取无止境"。

至于教师"要不要研究"，我有四个观点。

| 一 | 教而不研，多成经师 |

我一直想做一个这样的实验：研究 200 名教师，他们入职时，100 名为"自然研究型"的教师，另 100 名是"自觉研究型"的教师，20 年后，看看这 200 名教师的发展情况。

我没做成这个实验，但我想象结果很可能是这样的：多数"自然研究型"的教师，可能成为经师——经验之师，教学娴熟但缺乏新意，职业倦怠感渐生，甚至步入平庸；而多数"自觉研究型"的教师，常教常研，常研常新，以一种良好的精神状态迎接每天的工作。

教而不研的经师，他们的成就可以理解为一种实践形态，这种形态可以在一定范围内传播，也可以由研究人员总结。由他人总结，远不如由教师自己不断总结（也是一种反思），于己于人可能都会更有益些。

张奠宙教授说："做一个与时俱进的教书匠也不容易。"说得没错，不过我想补充一句："做一个与时俱进的研究型教师也不是太难。"教师，要保持精神的充盈，而教育研究则能提升教师的精神高度。把教育教学纳入研究的轨道，教师的精神视界必高。人总是要有一点精神的，精神是一个人的灵魂。我们可以把教师看成一棵大树，对树来说，"根深才能叶茂"，就教师而言，"研究愈深则发展愈好"。

| 二 | 教而研之，多成明师 |

我以为，当教师就要当"明师"。"明师"者，顾名思义，就是"明白"之师，就是贤明之师——思想开明，明白事理，不固执，不迂腐，宽怀大度，理解人心，尊重人性，通晓教书育人之道，他们因此往往能以通情达理的巧妙手段，把学生"引"向或者"导"向成才的道路。

时代呼唤明师，我们的时代，是一个迫切需要明师的时代，也是一个能够产生明师的时代。可以预计，一个明师群起的时代即将到来。

无论是通过我的亲身经历，还是我了解的一批批成长中的明师，可以得出这样一个结论：研究是明师群起的成长之源。

研究与思维密不可分，"研"之久则思必深。坚持研究，思维往往处在活跃状态中。研究与学习是不尽相同的，学习更多的是获取知识，而研究则是建立在学习基础上的思考，是将理论的学习与实践的经验有机结合，也是研究者专业自信的基础。

我从教至今，始终坚持研究数学教育问题，因此我对数学教育的现状和未来发展，一直看得很清。这种清，是一种"一览众山小"的清，是一种"横看成岭侧成峰"的清。

| 三 | 研而行之，多成名师 |

如果说"教师成为研究者"，可能有些人还会有些看法，但说"名师成为研究者"，估计绝大多数人是没有意见的。

名师的研究行动是多样化的，课题研究已不再是他们参与研究的唯一选择，写文章也不再是他们研究结果表达的唯一形式。名师的研究成果，有实践形态、教育产品形态和文本形态等多种表达，这就拓展了他们的研究空间。名师的研究与行动都是一种学习，是一种认识教育、改进工作与完善自我的学习。名师的研究是一种科学和人文方法的综合运用，以解决教育实际问题和改变自身思维方式为主要追求。

我们说，学者化是名师的成功之路。作为教师的学者化，就是必须对自己所从事的教育专业中的某一学科领域有深入而精深的研究，形成优化而独特的知识结构和能力结构，有较高的学识水平，有较强的研究能力，有坚实的理论功底，有丰富的教育经验，有创造性的研究成果，有教育理论与教育实践方面的创造性建树，终而成为一个教育家。

研而行之，就是要在实践中运用研究的成果。苏霍姆林斯基在他家乡所在地的一所农村完全中学——巴甫雷什中学践行他的教育思想，成为国际公认的著名的教育实践家和教育理论家；顾泠沅从"乡间的小路上"走向教育教学的巅峰，成为我国著名的教育专家。

师者，当"行走"在教育园地里，且行且思且悟，又步入新的"行"，如此循环，走向教育的新境界。

| 四 | 研行著之，多成大师 |

"言而无文，行之不远。"把我们的思考和探索写下来，把我们的教育发现和教育经验写下来，这些有价值的成果就能产生广泛而深远的影响力和辐射力。

著名特级教师李吉林说："有收获，就写下来。"李老师的"笔底春秋"，使她成为教育大家，使"情境教育的诗篇"唱响大地。写下来，便是反思和总结的真实体现。李老师的成功，其实就是她在"学、思、研、行、著"中攀登的结果。

为了写，你阅读的"用心度"就不一样了，还会逼你去读更多的书。"写"能锻炼人的思维品质和表达能力，"写"可以培养人精益求精的精神，"写"能提升个人的学识魅力和人格魅力，"写"能提高生活品位和精神境界。"写"，需要沉下心来，需要平淡从容，静心地"写"，往往能"守住心灵的宁静"，就能在"纷扰中沉淀书生本色"，直面各种挑战，在坚持中完善自我。写作时的深思熟虑，投稿后的耐心等待，发表后的欣喜之情，都给人一种积极进取的追求完美的动力。写作的背后，是积极、坚持、勤奋、努力、奋斗，写作不止，动力永存。

教育名家的成长，是一个追求最优发展、精益求精、好上加好的发展过程。这个过程，在我看来，就是"学、思、研、行、著"的过程。

作为首批"国培"专家，我有一个颇受欢迎的讲座《师者走向卓越的路径》，猜猜我讲的"路径"是什么。其实就是五个字：学、思、研、行、著。

"教师专业标准"中说，中小学教师要"把学科知识、教育理论与教育实践有机结合，突出教书育人实践能力"。这就是说，中小学教师首先要教好书，突出实践能力。换句话说，一个挺会写论文但书教不好的教师，是不称职的中小学教师。

说到教师的"教学与写作"时，我一直有这样一个观点：教学第一，写作第二。换句话说：中小学老师，先把书教好，再来写论文。

在评价中小学教师时，勿以论文论英雄。把书教好，是中小学教师的基本要求。在此基础上，教师再进行研究，再践行研究成果、探索成效，再挤一点时间把它写成经验总结或写成论文，这样教师走的就是一条智慧成长之路！

最后，我出一道没有标准答案的多选题，仁者见仁，智者见智，读者自选："教学"诚可贵，"写作"价亦高。若为发展故，（　　　　）。

A. 两者皆需要　　　B. 前者更重要　　　C. 后者可以抛　　　D. 后者不可抛

｜　本文发表于《福建基础教育研究》2015 年第 10 期　｜

我所说的"共同体"，实指"教师学习共同体"，最早是厦门本地名师发起成立的教师学习团队。这种源于内心觉醒带有民间性、草根性、自主性的团队学习，是一种很好的推进教师阅读的形式。

共同体成员一般在两周内阅读一本指定的优秀图书，两周后的周六上午，"轮值教师"组织大家以"思维导图"等不同形式"分享"阅读收获。之后推出新的阅读书目，"两周而复始"。

令人没想到的是，这个早期的共同体，产生了涟漪效应，又生出许多"小共同体"：教师成长共同体（凤凰树教研沙龙、名师工作室、班主任专修工作坊、墨缘行共同体）、儿童成长共同体（小杜叔叔讲故事、心连心读书沙龙）、家长成长共同体（小水滴读书成长俱乐部、小蜗牛互动空间）等。

同时，由于厦门毗邻台湾，两岸的学习共同体也实现了交流常态化，每年举行一次交流活动，主题涉及"学习共同体与教师心灵发展""学习共同体与教师自主发展""学习共同体与课程美学""学习共同体的可持续发展"等。从主题就可以看出，这种交流意义重大。

厦台交流，具有半官方半民间性质，各区各校都能获得指标，有指定要来的，也有自发而来的。我充分利用这个机会，不断传播我的"期盼"：期盼这样的共同体越来越多……当厦门"学习共同体"步入理想之境时，厦门的教育就进入了理想之境。

我认为，理想的共同体，应是一个"家园"。"家园"是温馨之家，一个很舒适、很安全、很温暖的港湾，一个真和谐、真惬意、真人文的氛围，一个有专业、有教育、有文化的群体。"家园"是留念之家，有共同的职业追求、共同的价值取向、共同的自主活动；"家园"是心灵之家，在"共学"中涵养心性，在"共思"中启迪心智，在"共研"中升华心境。

理想的共同体，应是一个"学园"。从低层次的孤独之学，走向有热情的共同之学，继而进入高层次的孤独之学，走向有愿景的共同之学，再进入高境界的孤独之学……如此循环，"直上云霄"。从共同之学，到共同之思，再到共同之研，进而各自践行，争取"写下来"成文或成书。

理想的共同体，应是一个"乐园"。有专业成长之乐，即分享专业视域的探索之乐，分享专业能力的完善之乐，分享专业文化的浸润之乐；有特色成长之乐，乐在"各美其美，美美与共"；有幸福成长之乐，幸福来自读书创造有意义的人生，幸福来自成员之间的相互欣赏鼓励。

理想的共同体，应是一个"创园"。当合谋共论"创"，因为"教育恒久远，创新每一天"；共同体成员要常怀创新之心，追求理想课堂的新境界。当论争孕育"创"，思维碰撞激活"创"，思辨争锋产生"创"，和而不同滋生"创"。

在共同体的阅读背景下，我特别强调且"共同"且"孤独"。因为"共学"两周才一次，而"独学"每天都可以进行。如果说"共学"具有互推力，"独学"就具有内驱力。

应该说，厦门教师的阅读之风，更多的是源于学习共同体。学习共同体是教师专业发展的一种新模式，"学习共同体"是学习型组织的一种新样式。厦门教师"学习共同体"走过了7年，实属不易。

近年来，我们把"共同体"的外延不断扩大，比如常态的学习共同体：教师备课组、教师校本教研、教研员与教师共同协作、专家引领团队等；又如短期的学习共同体：各种层次的教师培训班、各类考察团、教师课题组等；再如专项的学习共同体：青年教师成长工作坊、青年班主任专修工作坊、校长高级研修班、学校中层专项研修活动等。我们要求这些共同体，都要进入真正意义上的"阅读"状态。

厦门没有轰轰烈烈地推动教师阅读，而阅读却悄然发生，这里有行政上的适度引导，但更多的是源于内心觉醒带有民间性、草根性、自发性的教师阅读。市教育局在欣赏教师阅读这"最美姿态"的同时，积极点赞，处处呵护，不断点燃和激活教师的阅读热情，让一群充满激情的"阅读之师"，影响另一群"想读之师"，成为新的"阅读之师"，再"群群相传""群群互激"，阅读之风，尽吹鹭岛。

当阅读之师在厦门群起之时，我们所期盼的厦门教育的理想之境还会远吗？

Ⅰ 本文发表于《中国教师报》2016 年 4 月 6 日 Ⅰ

42

做步入新境的觉醒者

有好的教师，才有好的教育。谁赢得教师，谁就赢得未来。厦门教师，诲人不倦，教导有方，名师群起，托起了厦门教育的璀璨星空。"杰出人物是那些知道自己想要什么的人。"厦门教师还要什么？我以为，还要步入新境。

师者素养：从"德能并重"到"升华智魂"。时代呼唤"德能并重"的教师，当更高层次的课程重构要有智慧、文化、生命的含量时，智慧之师才能更好地践行课改。而师之魂，就是教师的灵魂，就是教师的综合素养。

自我发展：从"他主发展"到"自主发展"。自主发展，是指发展不是外部的追求，而是主体内部呈现出的自发的、主动的精神状态。教师自主发展是教师个体自觉主动地追求，是作为教师的人生意义与价值的自我超越方式。

进取精神：从"阶段发展"到"持续发展"。教师的进步与发展是一个终身的过程，而不是一时的或阶段性的发展。为实现目标，教师要不断学习，不断积累，补充能量，使自己具有不断发展、持续发展、终身发展的不竭动力。

学科气场：从"教学有方"到"教有主张"。基于教师自身的个性特质，提炼自己的教学主张，进而形成独特的教学风格和教学思想，成长为富有个性的教学名师，这是教师专业成长的必由之路。

自身素质：从"全面发展"到"全而有特"。 一个优秀的教师，应是一个全面发展的教师，这是促进学生健康成长的良好基础。要成为一名有魅力的优秀教师，还必须努力成为有特色的教师。师者因"全"而厚实，师者因"特"而精彩。

　　生长阶梯：从"为学有道"到"思研行著"。 教师仅仅学是不够的，还要在学的基础上，走向思、研、行、著的更高境界。我学故我知，我思故我在，我研故我智，我行故我实，我著故我远。"写"下教育发现、教育成果，就能产生广泛而深远的影响。

　　师生关系：从"学生之师"到"亦师亦友"。 我们在作为一名教师的同时，更应该成为学生的朋友。时代呼唤新型的师生关系，新型的师生关系应该是教师和学生在人格上是平等的，在交互活动中是民主的，在相处的氛围中是和谐的。

　　课改之路：从"参与课改"到"深化课改"。 课程改革一路走来，大方向应该肯定。广大教师积极参与课改，创新实践，打了一场课改攻坚战。回首来路，厘清思绪，由教育理想、教育激情走向教育实践的理性和自觉，是课程改革延伸的基本逻辑。

　　教育意境：从"教精其术"到"教明其道"。 道不正则术不明，术不明则道难行。今日之教育，过于追求"术"，把学科教学搞成了"解题术"，而忘却了教育教学之根本。这个"根"，就是"道"。道与术只有合而为一，才能产生更大的能量。

　　师者探域：从"学科经师"到"教育学者"。 教师教一门学科，逐年实践、积累和修炼，多数成为经师。我们不能苛求每个中小学教师都是学者，但优秀的教师应该努力成长为立足实践且善于研究的学者型教师。

　　育人境界：从"追求卓越"到"享受幸福"。 一些教师在追求"卓越"的路上，忽视了对教育本原的坚守，把有温度的教育做得冰冷了，教育本该有的幸福就这样离我们远去了。这样的"卓越"，又有什么意义呢？师者，要优秀，要卓越，更要幸福。

　　工作状态：从"积极工作"到"健康工作"。 身体好是工作好的基础，是学习好的前提，是教师必须明白的人生道理。拥有健康的身体和活力的教师，才可以给学生超越课堂之外的美的教育。师者谨记，你的健康属于你自己，也属于教育。

著名特级教师于漪曾说："一个教师真正的成长就在于他内心深处的觉醒。"我相信，厦门教师中会有越来越多的"觉醒者"。"觉醒者"，会把"步入新境"看成是一种需要、一种追求，会自然而然地萌生积极向上的心态，会在自我心境中感受到所追求的人生价值。

丨 本文发表于《海西晨报》2016 年 9 月 9 日 丨

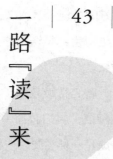

43

一路『读』来

不是当了局长，我才开始阅读。儿时买的第一本书，是高玉宝的《我要读书》。没想到，这书名也契合了我"一路读来"的人生之旅。

师者之读，让教育更精彩

我在中学教了 27 年的数学。为了教好书，我东买西购一万余册数学、科学、文化等方面的书，订阅了所有能订到的中学数学杂志和其他教育类期刊，我在书海中获取知识、得到启迪，在书海中探索与创新。

我有这样一个观点：一切知识懂一点，一点知识懂一切。前半句说的是文化上的"博学"，后半句说的是专业上的"深学"。有了这"博"与"深"，我这位数学教师给大家的感觉是很专业、懂教育。因为我读了大量的数学教育教学方面的专业书，仅趣味数学方面的书我读了不下 100 本，满脑子都是数学趣题、趣味活动和趣味故事，我的数学课能不生动吗？教育方面的书，我是从读苏霍姆林斯基的《给教师的一百条建议》开始的。大量教育书籍的阅读，至少让我的教育带有素质提升、带有温度、带有差异发展，相对逼近教育之本原。

文化方面的书，涉及民国学术文化的各类读本，我基本上都"过"了一遍，四大名著读了多遍，西方文化名著也读了不少。初为人师时，我曾在全班学生面前一口气把《水浒传》中 108 位好汉的排名、星宿、绰号说下来，学生钦佩不已。

校长之读，让管理更文化

当校长 7 年，一是数学专业的书刊我一直都在读。《数学通报》《数学教育学报》等杂志期期必读，这样才能保持一定高度的学术敏感，才有最具前沿的专业视域，到数学组发表见解，我才有专业自信。二是教育教学的书刊，新书一出就争取购买，买到手就及时阅读，读了之后便思考、研究，且思且研后就想传播和践行。至于像《人民教育》《教育研究》《中国教育报》《中国教师报》等刊物，基本上是收到就读，随身携带的电脑包里，放的都是这些刊物，有时间就读，及时学习新的教育理念，掌握新的教育信息。三是学校管理类的书，这些书算是校长要练就的"看家本领"，这类书有理论探索的、有理论与实践结合的、有实践案例的。书一到手我会先粗略地读一下，再各选一些进行细读，很有价值的就会常读、研读。多读管理之书，我做管理的底气足了，学校管理也从制度的"法治之管"走向人文的"文治之管"，管理体现了尊重人、关心人、培养人、激励人、开发人的有人情味的管理。"文治"，依靠人文关怀等激励手段，调动、激活师生的内在需求和动力，追求主动发展；校长则像导师和朋友，属于育才型校长，而不是指挥型校长，更不是严管型校长。"文治"，以内激为主，着重满足师生的自尊和自我实现需要，依赖于工作和学习本身的魅力。文化就是力量，文化浸润的学校，其行必远。

局长之读，让影响更自然

当了 10 年的市教育局副局长，读书的面更广了，个人读书的影响力也大了。我没有刻意去推动读书，但这些年受我影响而读书的教师越来越多。一是通过活动影响。如我积极参与和推广教师学习共同体活动，渐渐地厦门教师学习共同体星火燎原，多家教育媒体深度报道。二是通过讲座影响。如我每年都要给新教师、骨干教师、学科带头人、专家型教师、各级校长讲座，讲座中多有"学习之道"内容，让教师和校长深知"最是书香能致远"。三是通过讲话影响。作为教育官员，"讲话"自然多，我充分利用各种"讲话"之机，讲"读书比什么都重要"，讲"读书是最美的生命姿态"，讲"读书创造有意义的人生"，讲"读书铸就教育梦、铸就中国梦"。四是通过著述影响，我给厦门市教师的一个印象是"管什么就编写什么书"，给教师的感觉是"不读书就写不出这样的文章"。我分管职业教育，就主编了"现代中职生丛书"；我分管体育艺术，就写了《艺术教育的理性走向》《体育竞赛辅导的若干原则》等文章；我分管学校安全，就带领全体保卫干部读了大量学校安全方面的书，编写了《中学生安全教育读本》《保护我自己——少儿安全自助 36 计》。

作为书生局长，我给人的感觉是天天阅读，天天进步；终身阅读，终身"觉悟"。阅读是终身的，阅读不止，涵养攀登精神高峰的动力不止。天下第一好事是读书，活着的每一天都是读书日。一路读来，书像火把照亮了我的世界；一路读来，书让我无声地进入了一种恬淡、怡然之境。

| 本文发表于《中国教师报》2017 年 4 月 27 日 |

感觉 2016 还没写太熟练时，就要写 2017 了。2016 年的每一天都过得挺充实的，一直也都在忙着。忙啥呢？翻看笔记，这一年，不外乎是踏实"学、思、研、行、著"的一年。

我学故我知。《中国教育报》《中国教师报》《人民教育》《教育研究》《课程·教材·教法》《福建教育》《教育家》《教育文摘周报》等都是必读之物；每年评出的教师喜爱的 100 本书，也是尽可能将手头没有的购来细读之；在网上搜索自己喜爱的书，一到就读，如《超越标准：校长专业发展》《互联网＋中小学教育》等；朋友寄来的书，读来特别亲切，如汤勇局长的《回归教育常识》、刘信生校长的《对称：从邮票看科学中的美》等；聆听周满生研究员的《国际视野下学生创新能力的培养》，聆听钟秉林会长的《中小学校要主动应对高考招生制度改革新挑战》，再次聆听魏书生老师的《我是怎样当老师的》等；伊凡·莫斯科维奇的《迷人的数学》、李强的《镜头里的北京十一学校》等书，都是乘飞机时一口气读完的。感觉时间不够用了，有书就要赶快读啊。

凡有电子版的报刊，我就尽量读电子版，如《中国教师报》等。58 岁的我虽然还可以不戴眼镜看报，但看久了就会有些模糊，而读电子版可以放大一些，读起来很舒适。当然，读电子版的最大好处是，读到好文章可以下载，放到相应的文件夹里，将来查找、再读和利用，都很方便。

学习是为了获取新知和提升素养，读着读着，我就站在了巨人的肩上，让我更清晰地看到了远方。

我思故我在。只有带着思考面对教育工作，才能有智慧地开展教育工作。比如高考管理，够复杂了吧。高考的情况，是由多种因素组成的，只有当高考这个系统的若干个子因素都处在最优状态时，高考才能成为最优的。而这些子因素至少涉及宏观管理、目标管理、教育管理、教学管理、资料管理、学生管理、教师管理、家长管理、过程管理、信息管理等。于是我们就围绕这些因素开展思考与研究，在这些方面进行了有益的探索，使高考的迎考科学化、有序化、最优化、人性化，取得了可喜的成效。

又如，许多地方都成立了名师工作室，成效如何，我没有认真研究，但我觉得厦门还是建设"名师工作坊"为宜。工作坊是几个名师带一批教师，结果取得了令人满意的效果，厦门一批批步入新境的觉醒者——未来名师"群起"了。

再如，师者如何育人育儿？我的观点是"育人诚可贵，育儿价亦高"。具体地说，育人之理念，育儿可借鉴；育人多言教，育儿多身教；育人重立德，育儿求适合；育人有规范，育儿要新探。

我研故我智。今年的研究还不少，比如"校长力修炼研究"。校长作为领导者，需要修炼领导力、思考力、创新力、决策力、激励力和影响力；校长作为管理者，需要修炼组织力、经营力、沟通力、智慧力、执行力和应变力；校长作为教育者，需要修炼文化力、学习力、道德力、研究力、指导力和学科力。期盼校长"力"所能及。这项研究成果，在《福建教育》上连载。

"教育国际化：我们期盼什么？"我也进行了研究，期盼国际化与本土化的融合，期盼国际教育的"双轨"并进，期盼教育国际化人才辈出，期盼教育国际化辩证而为，期盼基于国际化的教育创新，期盼教育国际化摒弃功利性和片面性，期盼教育国际化要特别注意强调民族性和国家性。

"核心素养"是今年研究的一个重点，我认为创设优质高效的课堂教学，是发展核心素养的重中之重；既要强调素养意识，更要自然和谐融入；既要学科独立践行，更要跨科多维整合；既要突出必修课程，更要用好其他课程（选修、活动、微型、隐性课程）；不能强求一个学科就能覆盖"全素养"；不要指望在某一学段就能深度培育"全素养"；不要认为在一节课中，核心素养培育越多越好，培育核心素养要"因课而异"；不能要求一个学生"全素养"俱佳，核心素养也应是"各具特色"的，即学生的核心素养应是：基本达成＋特色素养；要把"知识为本"的教学转变为"核心素养为本"的教学，必须大力推进学习方式和教学模式的改变。

我行故我实。"学而思""思而研"，还要和行动结合起来，走向且思且研且行的境界，不断追求成为教育工作的"有思想、有智慧的行动者"。

在区域教育推进中"行动"。作为教育行政领导，就要积极营创符合教育本原的区域行动。比如，体育中考分值多了，在游泳列入选考的基础上，篮球、排球、足球又列入"三选一"中考项目；继续探索"轻负高质"的路径，"轻负高质"是现阶段基础教育的使命，也是教育工作追求的目标和境界；积极落实厦门作为全国三个试验区之一的工作，实现"双四级"足球联赛，即大学、高中、初中、小学的四级联赛和年级、校级、区级、市级的四级联赛，有了这样的基础，厦门二中足球队初高中分别"踢到"全国冠亚军。

在讲学讲座传播中"行动"。今年各类讲学讲座 180 余场，向教师讲《名师成长的新境界》《优秀教师悄悄在做的事》《师者：做更好的自己》等，向校长讲《校长成长和学校发展的新走向》《校长走向教育家的智慧》等，向家长讲《牵着孩子向何方》《灵性成长的新路径》等，向数学教师讲《发掘数学教育的价值》《数学教育的辩证之道》等，向教研员讲《时代呼唤新型教研员》《课改：挑战中的新抉择》等，向教务主任讲《教学管理的成功之道》，向德育主任讲《理想的育德育心境界》，向中职学校讲《"中职提质"的几个探域》，向高校管理者讲《试论学校文化管理》，向新教师讲《从新手教师到骨干教师》等。

在深入学校讲课中"行动"。这一年，有点空余时间，我就会走向学校，走进课堂，走近师生，和备课组老师一起探讨备课事宜，听完课后也参与评课，但我更多的是给学生上课或作个小讲座。给高三学生讲《努力再从今日始》，指导学生科学迎考；给初一学生讲《新初一，让我们智慧学》；给奥数选手讲《奥数训练的辩证之道》；给小学生讲《高观点下的小学数学》；给高一学生讲《愿你成为会学习的人》等。

我著故我勤。著书立说，立一家之言；勤于笔耕，写作不止，动力永存。今年我发表的各类文章有 38 篇，《"学"的最高境界是"会学"》《教育意境：从"教精其术"到"教明其道"》发表于《中国教师》；《学校班子文化宜"和而不同"》发表于《中国教育报》；《将"共同体"进行到底》《一路"读"来》《让"学习"之车驶入"研究"之轨》发表于《中国教师报》；《让生优雅的师者之道》等三篇文章发表于《福建教育》；《学会在研究中工作》等五篇文章发表于《现代教育报》；《让数学课堂"气"象万千》入选朱永新教授主编的《中国著名特级教师教学思想录（二）》。

今年我出版了《好学校之境》一书，写校长成长"步入新境"、教师生长"引入高境"和学校发展"渐入佳境"；还出版了《做"业高一筹"的小学数学教师》一书；还写了《中学数学解题的 100 个技巧》，这本书要在 2017 年出版。

好像是在记流水账，但这就是我的真实的 2016 年。并且，源于内心的教育情愫，我相信，我的 2017 年也会这样走过。

丨 本文发表于《教育家》2017 年第 2 期 丨

学生教我当老师

1979 年，我师专毕业后到龙岩一中任教，当班主任，教两个班的数学。那时没有专家引领，也没有老教师具体带教。数学组长给了我们数学课本和配套的一本教学参考书，大致讲了些教学常规，就让我们按课表去上课了。

初一数学讲有理数运算，好几节课就讲那么一点东西，我每节课讲十几分钟就讲完了，接下去就不知该怎么讲了。

我去听老教师的课，发现他们讲得比较慢，讲得非常细，我感觉没必要讲那么细，完全可以讲快一点。

我讲得太快，看来不行。按老教师那样讲得那么细，我又不能接受。一时间，我找不到讲课的方向。

一日，我到学校图书馆借书，在陶行知先生的一本书中看到这样一段话："你要教你的学生教你怎样去教他。如果你不肯向你的学生虚心请教，你便不知道他的环境，不知道他的能力，不知道他的需要，那么，你就有天大的本事也不能教导他。"陶老的这段话点醒了我，忽然间我有了一个想法：什么样的课才是受学生欢迎的课？为什么不去问问学生呢？

于是，我在一次课后作业中少布置几道数学题，但多布置了这样一道"题"：

"你希望老师怎样教你们？"要求学生按"希望"程度从最强写起，至少写出三条。那时的学生比较淳朴，他们从来没做过这样的"作业"，异常兴奋，颇为好奇，每个学生都按要求在作业纸上写出了自己的想法。

我一一细看，不用细统计，就得出学生最喜欢老师上课风趣一些。原来如此！学生呼唤教师风趣、幽默，讲些趣题！于是，我在原有研学一些趣味数学书的基础上，又买或借了不少趣味数学书狂学，并给自己一个强烈的暗示：每节课至少"一趣"。

实话实说，初一数学除了应用题那部分可以引趣一点，其他部分内容少有趣题。怎么办？那时我没多想，也没那么多的条条框框，凡是学生能接受的趣题，与教材同步的、不同步的我都找来讲。

有段时间，我的数学课，三分之一的时间"忠于职守"讲课本内容，三分之二的时间"我行我素"讲数学趣题，"疯疯癫癫"教数学！

学生觉得"这个老师与众不同"，很认真听我讲课本知识，更兴奋听我讲那些有趣的、新奇的、令人拍案叫绝的数学题。

渐渐地，我发现学生听课的眼睛放光了，那是学生的智慧之光、探索之光、自信之光；渐渐地，我发现学生的思维被激活了，感觉到他们在灵性生长！学生被数学趣题激活出来的那种数学"境界"，再回看课本中的那些问题，简直就是"小菜一碟"。

期中数学考完后，我教的两个班的数学成绩上升了不少，我和学生们都很高兴。但我进一步认真分析试卷各题的得分情况后，发现我班学生对难度大一点的题做得不太好。我反思，发现我的课多有"引趣"少有"引深"啊！

怎么办？我又模仿上次的做法，在学生的作业中作"问卷调查"："老师怎么做，才能提高同学们解数学难题的能力？"

比较多的学生认为，一是上课适当讲些难题，多讲些思路，多讲些题型变化，多讲些数学学习方法；二是可以布置些选做题，即有一定难度的拓展题，每次作业至少布置一题，学生能做的就做，不会做的就不做；三是可以在班级后面的"学习园地"里给出征解题——难度稍大的题。

这三条建议我一一"落实"。讲例题时，尽量找"题根"讲，讲思路，讲方法，适度变式，序化、类化、活化、深化研究数学题，适度"带趣引深"；课后作业，开始有了供选做的拓展题，平时每次作业有一道题，周末给出两题；征解题更有讲究，难度比拓展题略大一些，每日一题，成为我班的一个特色"品牌"。

如果说"每课一趣"旨在让课堂充满活力，让学生感到"数学原来如此有趣"的话，那么"每日一题"的征解题，就为学有余力的学生提供了具有挑战性的数学题。

征解题可以是课本问题的拔高，可以是身边的精彩数学问题，可以是切合时宜的数学趣题，可以是数学竞赛题的弱化。多数学生对征解题很感兴趣，哪天没给征解题，学生就"若有所失"。征解题也可以由学生或家长先提供给我，我简单评判或修改后署上学生或家长的名字公布。这样一来，又激活了一批学生和家长的热情，他们常常在"学习园地"的征解题栏目前，驻足兴叹，流连忘返。

尝试并完善一段时间后，我的数学教学就渐渐步入了且"引趣"且"引深"的样态，就从课内延伸到了课外，就有了"必选动作"和"自选动作"了。

期末考试，我教的两个班不仅一般数学题做得不错，难题的解答水平也大大提高，数学考试均分名列年级前两名。更让我感到惊喜的是，学生数学学习的热情再次被激发出来，他们尽情享受趣题，尽力挑战难题。

我借机启发学生，因为数学新奇、数学有趣、数学很美、数学有用，所以"数学好玩"；学数学还不能仅仅处于"好玩"状态，还要"玩好数学"，"玩好数学"需要智慧，需要意志，需要方法，需要创新。我还模仿一首诗，说："'好玩'诚可贵，'玩好'价更高。若为学习故，两者都需要。"

我形成的数学教学主张——从"好玩"到"玩好"再到"玩转"，是我的学生"教"我的。

学生教我当老师！获益之后，我再次到图书馆借来陶行知先生的那本书，读到好词就抄下来，许多"好词"伴随着我一生的教育之旅。

老师们，当你们不知怎么教书时，就向你们的学生请教吧！

｜ 本文发表于《福建教育》2018 年第 9 期 ｜

我于 2000 年 10 月 8 日搭上了"跨世纪园丁工程"的航班,到北京师范大学数学系参加骨干教师国家级培训,所得颇多。

| 一 | **充实了知识** |

首先,充实了教育理论知识。我们系统地聆听了许多教育学、心理学专家的讲座,掌握了不少教育学、心理学方面的知识。在北师大学术报告厅,周之良、劳凯声、丛立新、姚梅林、伍新春、裴娣娜、金盛华、谢维和和日本教育专家等为我们开设讲座。这些讲座,有的深入浅出,风趣幽默;有的寓意深刻,富有哲理;有的联系实际,揭示问题,给人以新的启迪。

其次,进一步充实了专业课知识。数学系为我们安排了系统的学科课程、学科教育与课堂教学技能课程,如王昆扬、刘绍学、刘继志、李占炳、刘来福、沈复兴教授等的数学专业课;又如钟善基、王申怀、钱珮玲、严士健教授等的数学教育课;还有何青副教授的"网络与课件制作"课,系统讲授了"几何画板"、"Maple 计算机系统"、简单的网页制作知识和网上资料查寻等。这些课程有的能结合中学实际，以高观点分析中学数学问题；有的侧重数学理论在中学数学教育中的应用；有的则从各个方面拓宽数学基础。

第三，自学了许多知识。北师大教师培训学院和数学系发了不少书，我自己又购买了许多书。"有书赶快读"，我利用空余时间，读了 20 余本书，增长了不少知识。如教育类的《教育伦理学》等，数学类的《数学的艺术》等，文化修养方面的《在北大听讲座》等。说实话，平时在中学，很难有时间系统读书，培训期间确实是读书的大好时机。我在读书中获知和启智，我在读书中充实和提高。

｜ 二 ｜ 开阔了视野 ｜

北师大为我们精心组织了由中国教育学会、清华大学联合主办的"WTO与中国教育"论坛，两天的活动，我们听了不少高层次的讲座，了解了这一领域的许多新问题。讲座者都是专家、学者、教授、博士，在多个场所进行，仅我听到的就有《网络时代呼唤培养创新人才》《网络时代的评价创新》《新时期骨干教师的素养》《学习的革命与教师的角色》《怎样追求教学的最佳效果》《构筑开放式现代远程教育平台》《在信息环境下中小学教育的思考》《新世纪的师范教育：是泰坦尼克号，还是航空母舰？》《从经济全球化到教育国际化的思考》等。

这次培训的学科课程中，老师们联系中学数学教学实际，用现代数学的观点去剖析初等数学的基本概念和问题，帮助我们用现代数学的知识去分析和理解中学数学教材，使我们进一步觉得现代数学对中学数学确实有指导意义，从而站得更高，视野更开阔，对中学数学的来龙去脉看得更清楚，更有利于今后的数学教学。

数学系还邀请了部分专家学者、特级教师为我们开设专家讲座。来作讲座的有北大附中特级教师周沛耕、张思明，北京四中特级教师刘坤，北师大附中特级教师储瑞年，北京市教科院郭立昌先生，中国教育学会中学数学教学研究会理事长陈宏伯先生。这些讲座，贴近中学实际，贴近教师实际，听起来倍感亲切，用起来确实可行。

在培训期间，我还利用各种机会，到北师大和北京其他高校听高层次的讲座，包括教育的、心理的、管理的、文化的和科技的等。我们还参加了五位北京中学教师教育硕士研究生的论文答辩，对论文答辩有了更深刻的认识。听这些讲座和答辩，既开阔了视野，增长了知识，又陶冶了情操，转变了观念。

| 三 | 发展了能力 |

首先，发展了学习能力。要在短时间内学完规定课程，到有关学校学习考察、了解有关讲座信息、利用图书馆查阅资料、利用计算机在网上下载资料等，这个过程就是学习的过程，在这个学习过程中，我们的学习能力得到很大的提高。未来社会，是一个学习化的社会；未来组织，是一个学习型组织；未来教师，应该是一个终身学习者，而其学习能力对其进一步发展至关重要。

其次，发展了计算机应用能力。这次培训，每周安排 2 课时学习计算机应用知识，并安排三个晚上上机练习，我的计算机应用能力大大提高。

第三，发展了科研能力。这次培训，有一个很重要的内容，就是要进行课程实验或研究，而"开题报告"要在这阶段完成。为此，北师大教师培训学院安排了裴娣娜教授的"教育科学研究方法"讲座，数学系安排了多次与课题相关的专题论坛，学员之间也进行了课题交流。在每位学员申报课题的基础上，数学系为每位学员安排了指导老师，负责指导该课题的选题、计划、实验或实施、研究、报告撰写等问题，我们的教育科研能力在完成课题的过程中有了很大的提高。

| 四 | 借鉴了教法 |

这次培训，数学系为我们安排了到北京名校的考察活动。我们先后到北师大二附中、北师大附中、北京一零一中学、北京十一学校、北京二十二中、人大附中、天津四中进行考察，参观了校园，了解了学校概况，听了多节数学课。在听课中我们学习了许多好的教学方法，如北京二十二中孙维刚老师的"宏观把握，大胆超前，师生互动，情感沟通"，北师大附中马成瑞老师的"一题多解，一题多变，探究思维"，北师大二附中夏老师的"快速思维训练"和"学生主持数学解题"，天津四中的"问题—探究—问题"教学实验，人大附中的"数学建模"活动等，都很值得我们借鉴。

我们还听了本班同学的一节数学研究课，毕竟是参加骨干教师国家级培训的学员，教学水平之高，教材运用之活，师生配合之默契，课堂气氛之活跃，给大家留下深刻的印象。

北师大肖川教授在一次报告中说"中小学教学要向好的大学教学看齐"，这句话很有道理。好的大学教学注重探索性、开放性，注意发展学生个性，教学方式灵活多样。对于有一定教学经验的我来说，在听课中，除了学习知识外，还十分注意学习老师好的教学方法，以便日后丰富自己的教学。

｜ 五 ｜ 交流了经验 ｜

这次学习，经验的交流是全方位的、多渠道的。

从学员课题中，交流了经验。学员课题，内容涉及许多方面，有理论研究的，也有实践探索的；有教学互动的，也有主体参与的；有宏观研究的，也有微观探索的。学员们在申报课题的过程中相互交流了经验。

根据学员的反映，要求开设"学员论坛"，数学系共安排了九次"学员论坛"，我讲了四次，另有五位学员也开讲。我在讲座中与同学探讨了问题，我每次听同学的讲座都有收获。

数学系开设了五次专题论坛，都由教授主持，有"学习的实质与数学教学""关于培养学生创造性能力的探究""主体参与型数学教学方式的探究""数学课堂教学中实施素质教育的探究""中学数学教改问题"等。大家围绕论题谈了各自的观点，阐述了自己的见解。大家深感这种讨论颇具实际意义，"真理越辩越明"，收获确实不小。

我们班还自发每周一晚在住所会议室召开"周一教育沙龙"，内容涉及教育的各个方面。这种"教育沙龙"，气氛宽松和谐，实话实说，有一点说一点，是交流经验的一种好形式。

北师大培训学院编辑的《木铎金声》是一本专门刊登与培训有关文章的小刊物，北师大培训学员人手一册，是交流经验的好园地。

| 六 | 提高了品位 |

北师大即将迎来百年校庆，在北师大学习，你能感受到深厚的文化底蕴。听听肖川先生之言吧："漫步校园，感到内心的恬淡与怡然，感到生活真好，大学真好。""当你看到年轻的大学生洋溢着生命鲜活的脸庞与身姿，你岂不是更能感受到人性的真实与美好？当你看到教室中学子们渴求知识的眼神和图书馆里幽香、精美的图书，不也觉得是一种怡人的景致？""每一节课，你都可以酣畅地发挥你的思想，你可以在貌似徐缓的清淡之中蓄满渊雅的学识，导引着年轻的心灵作一种富于哲理与情趣的精神漫游，在振奋别人的同时振奋自己。"这仅仅是一位学者对大学的一些感悟，而大学的文化底蕴远不止这些。在这种学府中学习，人所受到的陶冶，是全面的、多方位的。

"学为人师，行为世范"是北师大的校训。"学为人师"的科学文化素养，要求新型教师有精深的学科知识、广博的文化知识、专门的教育科学知识，在知识膨胀的信息社会里不断地学会学习，不断地充实更新自身的知识，完善知识结构。教师应当成为学者型的教师，已成为当代教育对教师的一种日益普遍的要求。"行为世范"的思想道德素养，要求新型教师恪守教育劳动的道德性和道德影响的特殊性，前者规定教师工作要渗透着思想道德的深远影响，后者规定这种影响主要依靠教师自身的人格魅力和道德感召，依靠教师在任何红绿与喧嚣的时代风潮中"学为人师，行为世范"。

利用学习之余，我们还特地到北京音乐厅听了场音乐会，虽然有些曲目我们听不懂，但每曲过后，都给人一种美的享受，一种心境的澄澈。

｜ 七 ｜ 磨练了意志 ｜

人到中年，能有培训机会，实属难得。从教员到学员的转变，从家庭生活到集体生活的转变，从相对宽松的教学工作到严格的校园学习的转变，这"三个转变"对我来说是一种意志的考验。

首先，要过生活关。近年家庭生活已处于"稳定状态"：家有贤妻，生活处处倍加关照；学校、家庭"两点一线"，工作、学习非常方便；外出开会、讲学、办事多有车接车送。现在不同了，吃饭问题、洗衣问题、交通问题、购物问题、气候问题等，一切都得自己面对。

其次，要过学习关。中年学习，经验、方法可能有余，但记忆、思维明显不足。面对众多的课程，就要合理地学、科学地学、创新地学。对纯学科问题，我是以听为主，以记为辅。但一定要知道这些内容在哪些书里有，以备日后细研和查阅。对学科教学问题，我是边听边与自己的实践、自己的研究对比，分析、思考，不完全盲从，记下自己的心得、体会和值得进一步研究的问题。对于教育心理类问题，我是以记为主，以听为辅。这些课程，老师多以讲授或投影进行，容量多、速度快，若不赶紧记下，"稍慢即逝"，先记下再说，课后再"回味"。面对众多课程，若是我熟悉的、以往有研究的，我就想，若我来讲，我将从哪几个方面展开；若是我不熟悉的、以往少研究的，我就先预习，读系里发的书，读自己提前购买（或借）的书，"打有准备之仗"。

第三，要过研究关。这次培训，学习、考察与研究相结合。以往的研究，若是小课题，微观进行得多；若是大课题，集体攻关得多。参加骨干教师国家级培训的学员的课题，以我之见，以中观的为好，而且最好是理论与实践结合的。我定了两个课题：一个是"中学数学全程渗透式学习指导的深化研究"，一个是"中学数学教育整体协同构建研究"。为了做好这两个课题，要学习理论，要构建体系，要制订实验方案，要查阅资料，要文献综述，要与导师探讨，还要"遥控"代我上课的老师，在实验方面做些前期工作。搞科研，是要潜下心来的，是要耐得住寂寞的，是要以意志来支撑的。

| 八 | 增进了友谊 |

我与北师大一些老师早有交往，许多老师是我尊重和敬佩的前辈。这次来京能与他们见面，倍感亲切。有的老师，多年来一直关注关心我的成长，并为我写的书题词作序；有的老师，主编丛书约我写一本，以往多次通信通话，未见过面。这次见面，再次聆听导师教诲，既有新的启悟，又进一步增进了师生之谊。

学员们来自全国各地，大家相聚在一起，共同学习、探索，互相交流，互相帮助，互相勉励，彼此结下深厚的友谊。班上一位同学的一首小诗《我们》，道出了大家的心声："一段特殊的日子／一段特殊的经历／我们／相识在这里／／一个共同追求的目标／一个不尽相同的课题／我们／来年再相聚／／为了明天的教育／教师将终身学习／我们／还需要再努力"。

作为有 20 年教龄的我，送走了多届高三毕业生，这些学生有的正在北京念书，有的毕业后分配到北京，有的正巧出差来京。学生知道我来了，都非常高兴。适日，大家欢聚一堂，共叙师生之谊，共话美好未来。

多年的教学研究、参观考察和学术活动，使我在京结交了不少朋友，我这次来京时间较长，与新朋老友见面，成了我活动的内容之一。大家一起探讨教育问题，交流科研心得，研究学术动态，拟定合作课题，互赠近期著作，彼此相互勉励。科研的道路上，好友就像一盏明灯，照亮着我前进。

我的成长之路，更多地得益于教育探索；我的教育探索，质的飞跃缘于数学系"国培"。

回首来路，满怀感激。因为我的成长之路，一路上有你——北师大数学系。

| 本文发表于《北京师范大学数学学科创建百年纪念文集》2015 年版 |

1979 年 9 月，我到龙岩一中实习。说是实习，其实就是分配。因为师专校舍不够，就把我们这些老生的实习和分配一并做了。

我到龙岩一中，当一个班的班主任，教初一两个班的数学。没有指定哪个老师具体带我，班主任要干的活，由年段长布置，教学方面的事，由备课组长交代。

由于没有太多的条条框框，我的班主任工作干得"疯疯癫癫"。我会高效率地布置完学校交代的任务，然后组织学生开展各种活动。例如，我们经常进行猜谜活动，寓教育于娱乐之中，增知识于谈笑之间，长智慧于课堂之外，我觉得猜谜对学生的成长大有益处。如，用"考试不作弊"猜数学名词"真分数"，教育学生要诚实考试；用"成绩不好怎么办"猜学科"应用力学"，教育学生"应该'用力学'"；用"注意保护视力"猜俗语"小心眼"，教育学生注意用眼卫生。我还经常制谜猜教师名和学生名，如，用"垂柳轻舞神州秀"猜教师名"杨国美"，用"自始至终有雄心，为少点点而痛心"猜教师名"任勇"，用"隔岸观涛"猜学生名"张海浪"，用"有一点机会，就让给大家"猜学生名"杭为人"，进一步融洽了师生关系。

许多过去的学生见到我，不问别的，就问："老师，您还玩灯谜吗？"可见当时的灯谜活动给他们留下多么深刻的印象。

我们班还经常开展科技活动，特别是组织学生开展科技阅读和撰写科技小论文，最多时我班写出了 100 多篇小论文，占全校上交论文的三分之二，当时引起轰动。我为此受到学校的表扬，还被评为优秀科技辅导员。

中午吃饭后，我会去"抢占"几张乒乓球桌，让我们班学生去打，我也和学生"打成一片"。下午放学前，我又去占个篮球场，心里盘算着下课后如何分组比赛，如何利用打球的机会，很自然地教育一些不爱学习的学生："看，你球打得这么好，学习也这么认真就好了！""据我研究，会打篮球的，都是聪明的，都是能学得好的，打篮球是打智慧啊！"这一招还真灵，我班的篮球爱好者，个个数学学得好。一些学生这样说："学不好数学，对不起任老师！"

我是龙岩一中教工篮球队主力。校门口有一个水泥灯光球场，经常有比赛，特别是放学时候的比赛，学生围得里三层外三层的，我们每投进一个球，学生便欢呼雀跃使劲鼓掌，我们的感觉好极了！尤其是听到自己的学生在为我加油时，我打得就更欢畅了。如果哪场比赛，比分接近，我投进了个压哨球，赢了，全场欢呼雀跃，我会快活一星期，学生第二天看我的眼神都是带着光的，学生家长也夸道："任老师书教得好，球也打得好。"

我的数学教学也"与众不同"。比如，我上"实数的大小"一节汇报课时，来了很多听课的老师，教务主任来了，分管教学的副校长也来了。用 10 分钟讲完原理、书上的例题，之后就进行数学游戏活动，课堂十分活跃，学生学习数学的积极性可高了。

课上，有这样一个"撕纸问题"：一张纸，将其撕成 5 片，以后每一片都可再撕成 5 片，这样下去能否撕成 2001 片？和学生玩"撕纸问题"，意在让学生动手实验，培养学生的实验意识和归纳能力。真正去撕一下是不可思议的，撕到2001 片所用的时间肯定比经过思考得到答案所用的时间多得多。我们只关注实验结果是没有意义的，真要动手去撕纸片，我们的大脑也会在我们撕纸片的过程中关注是否可能找到出现的规律，而这一规律是容易被发现的。

原来有一片，每撕一次，将增加 4 片，撕第 n 次，会得到（$4n+1$）片。令 $4n+1=2001$，得 $n=500$，即撕第 500 次可撕成 2001 片。

变化一下，问：撕成 2020 片，可以吗？（不可以）

课堂沸腾了，听课的老师惊愕了，我的课成功了。

这节课好评如潮：说我数学功底扎实，说我会调动学生学习的积极性，说这才像数学课，说这节课的思维量大，说教学确实与众不同等。

从那以后，我的课充满趣味、充满方法、充满变化、充满数学思维、充满师生互动。就这样，愉快的三年过去了，我们班中考取得优异成绩，成绩的背后更多的是他们三年来形成的良好的品德和被激活了的智慧的灵性的大脑。

那时的教育还真像素质教育！

那时的初中毕业生，学得好的，大部分考上了龙岩一中的高中部，也有一些人考入龙岩师范等中专学校。那时读中专，毕业后包分配还是干部。我的数学课代表郭蕊蕊就读于龙岩师范。读高中的学生后来也有不少读师范大学的，毕业后也成了老师。凡是当了老师的学生，和我多有交流。章庭洋成了数学老师，陈劲成了生物老师，陈红成了地理老师……他们或在学术会议上听我的讲座，或跑来厦门向我请教，有的还执意要到我班上"再听任老师的课"。

班上比较调皮的曹同学，比较早就去工作了。曹同学情商颇高，这么多年，就他和我联得最多。他经常说，从来没有其他老师表扬过他，就是被任老师表扬过好几次。至少在 20 年前，曹同学就成了我这个班同学聚会的召集人。每逢毕业 5 年、10 年的，同学们都会聚会，也都会请老师一起来，我这个班主任自然是要到场的。聚会一般是下午进行，大家谈谈工作，说说事业发展，相互沟通情况，也拉拉家常什么的。晚上肯定是有宴席的，曹同学灌我酒最多，灌酒的理由就是因为我表扬他了，说没有我当年的表扬就没有他的今天。说实话，我都想不起来我当年表扬他什么了。

每次聚会，看到学生多有进步，我心里就特别欣慰。有的同学一时遇到困难，其他同学都会想方设法帮助，我也会尽自己所能给予帮助和给出克服困难的建议。这个班的学生很有爱心，也充满了正能量。

我比这个班的学生大 9 岁，有一些学生的孩子比我的孩子还大。学生们有了孩子，自然会讨论到教育问题。我有个《牵着孩子向何方？》家庭教育讲座，在很多场合讲过，颇受家长欢迎，谢子山就专门带孩子到厦门影剧院听我的这个讲座。好多学生都把我当成"家教专家"，不时地向我讨教他们孩子的教育问题，我都细心了解他们孩子的具体情况，以我的专业见识给他们一些建议，有时还会当面或打电话给他们的孩子积极鼓励和学习指导。郭蕊蕊的孩子考上了厦大，陈劲的孩子考上了北大，上官雯霞的孩子考上了清华……看到学生的下一代有了很好的成长平台，我真替他们感到高兴。

学生的孩子大学本科毕业后向哪个方向发展，或读研，或工作，他们往往也会和我沟通，听听我的意见。毕竟我是他们的老师，也算是他们当年和现在的朋友。我带过那么多届的学生，我对教育相对了解得比较多，只要学生和我聊，我都会给出自己的一些想法。有些学生的孩子，成了厦门的新教师；有些学生的孩子，成了厦门的医生、警察等；有些学生的孩子继续求学深造，一些学生的孩子又成了我的新朋友。

去年，我在厦门一中参加一场篮球比赛，半场休息时，我防守的那个小伙子说要和我照相，并说："任老师，您是我妈妈的班主任！"我一时没反应过来，他又说："我跟我妈说，您防守我，我妈不信，说我们学生都 50 多了，任老师多大了，还打球？"当他把照片发给妈妈后，他妈妈说："哇！任老师还挺精神的！当年的'男神'，现在还这么'神'，还能打篮球！"当晚，我写了一篇小文，题目是《做一个可以和学生的孩子打篮球的班主任》。

今年，我到龙岩办事，又和这个班的学生聚会了。席间我得知，有个学生的孙子快 7 岁了，我突然萌发奇想：我再坚持打篮球，好好保持体能，五年后这个"孙子"也 12 岁了，我约他打篮球，拍个照，再配上一篇小文，想必大家已经知道我要写的那篇小文的标题了吧。

| 本文发表于《福建教育》2019 年第 34 期 |

例析灯谜的教育功能 | 48 |

　　灯谜，是我国传统文化的瑰宝，也是中学生非常喜爱的一项文化娱乐活动。近年来，中学谜社相继崛起，遍及大江南北；中学灯谜活动方兴未艾，谜潮一浪高过一浪；校园灯谜作为一门校本课程被开发，灯谜发挥了它应有的作用。

　　正如谜家所言："灯谜一旦引进青少年学生课余生活的乐园，让他们在扑朔迷离的迷宫中求知，在轻松活泼的活动中觅趣，在欢悦祥和的氛围中怡神，无论对于陶冶他们的道德情操，还是开发他们的智力，无论对于培养他们的审美意趣，还是促进他们的身心健康，无疑都是大有裨益的。"的确，灯谜形体短小，是"微型文学"，是"艺术微雕"，但其内涵丰富深刻。

　　小小灯谜，任课教师利用它，能激活课堂，引发学生学习兴趣，增知启智，融洽师生关系；班主任利用它，能充实主题班会和课外活动内容，增添班集体的生活情趣，借以协调人际关系和心理氛围；社团组织利用它，能寓教于乐，活跃节假日活动的气氛，有助于培养"智慧型"的学生干部；学生家长利用它，有助于融洽亲子关系，营造家庭学习氛围，促进学习型家庭建设；中学生有了它，则能育德、增知、启智、激趣、促美、创新。

灯谜的功能，已经渗透到社会生活的各个层面，教育更不例外。

"寓教于谜，谜以助教。"下面举例来说明灯谜的教育功能。

｜ 一 ｜ 谜能育德 ｜

例1 成绩不好怎么办？（学科一）　　　　　　　　　　　（应用力学）

[解谜] 成绩不好，就"应"该"用力"学。

[评注] 似有"书山有路勤为径，学海无涯苦作舟"之功效。

例2 考试不作弊。（数学名词一）　　　　　　　　　　　（真分数）

[解谜] 考试不作弊，分数才真实。

[评注] 我曾在考试前让学生猜此谜，学生猜中后，我又出一谜"考试作弊（猜数学名词一）"，全班学生异口同声"假分数"。仅仅猜了两条谜，胜过教育一节课。

例3 只愿一生为人正。（字一）　　　　　　　　　　　　（企）

[解谜] "只愿"提示谜底字义，"企"有希望、盼望之意。"一"不"生"为"人止"，合为"企"。

[评注] 教育学生，做人要一生正直。

例4 若要人不知，除非己莫为。（浙江名胜一）　　　　（一行遗迹）

[解谜] 此谜不只好在布面，更好在对底句的别解巧妙。本是一处名胜，却被别解为：人们只要"一"有"行（动）"，总会"遗"留下蛛丝马"迹"，从而印证谜面之言。

[评注] 谜面通俗，耳熟能详。人们常以此语劝说做坏事者，切莫心存侥幸。亦如陈毅诗云："手莫伸，伸手必被捉。"此谜具有警示作用，堪称"寓教于谜"。

例5 到自己的土地上走一走，看一看。（地名一）　　　（张家港）

[解谜] 这条谜面撷取邓小平同志逝世后，电视台播放的有关资料片中邓小平接见香港企业家时谈话中的一句。

此谜用大拢意法，谜底解作"张望自家的香港"。"家"字为关键所在，家字的汉语原义为家庭或某一方面有作为的人，而在许多地方方言中含有"家中""自己的"等意思，这更能代表邓公当时的话意——乃是咱自家的香港。

［评注］融思想性、艺术性于一体的灯谜，往往能收到正规教育所不及之功效。

｜ 二 ｜ 谜能增知 ｜

例 6　闲敲棋子落灯花。（成语一）　　　　　　　　　　　（等而下之）

［解谜］谜面取《千家诗》中宋代赵师秀的七绝诗《有约》："黄梅时节家家雨，青草池塘处处蛙。有约不来过夜半，闲敲棋子落灯花。"本谜将全诗的末句用来射"等而下之"，从而把"等级"的"等"和"低下"的"下"分别别解为"等待"的"等"和"下棋"的"下"。

［评注］灯谜应当具有浓郁的文学色彩，灯谜的文学性为人们增长知识奠定了基础。

例 7　暮去春来颜色故。（童话人物一）　　　　　　　　　（时间老人）

［解谜］谜面取流传甚广的《琵琶行》中的一句诗，"暮去春来"踏实"时间"，"颜色故"关映"老人"。谜眼在一个"老"字，一字词变全谜义转，有点石成金之巧、出神入化之妙。

［评注］谜者诗之体，诗者谜之源。谜借助诗来表现，得到了诗的意境；诗借助于谜来传播，得到了谜的情趣。人们在猜谜过程中，不知不觉读了许多诗，掌握了许多诗的知识。

例 8　辕门射戟。（首都名一）　　　　　　　　　　　　　（布拉格）

［解谜］谜面故事见自《三国演义》第十六回"吕奉先射戟辕门"。此谜用典准确，正面会意。"布"，吕奉先之名也；"格"，格斗也。谜底三字解为"吕布拉开格斗"，把一个外国城市的译名，形象地再现为一段三国故事。

［评注］灯谜与文学作品一直存在着互相依赖、互相补充表现各自内容的必然现象。谜猜久了，似乎文学作品也"读"多了。

例 9　上弦新月照柴扉。（足球术语一）　　　　　　　　　（倒钩射门）

[解谜]两头"倒钩"是上弦新月形象特征的写照，妙在抓住特点，从形似写出，神韵酷肖；"射门"被别解为"（月光）照射门扇"，反衬谜面"照柴扉"，写意自然，尤见灵巧。

[评注]猜罢此谜，好像又温习了一节天文课。诗情、画意，天上新月，人间小屋，球场绝技，在脑海中轮转。

例 10　世界第二大洲。（常用语一）　　　　　　　　　　（是非之地）

[解谜]谜面是地理用语，世界第二大洲是非洲，但谜底的"是非之地"，原意并不是指非洲，而是指有摩擦、起矛盾的地方。"是非"乃对与不对之意，而谜底则别解成"是非洲之地了"。

[评注]好像地理老师在提问，学生又一次巩固了知识。"非"字之变，牵动全局；"非"意之变，面貌全非。可见，灯谜之功用，不可谓不大；灯谜之知识，不可谓不博。

| 三 |　谜能启智　|

例 11　回顾建党那一年，多少前程在心中。（雅典奥运会成绩一）

　　　　　　　　　　　　　　　　　　　　　　　　　（12 秒 91）

[解谜]中国共产党于 1921 年建立，"回顾"则为"1291"，"前程"为"禾"，"少前程"为"秒"，"多"了一个"秒"放"在心中"。

[评注]灯谜发掘你的记忆功能，建党为 1921 年。制谜者心思之精巧，手段之老到，令人钦佩！

例 12　昔先后三顾，遂令天下成三分。（三字陆游词句一）　　　（莫莫莫）

[解谜]认真观察，"昔先"为"廿"，"昔后"为"日"，"天下"为"大"。"成三分"，"莫莫莫"跃然纸上。

[评注]灯谜之观察，是精细之观察，是巧妙之观察，是超越于常人之观察。

例 13 闺中少妇不知愁，春日凝妆上翠楼；忽见陌头杨柳色，悔教夫婿觅封侯。（字一） （彤）

[解谜] 把"彤"的左边想象成一座楼，楼台上有一个人探出头来，看着外面的春风杨柳。把"彤"的右边想象成春风吹拂的柳丝。真是构思大胆，诗意盎然，巧夺天工！

[评注] 想象是重要的智力因素之一，象形文字给人丰富的想象空间。想象入谜，创意无限。

例 14 闻过则喜。（带量饮料一） （一听可乐）

[解谜] 先寻找突破口——喜，找出它的同义词：快、兴、爱、欢乐等；又占领制高点——与饮料有关的只有"乐"，即"可乐"；再选择基准面——"闻"后才"可乐"。寻到"闻"的同义词"听"，谜底"一听可乐"则跃然而出。

[评注] 思维是智力的核心，而猜谜的思维过程基本是：寻找突破→占制高点→选基准面。试一试，一定见效！

例 15 牧童遥示杏花村。（人体部位一） （小手指）

[解谜] 这里的谜面本是成句"牧童遥指杏花村"，只改了一个"指"字为"示"字。很明显谜底中必有一个"指"字，而判断出人体部位含有"指"的，只有"手指"了。

[评注] 所谓谜眼，就是指谜面中起着关键作用的字或词。它是成谜的机关所在，是射中谜底的突破口。往往猜射时找到了谜眼，全谜即可迎刃而解。本则谜中，这"示"字就是谜眼。

| 四 | 谜能激趣 |

例 16 林冲大怒道："量你是个落地穷儒，胸中又没文学，怎做得山寨之主！"（成语一） （语无伦次）

[解谜] 谜面为《水浒传》第十八回林冲火并王伦前的一段话，谜底作"言语中没有你王伦的位次"之意。

［评注］从名著中大段择录人物的说话来挂面，不仅谜味浓，而且更能体现出灯谜中的一个"趣"字来。话中有谜，扣合贴切。

例17　灯谜小品：老师上台表扬一位考试中的夺魁者，请他马上去领赏；紧接着批评一位成绩末尾者，令他立即去写检讨。（比赛用语一）

（去掉一个最高分，去掉一个最低分）

［解谜］"夺魁者"为"最高分"，"末尾者"为"最低分"，都"去掉"了。

［评注］谜底一经道破，众皆捧腹大笑。

例18　一枝红杏出墙来。（四字新词一）　　　　　　　　（对外开放）

［解谜］这是中央电视台春节联欢晚会上的一条谜，谜底报出后，观众笑得那样开心，那样甜蜜，那样情不自禁。

［评注］雅趣之谜。

例19　黛玉扣门不开，疑是宝玉恼她，竟自悲咽起来。（电影插曲一）

（妹妹找哥泪花流）

［解谜］趣味谜，可以给人以强烈的艺术美的享受，使人在幽默诙谐中得到最大限度的娱乐休闲，同时受到精神上的陶冶。

［评注］谐趣之谜。

例20　半圆形巨厦。（外国著名建筑一）　　　　　　　　（五角大楼）

［解谜］"巨厦"直解为大楼，而"半圆"这个词，只有谙识灯谜之技法者，才能从它的内涵别意中，找出其玄机所在。如果"半圆"再从形体上解释，那就没啥意思了。从它的数量来解则使人忍俊不禁，敢情美国的五角大楼成了五毛钱的大楼啦！这可是滑天下之大稽！灯谜这个乐子猜中之后，其乐无穷，其乐有文，其乐有雅，其乐有智，其乐有识，其乐有思。

［评注］乐趣之谜。

| 五 |　谜能促美 |

例21　城门失火。（食品名一）　　　　　　　　　　　　（烧带鱼）

[解谜]"城门失火，殃及池鱼"这句成语在古文中有两说。一出《百家书》：宋国城门失火，人们取池中之水以救之，池水空竭，鱼则因水涸而死。一出《广韵》：有名池仲鱼者，人称池鱼，家住宋国城边，一日城门失火，延烧其家，仲鱼惨遭烧死。作者制谜，似取后一典故，以"承上启下"之法扣底。底文"带"字传神，由名词转为动词，而成"连带"之带；"鱼"字巧妙，从水产名变作人名，则为"仲鱼"之鱼。底面措语天然，不琢不雕，见构思有性灵；关合神理俱到，不泥不梗，显运法之谨严。

[评注]灯谜的艺术魅力，在于谜底回味无穷，具有较强的艺术性，给人以艺术美的享受。

例22 竹西佳处。（歌曲名一）　　　　　　　　　（有一个美丽的地方）

[解谜]宋代姜夔《扬州慢》起笔即云："淮左名都，竹西佳处，解鞍少驻初程。"竹西，指扬州城东禅智寺侧的竹西亭。那一带环境清幽，景色宜人。谜拈姜夔词句为面，实取"竹"字西边的"个"字，"竹西"正合"有一'个'"；而"佳处"之意，岂非"美丽的地方"。

[评注]灯谜本天成，妙手偶得之。一条"美"的灯谜，给人"美"的享受。

例23 万户捣衣声。（成语一）　　　　　　　　　（打成一片）

[解谜]制谜取李白《子夜吴歌》一句，古时以砧杵捣衣，砧是垫石，杵是槌棒。此谜之"捣衣"，以其捶敲之状扣"打"，"万户"之"声"，以其此起彼落之音响而扣"成一片"。可谓声情并茂，映照有术。

[评注]罗丹说："美是到处都有的。对于我们的眼睛，不是缺少美，而是缺少发现。"让我们用慧眼不断发现灯谜之美吧！

例24 宛转蛾眉马前死。（五字常用语一）　　　　　（一环扣一环）

[解谜]谜面是白居易《长恨歌》诗句。作者巧借这一历史悲剧成谜，自然贴切。谜底中的"环"字一意化二：前"一环"为缢杀贵妃之绳环，后"一环"专指杨玉环。"扣"释为"套住"。

[评注]此谜运典准确，构思新奇，具有浓厚的伤感之美。

例25 设计悬浮列车。（成语一）　　　　　　　　　（图谋不轨）

［解谜］谜面具有鲜明的时代气息，令人耳目一新。"设计悬浮列车"，首先要绘制图纸。设计"图"纸的目的是"谋"求列车"不"在"轨"道上行驶。也可以解作：设计悬浮列车，就是企"图谋"求列车"不"在铁"轨"上行驶。

［评注］"图谋不轨"的原义是阴谋策划超出法度的坏事，在这里舍其本义，用其歧义，避实就虚，出奇制胜。虽在意料之外，却在情理之中。一旦揭底，谐趣环生，达到一种完美的境界。

| 六 | 谜能创新 |

例26　禾苗破土生。（字一）　　　　　　　　　　　　　　　　　　（乘）

［解谜］制谜者突发奇想，将"土"从中破开得"北"，手法不可谓不新奇。

［评注］大胆想象，手法新颖，不随大流，别出心裁。

例27　横杆垂钓小方塘。（字一）　　　　　　　　　　　　　　　　（电）

［解谜］将"口"象形为"小方塘"，似无先例。

［评注］制谜是创新的天地，"制需有法，制无定法；大法必依，小法必活；鼓励求异，贵在创新"。

例28　异地犹存故国心。（字一）　　　　　　　　　　　　　　　　（域）

［解谜］将"故国"巧妙地别解为旧时的"国"，亦即"国"字的繁体字。

［评注］此举可谓开了繁体字与简化字相互照应同时入谜之先河。此法一出，后人纷纷效尤。

例29　儿子五个都没了。（商标一）　　　　　　　　　　　　　　（三元）

［解谜］将"子"中的"了"消去扣"一"，共有五个"一"。

［评注］这是谜人飘零叶的一条"了"字谜，再看他的另几条"了"字谜：为"二月二"编制谜面"了了几笔，心中折服"，用"了"的笔画扣"二"；为"日晖"编制谜面"晕头转向昏了头"，将"了"作动词使用，"消除"之意思；为"赵子曰"制作谜面"交叉走了一百下"，将"子"拆分为"了"和"一"。一个"了"字，如此出新，怎么得"了"！

例 30　望之似虎，射之无声，点火来近，中在石头。（字一）　　　　（烛）

[解谜]　观此题面，大有"广出猎，见草中石，以为虎而射之，中石没镞，视之，石也"（《汉书·李广传》）和"林暗草惊风，将军夜引弓。平明寻白羽，没在石棱中"（卢纶《和张仆射塞下曲·其二》）之意境。谜作者自撰题面苦心创意，精妙地描绘出一幅出猎图：某人夜里出猎，望见一似虎之物，遂拉弓发箭射之，却听不到虎的叫声，于是点火近前看个究竟，只见到箭镞射中石头。谜题写人叙事，语约意丰，而其扣底用意，则需透过一层，从字形、字音的描述上着眼，方能理解。

唐代诗人卢延让吟诗苦心经营，反复推敲斟酌后方炼就一字之语："吟安一个字，捻断数茎须。"赋诗如此，创作字谜亦然，盖因字谜易猜难制，欲成自然工切无讹之巧构，更是谈何容易。试以本谜题面的结构论之：首句总体扣合，底字"烛"若左右两部分开，望之则宛若"大虫"二字，而"大虫"恰好是"虎"也；次句训音，点明底字射"之无"声，即汉语拼音 zhu，乃为"烛"也；末两句增损离合分部扣合，"点（、）"火来近在"中"与"石头（一）"，四部合形则为"烛"字。

作者能有此总扣、分扣兼容，形扣、音扣并举之佳构，真不知费了"多少工夫织得成"？

如是训音能解、拆合尤巧的谜作，称为"形音兼扣双解"之法，誉为谜之神品。套用一句七言唐诗，改动一字赞斯作曰："此'之无声'胜有声！"

[评注]　有人说：一则佳谜，猜前"耐人寻味"，猜时"发人体味"，猜后"令人回味"。读者不妨从此谜的猜射过程，细品这"谜之三昧"。

┃　本文发表于《厦门教育》2007 年第 5 期　┃

师者育儿的辩证之道

　　我和妻子都是教师，所以总的说来比较重视孩子的教育。也正因为我们是教师，觉得能教育好别人的孩子，也应该能教育好自己的孩子，所以对教育孩子也没有刻意去研究。只是在家庭教育的过程中，以求真、求善、求美之心，给孩子指引一个方向；以求同存异、和而不同之念，逐步逼近最佳的教育之道。

　　孩子成长到今天，总体说来我们的教育是成功的——实现了我们育儿的"五个一工程"，即拥有一副健康的身体，执着一项追求的事业，获得一份体面的工作，建立一个和谐的家庭，保持一份良好的心态。

　　回想育儿教子的过程，我们感受最深的是辩证地处理好了育人和育儿的关系。

| 一 | 育人之理念，育儿可借鉴 |

　　严格地说，育人包括了育儿，但多数教师育人很认真，育儿却相对随意。家教专家周弘老师说："任何成功都不能弥补教育孩子的失败。"我有一个不一定正确的观点："教师没能教育好自己的孩子，你拿什么取信学生家长？"我在厦门一中担任校长期间，经常传播"要工作更要家庭，要学生更要孩子"的学校文化。

其实，育人与育儿是可以很好地结合起来的。育人的所有理念，育儿都可以借鉴。比如，育人中有"让学生在体验中成长"，就可以借鉴到育儿上。

我们对孩子的房间，只进行简单的装修。孩子房间里的墙，任由她画，任由她贴，她画过唐老鸭，贴过周杰伦，她还可以在墙上钉钉子，挂些她喜爱的东西。孩子房间里还有一张破旧的大桌子，上面放着许多工具，还有许多木板、铁皮、硬纸板、泡沫板、铁钉、胶水之类的东西，她可以做个玩具，钉个板凳，搭个小屋。记得让她配把锁匙，她经过几天的敲打，终于用自己做的锁匙把锁打开了，打开的一瞬间，她激动万分，她在享受成功的快乐。

| 二 | 育人多言教，育儿多身教 |

无论是育人还是育儿，"身教胜于言教"。但相对而言，育人时教师的"言教"会多些，因为教师经常要"讲"。而在家庭中，父母虽然要"讲"，但毕竟和孩子生活在一起，孩子看到父母的"所作所为"多些，家教中的"身教"可能更为重要。身为教师，不能在学生面前有良好的"形象"，而在孩子面前不注意自己的"形象"。

家长良好的交通文明，就是给孩子一个良好的交通安全教育；家长表情得体、目光自信、健康阳光，就是给孩子一个健康之容；家长干净、得体、美观，自尊、自重、自爱，就是给孩子一个适宜之貌；家长坚贞乐观、挺拔从容、傲骨正气，就是给孩子一个良好的性格之品。

试想，家长整天打麻将，烟一根接着一根地猛抽，经常喝得"醉生梦死"，给孩子留下的是什么？

有人认为，现在言教、身教还不够，必须言教、身教、境教相结合，"三位一体"教育效果更佳，我觉得很有道理。

境教，就是以良好的家庭环境给孩子积极的教育影响。"孟母三迁"，就是境教的范例。民主型家庭、温馨型家庭、励志型家庭、濡染型家庭，就是好的境教；干扰型家庭、吵闹型家庭、放任型家庭，就是不好的境教。

| 三 |　育人重立德，育儿求适合 |

"立人以德为先"，师者育人，首先要育德。家长育儿，不仅要育德，还要在育德的基础上找到适合孩子发展的路径——适合的才是最好的。

女儿在厦门双十中学读高一时，我是学校的副校长。高一有一个理科实验班，配备非常优秀的教师，实验班学生要超前学习，实验班学生至少要在数学、物理、化学、生物、计算机学科中选一门作为奥赛项目强攻，教师子女要想进实验班一般都能进，绝大多数教师让孩子进了实验班，因为师资好，进了再说。女儿进实验班好，还是不进实验班好？我们有过思想斗争，一家人作了利弊分析，最后决定不去实验班，也没有刻意去挑其他师资配备相对好些的班级，而是去了第一次教高中的一位年轻语文教师当班主任的班级，当时还引起一阵"小轰动"。

我们没有给孩子"特权"，没有让孩子感到有优越感，没有让最优秀的老师教自己的孩子。我们曾经约定，在孩子面前，永远夸她的老师，绝不议论老师的缺点，让孩子感到她的所有老师都是优秀的，都是非常敬业的。我们请孩子的老师严格教育孩子，该批评的可以批评得重些，该处罚的可以处罚得严厉些，该表扬的也可以表扬，但不宜过头。

事实证明，我们的决定是正确的，那位年轻的语文教师非常认真，从高一带到高三，孩子高考名次比入学时进步了100多名，孩子以往语文学科最弱，高考时语文单科分数和作文分数并列年级第一，我们都不敢相信，但这是事实，你不得不信！

| 四 |　育人有规范，育儿要新探 |

师者育人，有许多规范，比如师德规范、教学规范等，教师就要按"规范"从事教育教学工作。家长育儿，就没有受那么多"规范"的约束——一些教师"育人"不能做的事，家长"育儿"却可以做，这就给家长育儿提供了广阔的空间，家长就要在这"可以做"的空间里不断"探新"。

教师不能体罚学生，而家长有些时候却可以体罚孩子，"该体罚时就体罚"，当然，要"罚之有理""罚之有度"——体罚孩子是一门艺术；教师不能用钱奖励学生，而家长却可以"用钱奖励"——怎么给孩子钱也是一门艺术；教师基于安全考虑对学生"圈养"的多，而家长就可以经常带领孩子走出去，进行"放养"——"放养"难道不是一门艺术吗？

对孩子的激励，可以是一个信任的目光，可以是情不自禁的掌声，可以是一次鼓励式的交谈，可以是拍肩膀——"孩子，好样的！"

我们还有一些自己的激励方式。一是"考好有奖"。孩子一般没有零花钱，考到某个名次，我们就兑现奖金，也有奖励去吃汉堡或披萨的。二是"劳动给钱"。孩子要获得买东西（包括买书籍和学习用品）的钱，我们一般要求她通过"劳动"获得。如洗双袜子得5角、刷双鞋子得2元等，间接地让孩子参加了劳动，同时也让孩子感受一点理财知识。

对孩子的惩罚，也是必需的。孩子羽毛球练习不到位，教练就用羽毛球拍打，用力还不轻。个别家长有意见，我从来都支持，仅仅建议不要往脑袋上打，至于被教练罚半蹲，那是常有的事。

女儿3岁时，有一次不知什么原因，就是不吃早饭，我连问三句"吃不吃"，女儿均说"不吃"，我拿起饭碗用力摔在门前水泥地上，碗碎了，饭也溅了一地。我对保姆说，今天上午什么也不能给她吃！后来女儿饿了，哭着要吃的，也不给她吃；后来哭得惊天动地，保姆请人到教室找到我，请求给孩子吃东西，我就是不给吃！中午下班后，女儿已经饿得没力气了，也哭得快没声音了，可怜巴巴地望着我，我把饭端给保姆，说："下次再不吃就摔碗！"我们那时非常忙，真没时间和耐心哄孩子吃饭，"摔碗事件"后，女儿每次都乖乖地吃饭，而且吃得干干净净。

每个家庭的情况不尽相同，我家的"育儿教子经"仅是"一家之经"，未必适用于"大家"。倘若对"大家"有所启发、有所借鉴，我则欣喜之，我则欣慰之。

| 本文发表于《福建教育》2016 年第 17 期 |

扑克牌 80 分，就是从 2 开始打起且 2 必打，一级或多级向上升，直到打过 A 且 A 也必打，先打过的一方为胜。其主要特点是：四人竞技，每两人为一方，同一方相对而坐。以争夺 5、10、K 等分数牌为目的，根据每一方得分的多少，来决定其是升级或下台。

80 分，堪称"中国桥牌"，规模宏大、层次复杂、牌理科学、底蕴丰富、争战持久，颇具趣味性、竞争性、协作性和益智性。这里放下趣味性、竞争性、协作性不说，仅就益智性做些研究。

所谓智力，简单地说，就是一个人的各种认识能力的总和，即智慧力量的总和。智力的结构是一个完整的结构，一般来说，它包括观察能力、记忆能力、想象能力和逻辑思维能力。

打 80 分，要动脑子，要读牌、记牌、算牌，要合理安排出牌顺序及展示灵活处理牌况的能力，这就使得参与者不由自主地要动脑、要思考，在娱乐中达到益智健脑的效果。

打 80 分，需要有敏锐的观察力。比如，抢庄或亮主的过程，就是一个敏锐观察的过程。抢庄是见 2 就亮，亮主是见自己心仪的花色亮，观察能力强的高手，"机遇来时"，右手摸牌还没将牌放到左手上，瞬间抢庄或亮主。要知道，慢了一拍，则由他人定主了。又如，要观察每一轮的出牌情况，对家断了哪门，防家手上的分是否"逼"出来了。这就是所谓的"出牌要看牌"！再如，80分的最大魅力，就在于牌手之间的配合与默契。要配合与默契，观察很重要。和新牌手相遇，出牌几圈后，就要了解牌手的牌风。至少要观察出是猛打猛冲型还是保守防守型，是感性做局型还是理性做局型，是以我为主型还是善于配合型。

我们看一牌例：防家出方块A，他人跟9、4，你若持有9、8等牌，就应当跟出与他人重复的9，而保留不曾露面的8，目的是不让防家看到8不是对子。很多人不在意这些"小"细节，其实，平时也许根本没有人关注小牌，但在高手的对决中，这种刻意观察就有了意义。

观察是人们认识世界的一个重要途径，人们不仅要勤于观察，还要善于观察。千百万人都见过苹果落地，唯有牛顿悟出了万有引力定律；同样，都在打牌，并非人人都能"看到"上家手头还有个K。

打80分，也要有良好的记忆力。"打牌不记牌，纯属瞎胡来"，这也说明了记牌对于打牌的重要性。记牌是衡量一名牌手水平的重要标志。现实中，因为不记牌而功亏一篑的事例举不胜举。记牌可分为三个层级：低级的，要记清常主及副牌A、K等大牌；中级的，要记清每门花色的分牌和与自己相关的大牌、主牌；高级的，要全面记清主牌张数和分牌张数等。每一名优秀牌手，都有自己独特的记牌方法，只要适合自己，管用、够用就好。那种信马由缰，从不记任何牌的牌手，就会使得升级的竞争性大打折扣。

看一个不记牌吃亏的牌例：尾声时庄家持有某花色J、5、5，犹豫再三一齐用出，结果被下家的单Q拦阻，庄家被扣30分且被迫出单张J，被下家Q管住。其实持Q的下家仅有Q及8两个单张与另一门花色。如果庄家先打出55，肃清Q、8，则单张J也为大牌。下家感慨："别人甩牌可以理解，因为可以猜想Q在底牌中。可您是庄家，不应该啊！"

记忆能力在发展人的各种才能中起着重要的作用，通过打牌来发展人的记忆力，是一项很自然、很有趣、很有效的方法，值得提倡。

打 80 分，还要有丰富的想象力。所谓高手"牌未开打，已经能勾画出大致的思路与可能的结局"，这是不是想象？

想象在人的社会实践中起很重要的作用，在艺术创作和科学发明中占有特别重要的地位。没有想象力，就没有李白的千古名句"飞流直下三千尺，疑是银河落九天"；没有想象力就不可能发明微积分。可以说，没有想象力就没有艺术，没有想象力就没有科学。

战略上要想象，战术上也要想象。先看一牌例——把 A 埋底牌。打无主时，庄家将短门的副牌的 A 果断扣入底牌，旨在让防家因看不到这张 A 而不敢轻举妄动，不敢轻易甩出该花色，从而为自己赢得时间与机会。这就是想象！

再看一牌例：尾声时，防家牌手获得出牌权，领出级牌对子试探，庄家跟出主牌小对子，另一防家根据前面的出牌，猜想对家会在副牌方块上做文章，因自己无主牌不可能轻松上手，就主动将手中方块 9944 对子各拆掉一张垫掉。果然，防家将最后四张方块 JJ33 一次打出，庄家拿着主牌一对和两个单张无可奈何，观众啧啧称奇。没有想象，谁会将两个对子各拆掉一张垫掉！

打 80 分，更要有超强的思维力。善于用脑的人，除正常的工作外，还有业余的兴趣和爱好，借此给大脑以刺激和调节。爱因斯坦这位 20 世纪的物理学大师，在他书房的一角有很多的趣味数学书籍，常以做数学题为乐，增强思维能力。一般来说，逻辑思维包括概念、判断、推理等基本思维形式，以及比较、分类、类比、归纳与演绎、分析与综合等常用的思维方法。

打 80 分，就是通过对出牌信息进行观察、分析、联想、综合平衡，归纳出一个合理的出牌方法，这个过程就是思维。

AA 怎么打？出 A 还是出 AA？我们分析一下。

从概率上看，如果自己没有 10、K 的分牌，那么对家有 10、K 的概率很大，有 10、K 的概率为 $1/3+1/3=0.666\cdots$，这样如果单出 A，顺利跑分的概率很大。而出 A 最担心的就是防守方中一家有 KK，其概率为 $1/3 \times 1/3=0.111\cdots$，两家合起来为 $0.222\cdots$，因此出 A 就是一种安全打法。

分析是建立在科学思维基础上的，不是主观臆断，也不是随意猜想。比如，某花色的第一圈出牌，庄家因无 A，打出对子 99，下家仅一张该花色，对家与上家均跟出单张而无对牌，据此可以肯定两个 A 分布在对家与上家各一张。这种思维，要贯穿于打牌的全过程。

某单位举办 80 分大赛，观战者众。庄家扣完底牌，准备首引时，持有方块 AKKQQ99，庄家打出方块 KK，背后观众发出低声议论，牌手示意安静。只见下家跟出对子方块 88，帮家看到庄家留有方块，则果断垫掉 J 和 10，上家跟出方块两个单张，庄家见状马上打出 AQQ99。

庄家身后的观众不由自主地发出感叹！因为先打 KK，只要防家无人突然缺门，则相当安全，又看到 J 和 10 后，庄家打五张含两个对子的牌时，只要防家不是仅有两张方块，则顺利通过。即使防家将吃，也会伤筋动骨，况且方块 30 分已经跑掉，将吃效益极差。

这种打法，有短套估算，算出防家可能的短套张数；有观察，观察对子和 J、10 等；有思维推理，更有大胆想象。

玩牌益智，何乐不为？

读者朋友，若你愿使明日之你比今日之你更聪明的话，那就到人们欢乐的园地——80 分战场中来吧！

| 本文发表于《厦门晚报》2014 年 6 月 6、13 日 |